논어 愛人과 知人의 길 ③

그대는 사람의 길을 걷고 있는가

論語 愛人과 知人의 길 ③

그대는 사람의 길을 걷고 있는가

초판 1쇄 인쇄 | 2003년 7월 15일
초판 1쇄 발행 | 2003년 7월 25일

지은이 | 윤재근
펴낸이 | 양동현

펴낸곳 | 도서출판 나들목
출판등록 | 제 6-483호
주소 | 서울 성북구 동소문동4가 124-2
대표전화 | 02) 927-2345 팩시밀리 | 02) 927-3199
이메일 | academybook@hanmail.net

ISBN | 89-90517-08-7 04150
　　　 89-90517-05-2 (전3권)

www.academypub.com

논어 愛人과 知人의 길 ③

그대는 사람의 길을 걷고 있는가

윤재근 지음

나들목

《論語 인간관계의 철학》을 3권으로 묶어 초판을 출간했던 때가
1991년 동짓달이었다. 10년이 넘어 제목을 《論語 애인(愛人)과 지인
(知人)의 길》로 바꾸고 표지와 편집도 달리해 새로운 모습으로 독자들
앞에 다시 나오게 되었다. 내용은 그냥 두고 새 옷을 입힌 셈이다.

　30대를 보내면서 삶의 명암(明暗)이 나를 서글프게 하거나 힘들어
지치게 할 때면 나는 성현(聖賢)들을 뵙고 나를 철들게 하려고 했던
버릇이 있었다. 나는 그런 버릇을 내 행운으로 여기고 산다. 젊어서부
터 성현을 뵐 때마다 내 나름대로 성현의 말씀을 듣고 체험한 바를 비
망록(備忘錄)으로 간직해 두곤 했었다. 나는 항상 성현을 할아버지로
여기고 뵈었지 철인(哲人)으로 여기지 않았다. 그랬던 내 버릇은 지금
도 변함이 없다.

　《논어》를 '애인(愛人)과 지인(知人)의 길'이라고 한 것은 《논어》를
철학으로만 볼 것이 아니라 그 세계를 담론(談論)으로 여기고 체험한
다는 뜻을 간직하고 있기 때문이다. 성현을 연구해 보자고 할 것이 아
니라 성현의 말씀을 체험해 보자는 것이다. 나는 《논어》를 연구하는
전문가가 아니다. 《논어》를 성현의 말씀이 담긴 이야기로 여기고, 그
성현을 할아버지로 뵙고 나는 손자가 된 마음가짐으로 성현의 말씀을
체험하려고 했다. 만일 《論語 애인(愛人)과 지인(知人)의 길》이 연구서
(研究書)였더라면 복간(復刊)이 아니라 개정판(改訂版)으로 나와야 의

미가 있을 것이다. 그러나 《論語 애인(愛人)과 지인(知人)의 길》은 연구서가 아니라 성현의 당부를 잊지 않고 간직하기 위한 우리 모두의 비망록(備忘錄)이 될 수 있다는 믿음에 복간하는 것이 좋겠다는 생각이 들었다.

살아가면서 괴롭고 쓰라릴 때일수록 《논어》를 만나 성현을 뵙고 손자가 되어 보기를 권하고 싶다. 《논어》를 만나 성현들의 말씀을 들으면 막막하던 미래가 밝아지고 옹색하게 묶여 끙끙거리던 나에게서 벗어나 자유로운 삶을 누리는 또다른 나를 발견할 수 있다. 이런 비밀을 나는 내 체험을 빌어 장담해 두고 싶다.

《논어》는 나에게 내 자신을 닦으라고 한다. 내 밖을 닦지 말고 내 속을 먼저 닦으라고 한다. 그리고 내가 좇고 싶어하는 명성에 얽매이지 말고 내 자신을 닦아 남을 먼저 사랑해 보라고 한다. 그러면 매우 작아 보였던 내 자신이 엄청 커지는 살맛을 느끼는 순간과 마주하게 된다. 여기서 살아가는 새로운 힘이 솟는 법이다. 새롭게 사는 힘을 남김없이 주는 《논어》를 만나면 저마다 삶을 자신과 세상을 함께 해 가는 힘을 성현의 큰 마음으로부터 얻어 낼 수 있다.

성현의 큰 마음보다 더 소중한 삶의 선물은 없음을 확인하리라고 확신한다. 그래서 《論語 애인(愛人)과 지인(知人)의 길》의 복간이 내 자신에게도 새삼스럽다. 온 정성을 다해 복간해 준 도서출판 나들목 양동현 사장님이 고맙다.

2003년 7월

《논어》의 세계를 찾아 그 속에서 인간을 체험하고 삶을 체험하다 보니 세 권 분량의 책이 되었다. 거듭 밝히지만 애초부터 《논어》를 학문의 대상으로 여기고 만날 생각은 조금도 없었다. 나에게는 그만한 능력도 없고 자질도 없다.

《논어》에는 사람이 걸어가야 할 길이 잘 밝혀져 있다. 그 길을 따라가면서 삶을 그 길에 비추어 보는 마음으로 《논어》를 만나려고 했다. 지금 우리가 앓고 있는 여러 갈래의 아픔을 치유할 수 있다는 희망 때문에 《논어》를 만나 이야기를 나누고 싶었다.

《논어》와 만나 환상회의(夢遊)를 하는 것처럼 마음속으로 생각해도 된다. 그러면 첨단 과학의 세상에 살고 있는 우리들의 아픔이 극복되는 열쇠를 찾을 수 있을 것이다. 학자나 철인(哲人)만 《논어》를 읽는 것은 아니다. 현대의 생활인으로서 《논어》를 읽어도 된다. 《논어》의 말씀은 옛날 사람과 삶에 관한 것이 아니라 우리들 생활 속에 여전히 살아 있음을 발견할 수 있는 까닭이다. 이것은 분명 《논어》가 주는 기쁨이다.

이러한 기쁨에 따라 환상회의에 참석해 이야기를 나눈다는 생각으로 《논어》가 환기시키는 체험들을 새겼다. 환상회의 속에서 공자와 그 제자들을 만나고 들은 이야기와 더불어 오늘의 삶을 반성해 보려고 하였다. 오늘의 삶을 아주 옛날로 되돌아가 보려고 그렇게 한 것은 아니다. 인간의 삶은 되돌아갈 수 없다. 그것은 앞으로 앞으로만 나아갈 뿐이다.

그러나 무턱대고 나아갈 것이 아니라 되돌아보면서 잘한 것은 더욱 넓히고 잘못한 것은 버려야 하는 것이 인간의 삶이며 문화요, 역사이다. 그러므로 우리는 사람이 밟아야 하는 길을 걸어가야 한다. 이것은 분명 삶의 체험에 속한다. 체험은 무엇인가? 항상 새로운 것을 새롭게 만나는 나와 사물이 갖는 의미요, 가치이다. 《논어》는 이러한 의미와 가치에 뜻을 부여해 준다. 그래서 《논어》가 불러일으켜 주는 체험들은 인간과 삶의 관계에 놓인 시야를 새삼스럽게 열어 준다.

이런 까닭에 《논어》를 읽으면 내가 한 인간임이 새삼스러워지고 인간의 삶이 서로에게 나누어지고 베풀어지는 것임을 새롭게 알게 된다. 이것이 《논어》가 깨우쳐 주는 어질고 슬기로운 가르침이다. 그 가르침은 삶의 체험을 항상 밝고 맑게 씻어 주고 선선하게 해 준다. 참으로 《논어》의 세계는 답답하고 막막한 우리의 속을 시원하게 터 준다. 이렇게 《논어》는 삶을 기쁘게 한다. 그저 《논어》 앞에 머리를 숙일 따름이다.

尹在根

제2장 〈헌문(憲問)〉편

제3장 〈위령공(衛靈公)〉편

제4장 〈계씨(季氏)〉편

제5장 〈양화(陽貨)〉편

편안한 세상을 위해

1. 사람의 길을 위해

《논어》를 읽다 보면 끊임없이 올라오는 질문이 하나 있다. '나는 사람의 길을 걸어가고 있는가?'라는 질문이 그것이다.

우리는 어디서 와서 어디로 가고 있는지 알 길이 없다. 이렇게 알 길이 없는 것을 노자는 밝혀 주려고 하였다. 우리는 어디서 와서 어디로 가는가? 이러한 물음에 대해 노자는 '무(無)에서 와서 무로 돌아가는 것'이라고 밝혀 주었다. 떠난 것이 생(生)이고 돌아온 것이 사(死)라고 밝힌 셈이다. 결국 생사는 하나의 원처럼 이어져 있고 그 원은 항상 비어 있는 허(虛)이기에 무라고 한다. 이처럼 노자는 허와 무에 관심을 두었지만 공자는 인간의 삶에 관심을 두었다. 그러므로 공자가 밝혀 주는 사람의 길은 삶을 이어 가며 걸어가는 삶에 대한 이야기인 것이다.

이러한 이야기를 기울어지게 듣지 않기 위해 노자의 도를 염두에 두고 읽게 되면 공자가 말하는 인의예악(仁義禮樂)이 왜 사람의 길을 걷는 진실인가를 보다 타당하게 체험할 수 있을 것이다. 그래서 노자의 도와 공자의 도를 아울러 생각한 다음 예악(禮樂)을 체험하고 세상의 다스림을 체험한다면 《논어》는 펄펄 살아 있는 현대의 길잡이가 되어 우리들에게 말을 들려준다.

2. 노자와 공자가 함께 밟는 길

성인(聖人)이나 현자(賢者)는 지식의 능력을 키우는 방법을 가르쳐 주지 않는다. 그러한 분들은 다만 사람이 되는 법과 살아가는 법을 가르쳐 주려고 할 뿐이다. 그래서 노자나 공자를 만나게 되면 식자가 되기 전에 먼저 사람이 되라는 가르침을 받게 된다. 이러한 연유로 오늘날 더더욱 노공(老孔) 같은 분들이 우리들 가까이 있는 선생이 되어야 한다. 왜냐하면 지금 우리들은 유능한 인재가 되어 경쟁의 승자가 되려고만 할 뿐 자신으로 돌아가 자신의 사람 됨됨이가 어떤가에 대한 자기 물음에는 너무나 인색하기 때문이다.

노자와 공자는 우리들에게 아주 다른 길을 걷게 한다. 노자는 우리로 하여금 자연의 길을 걸어가라고 타이르고 공자는 문화의 길을 걸어가라고 타이른다. 자연의 길을 밟는 것을 노자는 무위(無爲)라 하였고 문화의 길을 밟는 것을 인의(仁義)라고 하였다.

비록 이 두 분이 이렇게 우리로 하여금 사람이 되는 길을 서로 달리 밟게 하지만 그 목적지는 서로 다르지 않음을 잊어서는 안 된다. 왜 인간에게 노자는 무위를 말하고 공자는 인의를 말했을까? 그것들이 인간에게 행복한 삶을 이어 주기 때문이라고 노공(老孔)은 믿었던 까닭이다.

행복한 세상은 어떻게 이루어지는가? 이러한 물음에 대해 노공은 다같이 '보원이덕(報怨以德)'이라고 응답한다. 이것이 바로 무위의 길을 밟든 인의의 길을 밟든 얻게 되는 목적지에 해당된다. 그러므로 무위를 앞세운 노자든 인의를 앞세운 공자든 덕이 떠난 세상을 안타까

위했던 셈이다. 여기서 두 분은 서로 합의하고 있다. 우리는 이 점을 항상 헤아리면서 노자의 무위를 들어야 하고 공자의 인의를 들어야 한다.

보원이덕, 즉 '원(怨)을 덕으로 갚으라' 할 때 그 원이란 무엇일까? 그것은 악한 것이라고 생각하면 된다. 원한이란 본래 악한 짓들이 안겨 주는 상처이다. 그러면 덕이란 무엇인가? 선한 것으로 여기면 된다. 본래 덕이란 모든 목숨에 이로운 것이라고 노공은 동의하고 있다. 그리고 도 역시 만물에 두루 통하는 이치라고 노공은 밝힌다. 다만 도와 덕을 이룩하는 길이 서로 다를 뿐이다. 노자는 '무위로 도덕을 실현하라' 하고 공자는 '인의로 도덕을 이룩하라' 한 것이다. 이처럼 노공은 도덕에 이르는 주장이 서로 다를 뿐 그 목적지는 같다.

무위는 자연이 되라는 말이다. 자연이란 있는 그대로 가만히 두라는 것이다. 만물은 가만히 있는 그대로 만족하는데 오직 사람만이 갖은 수작을 부려 잘살겠다고 주장을 한다. 하지만 결국은 탈을 내서 못살게 되었다고 노자는 주장한다. 이러한 노자의 말을 듣다 보면 물질문명의 첨단 과학이 빚어 내는 공해들이 공포스럽다는 우려를 버릴 수 없는 것이 아닌가.

인의는 사랑하며 올바르게 되라는 말이다. 말하자면 올바른 사랑을 할 줄 알아야 사람이 된다는 뜻이다. 올바른 사랑이란 무엇인가? 나를 사랑하는 것이 아니라 먼저 남을 사랑하는 것이다. 본래 인이란 나는 너를 사랑함이고 너는 나를 사랑함이다. 그리고 의라는 것은 그러한 사랑함을 극대화할 때 약속된다. 이러한 공자의 말을 듣다 보면 현대 문화가 빚어낸 극도의 이기주의가 엄청나게 무섭지 않은가.

귀한 말은 듣기 싫고 몹쓸 말은 귀에 솔깃한 법이다. 인간은 너무 약고 영악해서 제 발등을 스스로 도끼로 찍는 짓을 범하기 일쑤다. 혹

떼려다 더 붙이고, 긁어서 부스럼을 내고, 결국은 등창을 앓아 목숨을 해치는 어리석은 짓을 범하면서 용감하다고 하는 것이 인간이다. 모든 성인들은 이런 무모한 인간성을 안타까워한다. 자비(慈悲)하라는 여래(如來)의 말이나, 원수를 사랑하라는 예수의 말이나, 노공의 보원이덕하라는 말이나 다 한결같은 당부가 아닌가. 그러나 현대인은 이러한 말씀들을 심각하게 받아들이려고 하지 않는다. 거만하고 오만하고 자만에 빠져 마치 온 세상이 인간의 노략질을 위해 있다고 착각을 하면서 겁날 것이 뭐 있느냐는 듯 현대인은 기고만장이다. 이러한 인간 말세 현상이 우리를 두렵게 한다.

3. 노자의 도, 공자의 도

노자의 도는 변화를 관장한다. 노자는 그 변화를 유무(有無)라고 밝힌다. 유무를 자연으로 새겨도 된다. 자연의 모습은 생성하고 소멸하는 것으로 나타난다. 무엇이든 있으므로 없어지고 없으므로 있게 된다. 이처럼 만물을 있게도 하고 없게도 하는 것을 노자는 도라고 불렀다.

노자는 도가 작용하는 것을 반자(反者)라고 밝힌다. 반자는 여래의 윤회(輪廻)를 연상하게도 하지만 이것은 철학적일 뿐 여래의 윤회처럼 종교적인 것은 아니다. 철학은 진실을 밝히지만 종교는 진실을 밝힌 다음 믿으라고 요구한다. 도의 움직임을 되돌아오는 것(道之動反者也)이라고 밝힌 노자는 만물의 있고 없음을 다음처럼 밝힌다. "있는 것은 없는 것에서 나온다(有生於無)." 이러한 유와 무를 사람을 중심으로 생각하지 말라고 노자는 선언한다. 왜냐하면 사람도 자연의 한 부분이라고 노자는 생각하기 때문이다. 그래서 노자의 도는 자연의 도이다.

그러나 공자의 도는 철저하게 사람의 도이다. 노자의 도가 자연이 밟는 길이라면 공자의 도는 사람이 밟아야 하는 길이다. 왜 사람은 사람의 길을 밟아야 하는가? 사람은 만물과 다르기 때문이다. 이것이 공자 철학의 근본 바탕이다. 바로 여기서 노자와 공자는 생각은 다른 길목을 향하고 있다. 왜냐하면 노자는 사람도 만물의 하나이며 만물은 다 같다고 보기 때문이다. 그래서 공자를 인문 사상의 출발로, 노자를 자연 사상의 시발로 보기도 한다. 인문은 인간이 날로 발전해 간다고 보는 생각이며 자연은 있는 그대로 그냥 있어야 한다는 생각이다.

노자의 도는 사람이 범접하지 못하지만 공자의 도는 사람에 의해서 넓어질 수 있다. 공자는 다음처럼 도를 밝힌다. "사람이 도를 넓힐 수 있지 도가 사람을 넓히는 것은 아니다〔人能弘道 非道弘人〕." 도에 대한 이러한 공자의 생각은 노자와 아주 다른 것이다. 노자의 도는 사람을 만물의 하나로 있게 한 주재자이지만 공자의 도는 사람이 닦는 길과 같다. 사람의 길을 닦는 것을 문(文)이라고 한다. 문이란 무엇인가? 사람이 사람답게 살 수 있게 하는 모든 것을 말한다. 그래서 공자는 학문(學文)을 떠나지 말라고 한다.

그러나 노자는 사람도 자연의 도를 그대로 따라가라고 한다. 그래서 사람의 욕심대로 자연의 길에 손을 대지 말라고 한다. 이를 노자는 무위라고 밝혀 두었다. 그리고 노자의 후예들은 공자가 주장하는 문(文)을 인위라고 질타하면서 긁어 부스럼을 만들어 병을 앓게 한다고 공문(孔門)을 꼬집었다.

도가 하는 대로 그냥 내버려 두라. 이것이 노자의 근본 생각이다. 그러나 공자는 사람에게 해로운 것이면 고쳐 없애라고 한다. 노자는 독사를 보면 그것도 살려고 있는 것이니 그대로 두라고 할 것이고 공자는 독사를 보면 잡아 없애라고 할 것이다. 물리면 사람이 죽기 때문에 독사를 죽여야 한다는 공자에게 노자는 그대로 두면 물지 않을 것을 건드려 독사가 사람을 무는 것이니 그대로 내버려두라고 할 것이다. 인위와 무위의 차이는 이와 같다. 무위는 사람을 자연에 맡기려는 생각이고 인위는 만물을 사람의 삶에 맞추어 보려는 생각이다. 노자의 도가 무위로 트여 있고, 무심(無心)으로 통하는 길이라면 공자의 도는 인의로 트여 있으며 예악(禮樂)으로 넓혀지는 길이다. 사람은 인과 불인, 의와 불의를 함께 지녔다고 공자는 보았다. 인과 의는 선이고 불인과 불의는 악인 셈이다. 그러나 노자는 선악이란 사람이 주장하는 공연한 독단이라고 일축한다. 자연에는 선악이 없다고 노자는 본다. 그리고 노자는 자연의 은혜를 덕으로 보고 공자는 인의가 행해짐을 덕이라고 보았다.

　사람이 덕을 넓힐 수도 있고 좁힐 수도 있다고 공자는 밝히지만 노자는 덕을 자연의 품에 안기는 것으로 보았다. 그러므로 공자가 밝히는 도는 사람의 덕에 따라 트이기도 하고 막히기도 하는 길인 셈이고, 노자가 밝히는 도는 자연의 덕에 따라 트이는 섭리의 길인 셈이다.

4. 짓밟히는 예(禮)

　사람은 선한가 아니면 악한가? 맹자는 '사람의 성(性)은 선하다'고 하였고 순자(荀子)는 '사람의 성은 악하다'고 하였다. 성이란 무엇인가? 존재의 본모습으로 보면 될 것이다. 사람의 본모습을 선으로 본 맹자는 인을 주장하였고 사람의 성을 악으로 본 순자는 예(禮)를 주장하였다. 인이란 무엇인가? 남을 먼저 사랑하라는 뜻이다. 그러면 예란 무엇일까? 나를 이겨내라는 뜻이다. 이처럼 옛날부터 맹순(孟荀)은 서로 입장을 달리했던 것이다.

　요즘 세상은 순자를 새삼 생각나게 한다. 과연 사람은 선한 존재일까. 악한 존재일까? 허다한 사건들이 이러한 질문을 던지게 한다. 욕망을 천하게 여겼던 세상에서는 맹자의 말씀이 실감나지만 욕망을 앞세우는 세상에서는 순자가 가리키는 길이 호소력을 얻는다. 욕망의 전차를 타고 질주하는 오늘날의 세상에서는 그 전차가 달리는 궤도를 사람마다 탐하는 대로 깔아 놓고 원하는 방향으로 가고 싶은 대로 마구 달린다. 이것이 우리가 지금 하루하루 살아가고 있는 모습이다. 이렇게 되면 핵폭탄보다 더 무서운 것이 사람이다. 삶의 현장이 곧 사람들의 경기장처럼 되어 버린다.

　삶의 경기장을 보면 당당한 삶의 경기를 보기 어렵다. 반칙투성이의 삶이 버젓이 치장되고 외로 가든 모로 가든 서울만 가면 된다는 승부욕이 하늘에 닿아 삶을 칼끝에 놓고 있다. 사람들은 살벌하고 매정하고 무섭다. 왜 이렇게 되었는가? 나를 앞세우고 남을 뒤로 밀어내야 삶이라는 경기에서 이긴다는 욕심 때문이다.

백성의 분노는 범하기 어렵고, 한 사람의 욕심은 이루어지기 어렵다. 그래서 공자는 낚시질은 할지언정 투망질은 하지 않으며 나는 새는 쏘아 잡을지언정 앉아서 잠자고 있는 새는 잡지 않겠다고 하였다. 욕심은 내가 이기고 남이 지기를 바라기 때문에 잘 성사되지 않는다. 모두가 이기려고 하면 그 모두는 지고 만다. 죽고 싶어하면 살게 되고 살고 싶어하면 죽게 된다. 오늘날 우리가 펼치는 삶의 경기는 이러한 진실을 외면하고 있을 뿐이다.

　순자는 왜 예로 사람을 다스리라고 했을까? 저마다 욕심을 사납게 앞세우고 남을 해치려는 악을 인간들이 범하려고 하는 까닭이다. 이러한 예는 자신이 자신을 다스리는 법인 셈이다. 그러한 법을 실천하기 위해 나는 나를 이겨내야 한다. 극기(克己)하라. 이것이 예의 부름이다. 욕심을 사납게 부리려는 나를 다스려라. 그러면 예로 돌아간다. 이를 복례(復禮)라고 한다. 그러나 우리는 지금 극기복례를 무시한 지 이미 오래다.

　인간을 욕심의 덩어리로 본 순자는 현실적으로 보았던 셈이고 인의를 앞세워 보았던 맹자는 인간을 이상적으로 보았던 셈이다. 우리가 사는 현실이 유토피아가 된다면 얼마나 좋을까. 그러나 그러한 소망은 언제나 하나의 꿈이라는 것을 역사와 문화가 말해 준다. 확실히 인간의 욕망은 악의 씨를 뿌린다. 그러한 씨는 독초처럼 남을 해하고 아픔을 준다. 이러한 악을 다스리려면 항상 예가 살아 있어야 한다.

　남을 높이고 나를 낮추면 예는 살아서 숨을 쉬고 내가 먼저이고 네가 뒤라고 하면 예는 짓밟히고 만다. 사람들이 서로 믿고 의지하면서 살려면 이러한 예가 바로 질서의 바탕을 이루어야 한다. 그러나 우리는 그러한 예를 등지고 욕망이란 무궤도의 전차를 타고 가면서 패배는 죽음이고 승리해야만 살아남는다고 아우성을 친다. 돈을 좀 벌었다고, 지체가 좀 높아졌다고 삶의 승자가 되었단 말인가? 예는 이러한 질문과 함께 그대의 행동이 당당하고 떳떳하며 부끄러움이 없는가? 라는 질문을 다시 던진다.

　이처럼 예는 자신의 속을 들여다보게 한다. 자신이 자기를 들여다보게 하는 거울과 같은 것이 옛날부터 밝혀 온 예이다. 조선조의 사대부들이 그들의 영화를 누리려고 얽어맸던 예론(禮論)으로 본래의 예를 묶어서는 안 된다. 야수처럼 투쟁하는 삶의 현장에서 인간다운 관계를 잡으려는 진실이 곧 예라고 여기면 될 것이다. 그러한 진실은 극기복례로 보아도 될 것이다.

5. 잃어버린 낙(樂)

쾌락이란 말은 누구나 안다. 그러나 열락(悅樂)이란 말은 별로 쓰이지 않는다. 쾌락은 몸을 신나게 하여 마음을 붕 띄우고 놀아나게 한다. 그러나 열락은 몸을 숨죽이게 하고 마음에 날개를 달아 텅 빈 하늘과 같은 곳이 되게 한다. 그래서 쾌락은 쾌감으로 심신을 얽어매고 태워 버리지만 열락은 심신을 하나가 되게 하여 아무런 걸림 없이 노닐게 한다. 쾌락의 끝에는 마약과 같은 것이 기다리고 있지만 열락의 절정에는 명상이란 꽃이 피어 있다. 이러한 명상의 꽃을 피운 몸과 마음은 하나가 된다. 그리고 그 심신은 스스로 다음처럼 속삭인다. "아, 즐거워라." 이것은 만족하는 마음이 내는 침묵의 소리이다. 그러한 소리를 내는 순간 우리는 낙을 누린다.

낙이란 무엇인가? 노장(老莊)으로 보면 유(游)일 것이고 공맹으로 보면 화(和)일 것이다. '유'란 무엇인가? 아무런 걸림 없이 노니는 것이다. 우주선 속의 우주인이 무중력 상태에서 움직이는 것처럼 걸림 없게 된 마음의 모습을 유라고 생각하면 될 것이다. '화'란 무엇인가? 여러 개의 꽃잎들이 모여 한 송이의 꽃을 이루어 내는 것처럼 마음속이 어느 하나 어긋남 없이 어울려 있는 모습을 화라고 여기면 될 것이다.

마음이 노닐려면 자유로워야 한다. 마음속이 어울리려면 만족스러워야 한다. 그래서 노장의 낙은 자유(自游)이고 공맹의 낙은 중용(中庸)이다. 낙을 잃어버리거나 잊지 마라. 그렇다고 낙을 너무 탐하지도 마라. 낙을 지나치게 탐하면 타락하거나 방탕해지고 만다. 장자는 이렇게 밝히고 있다. "나는 나비가 되었다. 나비는 내가 되었다. 나비가 나일까, 내가 나비일까? 하여튼 나는 나비가 되고 나비는 내가 되어 노닐었다." 장자는 이렇게 꿈꾸는 것에 비유하여 자유(自游)를 밝히고 있다. 낙(樂), 그것은 자유이고 중용이다.

놀아나는 것은 낙이 아니다. 놀아난다는 것은 이미 치우쳐진 것을 말한다. 무엇이든 치우치면 고(苦)가 된다. 마약 중독자는 완전히 낙을 잃어버린 당사자이다. 시간만 나면 고스톱을 하는 사람도 마약에 중독된 것이고 밤마다 술을 마시고 가라오케의 마이크를 잡아야 긴장이 풀리는 사람도 마약에 중독된 것이다. 디스코텍에 가서 온몸을 흔들어야만 몸이 풀린다거나 포르노 화면을 봐야만 몸에 열이 난다고 우쭐대는 사람들도 마약에 중독된 사람들이다. 이러한 사람들은 삶을 탕진하는 사람들이지 삶을 즐기는 사람들이 아니다. 참으로 나는 삶을 즐길 줄 아는가? 이렇게 묻는 사람은 낙이란 무엇인가를 생각하는 사람일 것이다. 삶을 즐긴다는 것은 삶에 만족한다는 말이다.

삶을 아프게 하면 낙은 없어진다. 그래서 《예기(禮記)》의 〈악기(樂記)〉 편에는 삶이 절실해서 시를 읊어야 하고 노래를 불러야 하고 춤을 추어야 한다고 되어 있다. 삶의 아픔을 이겨내게 하는 것이 낙이다. 그러나 쾌락의 탐닉은 삶의 아픔을 피하거나 잊으려고 애쓰는 몸부림일 뿐이다. 쾌락은 삶을 더욱 아프게 할 뿐이다. 끝이 허망하기 때문이다. 쾌락은 낙을 소유하려고 한다. 그래서 쾌락은 우리를 흥분시킨다. 흥분하면 여러 가지로 돈이 든다. 우리를 흥분만 시킬 뿐 책임은 지지 않는 레저 산업들을 보라. 놀아나면 누구나 소모되고 탕진될 뿐이다. 그러나 낙은 이것을 막아 주는 성채와 같은 것이다.

낙은 외부의 자극에 의해서 얻어지는 것이 아니다. 스스로 만족하는 지혜이며 소유의 불만에서 오는 아픔들을 극복하게 해 주고 무소유의 자유(自由)를 누릴 수 있게 해 주는 비밀스러운 내면의 충만인 것이다. 결국 낙이란 잃어버린 행복을 찾아 주는 열쇠와 같은 것이다. 그러한 열쇠는 백화점 같은 곳에 가서 살 수 있는 것이 아니다. 그렇다면 낙은 어디에 있단 말인가? 바로 그대의 마음속에 있을 뿐이다. 이렇게 공맹도 말하고 노장도 말한다.

내가 둘이 되어 대화를 나누어 보라. 그리고 아픈 일들을 하나씩 제쳐 가면서 나를 만나 보라. 껍질을 다 벗고 난 다음 아무런 걸림 없이 홀로 있는 나를 마주 바라볼 때 나는 나비가 되어 꽃 속을 노니는 그런 자유(自游)를 확인할 것이며 치우침이 없는 자유(自由)를 맛보고 낙이 있음을 누리게 될 것이다.

6. 편안한 세상을 위해

선거철만 되면 너도나도 치자(治者)가 되겠다고 나오는 사람들이 많다. 후보로 등장한 치자치고 군자가 아닌 사람은 없는 것처럼 후보들은 백성 앞에 나서서 한 표를 찍어 달라고 호소한다. 그러나 선거철만 지나고 나면 당선된 사람은 정치를 직업으로 생각하고, 떨어진 후보들은 철새처럼 사라지고 만다. 정치인이 정치를 직업으로 여기면 결국에는 정치꾼이 되고 만다. 본래 '꾼'은 소인의 기질을 버리지 못한다. 한 나라의 정치가 소인배의 손아귀에서 빠져나오려면 공자와 자공이 나눈 대화를 명심하고 잘 지켜야 한다.

제자인 자공이 공자께 정치에 관하여 물었다. 그러자 공자는 다음처럼 말해 주었다. "백성의 배를 부르게 하고〔足食〕 나라를 튼튼히 하며〔足兵〕 백성들이 믿게 하는 것〔民之信〕이다." 이 말을 들은 자공이 그 셋 중에서 하나를 버린다면 무엇을 버려야 하냐고 물었다. 그러자 무기를 버리라고 공자는 응해 주었다. 다시 둘 중에서 하나를 버린다면 무엇을 버려야 하냐고 물었다. 이에 대해 공자는 다음처럼 잘라 말하였다. "양식을 버려라."

공자가 정치에 관하여 자공에게 밝혀 준 것을 삼족(三足)의 정치라고 불러도 된다. 백성을 굶주리게 하는 정치는 잘못된 것이며 백성의 안전을 불안하게 하는 정치도 잘못된 것이다. 나아가 백성들로부터 신용을 잃어버린 정치는 결국에 끝장이 나고 마는 법이다. 그래서 공자는 다스림이 세상으로부터 신임을 얻지 못하면 백성들이 기댈 언덕을 잃게 된다고 우려했다. 말하자면 백성의 신임을 잃어버린 정치는 나라를 망하게 하고 만다는 뜻이다. 결국 정치에서 가장 중요한 것은 언제나 백성들로부터 신용을 얻느냐 잃느냐에 달려 있는 셈이다. 임금의 시대에도 그랬거늘 하물며 민주주의 시대에야 더 말할 필요가 있겠는가.

그렇다면 지금 우리의 정치는 신용을 얻고 있는가? 백성들로부터 불신을 얻은 지 한두 해가 아니다. 정치는 지금까지 줄곧 신용을 잃어 왔다. 그래서 우리의 정치는 항상 우리를 불안하게 한다. 삼족 중에서 가장 중요한 족신(足信)을 우리의 정치가 경솔하게 취급한다는 인상을 받고 있는 까닭이다.

어떻게 하면 정치가 백성들의 신임을 두텁게 얻을 수 있을까? 먼저 정치를 하는 사람이 몸가짐을 바르게 해야 한다[正其身]고 공자는 지적한다. 제 몸이 더러우면서 남의 몸이 더럽다고 책할 수는 없다. 자신부터 올바라야 남의 그릇됨을 지적해서 고칠 수 있는 것이다. 치자의 몸가짐이 바르면 정치처럼 쉬운 것도 없다고 공자는 밝힌다. 이 나라를 다스려 보겠다고 호언하는 사람들은 공자의 이러한 말씀을 새겨들어야 할 것이다. 정치가 불신을 당하고 있다는 것은 결국 치자들의 몸가짐에 문제가 있다는 말도 된다.

어떻게 하면 몸가짐이 바르게 될까? 궂은 일과 힘든 일을 가리지 않고 백성들보다 먼저 땀을 흘려 하는[先之勞之] 치자를 어느 백성이 멀리하겠느냐고 공자는 반문한다. 본래 어느 세상에서나 치자들이 백성보다 자신들의 실속을 앞다투어 챙기려고 하면 파당이 생기는 법이다. 파당을 지어 이패 저패로 나뉘어 말씨름만 하면서 세월을 보내면 백성의 허리만 휘어지고 만다. 당략(黨略)만 앞세우는 정당이 많으면 세상은 항상 힘들어질 뿐이다.

군자는 화합하기를 좋아하고 한패가 되기를 멀리하지만 소인은 화합을 멀리하고 패거리를 탐한다[君子和而不同 小人同而不和]고 공자는 밝히고 있다. 화(和)는 우군도 없고 적군도 없다. 그래서 평화라고 부른다. 그러나 동(同)은 내 편 네 편을 갈라놓고 선별하여 같으면 좋아하고 다르면 싫어한다. 그래서 동은 패가름을 말하고 무리지음을 말하며 편애의 원인을 말한다.

지금 우리가 앓고 있는 지역 감정 따위는 동의 기질을 잘 나타내고 있다. 인맥과 정실의 짜임 또한 동의 현상이다. 결국 공자께서 치자라면 몸가짐을 바르게 하라고 한 것은 마음 씀씀이를 화로 이끌고 행동거지를 화에 맞추라는 뜻이다. 이렇게 하면 어찌 삼족의 정치가 이루어지지 않겠는가?

삼족의 다스림을 할 수 있는 치자라면 먼저 천명을 알아야 할 것이다. 천명이란 곧 삶의 철학을 모두 수렴하는 극치를 말한다고 보아도 된다. '큰 덕을 밝힐 것이며 그 덕으로 모든 사람들을 친하게 할 것이며 온 사람을 고르게 밝혀 온 사람을 다같이 밝게 할 것이며 온 세상을 평화롭게 하여 온 사람을 선하게 하라' 이러한 명령을 천명이라고 한다. 이에 순명(順命)하는 사람을 공자는 요순(堯舜)이라고 이상화시켰다. 세상을 편하게 하겠다는 꿈을 우리가 버리지 않는 한 우리는 미래에 이러한 이상화를 실현해야 한다는 삶의 다스림에 대한 철학을 저마다 삶을 통하여 느끼고 생각하며 이해하고 판단하면서 체험해야 한다.

제1장
《논어》의 산책

1. 《논어》의 산책

《논어》에는 총 스물한 편의 이야기가 있다. 그중에서 〈요왈(堯曰)〉 편, 〈향당(鄕黨)〉 편, 〈미자(微子)〉 편, 〈자장(子張)〉 편은 좀 특이하다. 〈요왈〉 편은 공자가 이상적으로 생각했던 치자들을 밝히고 나아가 공자의 제자 자장과 더불어 세상을 다스리는 이상을 문답으로 풀어 가고 있으며, 〈향당〉 편은 인간 공자의 모습을 만나게 한다. 〈미자〉 편에는 공자가 칭송하는 어진 사람들이 등장하는데 특히 노장(老莊)의 분위기가 물신 풍기는 부분도 나온다. 그리고 〈자장〉 편에는 공자의 제자들이 한 말들을 추려서 모아 놓았다.

위의 네 편은 좀 달리 접할 필요가 있다. 오늘날 우리에게 삶의 지혜를 주는 부분을 선택해서 만나도 무방하다는 생각이 들기 때문이다. 이 네 편은 편안한 마음을 갖고 이야기를 듣는 기분으로 만나도 되고 매정하고 살벌한 인간으로 표변해 가는 첨단 과학의 시대에 인간의 참모습을 만나 삶의 가치에서 잊은 것과 잃어버린 것들을 다시 찾으려는 마음으로 만나도 된다.

우리는 왜 사는가? 사람은 저마다 잘살기 위해 이러한 질문을 수시로 던져 보아야 한다. 나아가 '우리는 어떻게 사는가?' 라고 묻거나 '우리는 어떻게 살아야 하는가?'를 물어보아야 한다. 인간의 삶이란 있는 그대로 가만히 내버려둘 수 없게 되어 있다. 삶의 역사가 이를 말해 주고 삶의 문화가 또한 이를 증명해 준다. 사람이 사람으로서 잘 산다는 것은 도대체 무슨 의미일까? 이러한 물음을 마음에 간직하고 《논어》의 네 편을 들을 필요가 있다.

사람은 누구나 행복을 원한다. 그러나 원하는 행복은 저 멀리 신기루처럼 아른거리기만 한다고 한숨을 쉬는 사람들이 많다. 어쩌면 인간은 행복을 기다리는 하지만 항상 불행과 만나고 있는 불쌍한 중생들인지도 모른다. 이러한 연유로 여래(如來)는 인생을 고통의 덩어리로 보았고 노자는 인간을 떠나 자연으로 가라고 하였다. 그러나 공자는 인간을 멀리하지 말라고 한다. 그는 인간이므로 인간을 찬란하게 해야한다는 길을 밝힌다. 그래서 공자가 터놓은 길을 밟아 걸어가면 분명 삶의 행복이 여물어 맛을 내리란 생각을 버릴 수가 없다. 공자의 세계는 인간에 대한 무한한 신뢰감이 본바탕을 이루고 있기 때문이다.

　자신을 불행하다고 여기는 사람들, 하루하루가 짜증나고 싫증나는 사람들, 세상을 파괴하고 싶은 분노와 충동으로 미칠 것 같은 지경의 사람들, 남의 아픔은 모르고 저만 배부르면 그만이라는 착각에 미쳐버린 탐욕스러운 사람들, 다람쥐 쳇바퀴 돌듯 그저 아무 의미 없이 습관적으로 졸면서 살아가는 사람들까지 이 세상에는 별의별 상처를 받으며 삶을 이어가는 사람들이 태반이다.

　첨단 과학의 첨단 문명이 우리를 얼마나 조여 매고 얼마나 긴장하게 하는가? 마치 우리가 사는 현실은 독거미의 거미줄이 이리저리 막 쳐져 있는 거미줄의 얼개와도 같다. 어딘가에 숨어서 거미줄에 먹이가 걸려들기만을 기다리는 독거미는 그 정체를 드러내지는 않지만 항상 어디선가 우리를 노리고 있다. 우리는 우리를 노리는 독거미와 같은 존재에게 불안과 공포와 위기를 느끼면서 삶의 현장을 아슬아슬하게 밟고 가고 있다. 그래서 조심조심 잘 걸어가지 않으면 거미줄에 걸려 아등바등 삶을 탕진하고 소모하고 짓눌리고 밟히면서 초라하게 삶을 유린당할 위험에 처해 있다. 그러나 우리는 인간이므로 인간으로서 당당하게 살아야 한다. 그러한 힘을 얻기 위해 공자가 터놓은 길을 밟아 산책한다면 한결 마음속이 든든해지고 어둡던 마음속에는 밝은 빛이 내리비치는 것을 느낄 수 있을 것이다.

우리는 물질에 관해서는 많이 알게 되었다. 인간은 분명 지식의 첨병이 되어 자연을 정복했다는 오만을 지닐 만큼 거대해졌다. 그만큼 가진 것이 많아지게 되자 인간은 물질의 부를 이룩했다고 자만하기도 한다. 그러나 인간으로서 우리는 너무나 작아진 소인으로 탈바꿈되어 가고 있다는 무서움을 버릴 수가 없다.

인간들이 범하는 범죄들을 보라. 밤만 되면 겁이 나서 나가기가 싫은 서울의 밤거리를 보라. 왜 이렇게 살기가 고달픈가? 물질의 풍요가 마음의 풍요를 만족시켜 주지 못하는 까닭이다. 이제 우리는 먼저 사람이 되는 방법을 만나야 한다. 공자가 권하는 길을 걸으면 그 방법을 만날 수 있다. 동시에 어질고 당당한 삶을 만나게 된다. 이 얼마나 행복한 선물인가.

2. 〈요왈(堯曰)〉 편의 산책

〈요왈〉 편은 《논어》의 마지막 편이다. 체제가 특이해 말이 많은 편으로 모두 3장으로 되어 있다. 3장에는 공자가 성군으로 지명했던 요순우(堯舜禹) 세 임금 사이의 왕위에 관한 말이 있다. 2장은 자장(子張)의 물음에 따라 다섯 가지 아름다움과 다섯 가지 추함을 들어 세상을 다스리는 이상을 밝힌다. 그리고 3장은 천명(天命)을 모르고는 군자가 될 수 없고, 예를 알지 못하면 세상에 나아가 사람 구실을 할 수 없으며 말을 모르면 남을 알 수 없다고 선언한다.

이러한 〈요왈〉 편은 《논어》의 마지막 장으로서 이 책을 읽는 모든 이에게 심각한 메시지를 던지고 있다. 즉 《논어》의 메시지가 무엇인가를 〈요왈〉 편이 묶어서 암시한다. 〈요왈〉 편을 통해 우리는 "사람이 되는 길을 밝혀 배우고 터득하여 그 길을 따라 걸어가라. 그리고 너는 사람이 되려고 하는가?" 하는 질문을 받게 된다.

(1) 꿈 같은 이야기

덕치(德治), 태평성대(太平聖代), 요순시대(堯舜時代). 〈요왈〉 편의 1장을 따라가면 위와 같은 생각의 가닥이 잡힌다. 요(堯) 임금과 순(舜) 임금이 세상을 다스렸던 시대는 왜 평화롭고 행복했던가? 요순이 덕으로 세상을 다스렸던 까닭이다. 그래서 요순 두 임금은 성군이 되었다. 오늘날로 말한다면 성군이란 무엇인가? 국민을 참으로 사랑하며 그 사랑을 몸소 실천해 모든 국민들이 불편 없이 편안히 살 수 있도록 정직하게 정치를 하는 대통령이요, 수상일 것이다. 하지만 지금 그러한 대통령이 어느 나라에 있으며 그러한 수상이 어느 정부에 있단 말인가? 지금은 온 세상이 첨단 과학의 힘으로 밀어붙이는 경쟁과 전쟁의 시대로 힘만 믿는 세상이다. 분명 요순시대는 꿈 같은 이야기로만 들린다.

그러나 사람은 꿈을 버려서는 안 된다. 전쟁이 있으면 평화의 꿈을 줄기차게 꾸어야 하고, 불행이 있으면 행복의 꿈을 가꾸어야 한다. 절망이 있으면 희망을, 탄압이 있으면 자유를, 차별이 있으면 평등을, 미움이 있으면 사랑을, 악이 있으면 선을 향하는 꿈을 버려서는 안 된다. 이러한 꿈이 바로 인간이 포기할 수 없는 삶의 의지요, 역사의 지향이며 앞으로 나아가야 하는 문화의 발걸음이다. 막연히 꿈을 꾸는 것보다는 확실한 근거와 신념을 지니고 꿈을 꾸어야만 삶의 미래를 여는 열쇠를 보다 빨리 쥘 수 있을 것이다. 공자는 그러한 근거를 요순시대에서 찾았고 미래에 있어야 할 태평성대를 위해 인의(仁義)라는 열쇠를 만들어 넘겨주었다.

중국 고대의 성군인 요(堯)는 도당씨(陶唐氏)라고도 불렸다. 그의 성은 이기(伊祁), 이름은 방훈(放勳)이라고 하였다. 도당씨가 하는 말들은 지극히 높고 지극히 풍요로웠다. 그래서 그러한 뜻을 지닌 '요'를 호로 삼았다는 설도 있다. 요는 덕으로 백성을 교화시켜 무위(無爲)의 정치를 하였다. 무위의 정치는 순리를 따를 뿐 권모술수나 타협, 담합이나 대결 등을 모른다. 결국 무위의 정치는 권력에 대한 욕망을 버린 다음에야 가능한 다스림의 경지이다. 이러한 경지로 세상을 이끄는 것은 힘으로 되는 것이 아니라 덕으로 된다. 이러한 믿음을 지니고 실천하는 정치를 덕치(德治)라고 한다.

덕치란 무엇인가? 《서경》의 〈요전(堯典)〉에 보면 그 모범이 나온다.

"요는 크나큰 덕을 밝혀 아홉 종족들이 서로 친하고 화목하게 하였고, 백성을 고르게 밝혀 백성이 밝게 되었으며, 만방을 평화롭게 함으로써 백성이 착하게 되었다."

여기서 덕치는 분열이 아니라 화목을, 차별이 아니라 평등을, 악이 아니라 선을 추구하는 다스림인 것을 알 수 있다.

요가 전하는 정치의 길은 중(中)이다. 중은 넘치고 치우쳐서도 안 되지만 처지고 모자라도 안 됨을 뜻한다. 결국 중은 절대의 조화(調和)이다. 요는 그러한 조화를 하늘의 움직임이라고 보았다. '하늘의 움직임이 그대의 몸 안에 있으니 그 중의 길을 벗어나지 말라〔允執厥中〕'고 하면서 요는 순(舜)에게 임금의 자리를 물려준다. 이제 그 꿈 같은 이야기를 들어보자.

"아, 순아, 하늘의 정수가 그대에게 있노라. 반드시 중용의 도를 지켜라. 온 백성이 가난하고 고달프면 하늘이 그대에게 내린 녹(祿)도 영영 끊어지고 말리라." 이러한 말을 전하면서 요는 순에게 임금의 자리를 물려주었고 순은 다시 우(禹)에게 위와 똑같은 말을 들려주며 임금의 자리를 물려주었다. 이 얼마나 꿈 같은 이야기인가?

임금의 시대에는 임금이 그 세상의 주인이지만 민주의 시대에는 백성인 국민이 바로 그 주인이다. 이제 대통령이나 총리 자리를 누가 물려주고 거둘 수 있는가? 백성, 즉 국민이 그렇게 한다. 그러한 행위를 투표에 의한 선거라고 부른다. 민주 시민이 선거를 치를 때 만약 요 임금이 순 임금에게 내렸던 말씀과 같은 정신으로만 투표를 한다면 어느 대통령과 총재와 수상이 독재자가 되어 횡포를 부릴 수 있겠는가. 시민이 먼저 요 임금이 밝힌 중정의 길을 밟아야만 민주 시대가 태평성대를 향하는 꿈을 잃지 않을 것임이 분명하다. 우리가 대통령에게 요 임금처럼 되라고 먼저 부탁할 필요는 없다. 민주 시대에는 백성이 임금이므로 백성이 요 임금과 같은 마음을 지니면 민주는 바로 덕치의 본보기가 될 수 있을 것이다. 참으로 요 임금의 시대는 꿈 같은 이야기이기에 우리는 잊을 수 없다. 왜냐하면 우리는 꿈을 버릴 수 없기 때문이다.

(2) 바른 정치에 대한 문답

자장이 공자를 뵈옵고 어떻게 하면 바른 정치를 할 수 있느냐고 물었다. 이에 공자는 "다섯 가지 미덕을 존중하고 네 가지 악을 물리치면 올바른 정치를 할 수 있다〔尊五美 屛四惡 斯可以從政矣〕."고 대답하였다. 이에 자장이 다시 물었다. "다섯 가지 미덕이란 무엇입니까?" 이에 공자는 "군자가 백성들에게 혜택을 베풀되 낭비하지 않고〔君子惠而不費〕, 백성들을 부리되 원망을 사지 않고〔勞而不怨〕, 바랄 것을 바라되 탐욕스럽지 않고〔欲而不貪〕, 태연하되 교만하지 않고〔泰而不驕〕, 위엄이 있되 사납지 않은 것이다〔威而不猛〕."라고 대답하였다.

이 말씀을 들은 자장이 어떻게 하면 베풀되 낭비하지 않는 것이냐고 다시 묻자 공자는 "백성들이 저마다 이득을 얻을 수 있는 곳에서 이득을 고루 얻게 해 주면 혜택을 주면서도 낭비하지 않는 것이 아니겠느냐."고 풀어 주었다. 특권층에 혜택을 주면 그만큼 백성의 몫이 부정하게 잘려 나가게 마련이다. 그러면 이는 곧 국력의 낭비가 된다. 우리의 치자들 중에서 공자의 이러한 말을 기억하는 사람은 몇이나 될까? 참으로 의심스럽다. 그래서 정치는 못 믿을 것이란 뒷말을 사서 듣고 있는 중이다.

공자는 다시 다음과 같은 말로 자장의 의문을 풀어 준다. "어질고 깊은 선생은 제자의 아쉬워하는 곳을 미리 알아 풀어 주게 마련이다.

백성들이 노역을 해야 할 일이 생겼을 때 신중히 선택해서 반드시 해야 할 일만을 시킨다면 백성들도 어긋난 것이 아님을 알고 힘이 들어도 원망을 하지 않을 것이 아니냐." 진시황이 만리장성을 쌓았을 때 얼마나 많은 백성들이 피눈물을 흘렸을까? 오늘날에는 부역 대신에 세금을 내는 사람이 있는가 하면 탈세를 하면서 부를 축적하는 일들이 너무나 흔하다. 세금에 대한 원망이 크다는 것은 결국 세금에도 특혜가 주어지고 있다는 증거이다. 그래서 치자들은 백성들에게 불신을 당하는 것이다.

사랑을 베풀려고 했으니 사랑을 베풀면 되는 것이다. 제 욕심을 위해 왜 군자가 탐욕을 내냐며 공자는 자장에게 반문한다. "군자는 많은 사람 앞이건 적은 사람 앞이건, 지위가 높건 얕건 가리지 않고 교만하지 않는다. 이것이 바로 군자의 태연함이며 교만하지 않음이다."라고 공자는 말한다. 또한 군자는 옷차림을 알맞게 하므로 위엄을 지니되 보기 사납지 않다고 말해 준다. 위와 같은 선생의 말씀을 경청한 자장은 그렇다면 네 가지 악덕은 무엇이냐고 물었다.

이에 공자는 다음처럼 말해 주었다. "백성을 가르치지 않고 죽이는 것을 잔학이라 하고〔不教而殺 謂之虐〕, 미리 훈계하지 않고 잘못된 결과만을 따지는 것을 포악이라 하고〔不戒視成 謂之暴〕, 법령을 엉성하게 만들어 놓고 시행의 기한을 조이는 것을 적해라고 하며〔慢令致期 謂之賊〕, 어차피 남에게 내주어야 될 물건의 출납을 미적미적 술수를 부리는 것을 창고지기라고 한다〔猶之與人也 出納之吝 謂之有司〕." 위정자들이 위와 같은 공자의 말씀을 새긴다면 다스림이 잘못될 리가 없다. 권력의 공포, 권력에 의한 탄압 등은 가르치지 않고 죽이는 짓이다. 유신 체제의 유지를 위해 하수인 노릇을 했던 정보부는 왜 잔학했던가? 제 편이 아니면 사람 잡는 짓을 가리지 않았던 까닭이다. 바로 이러한

41

것이 잔학이다.

일의 시작은 제쳐두고 결과만 가지고 따져 상벌을 주게 되면 아첨꾼만 생기고, 공치사로 생색을 내서 한 수 얻어 보려고 덤비는 간신들만 득실거리게 되고 만다. 오늘날 왜 전시 행정이 판을 치고 난장을 이루는가? 정치의 윗물이 포악해서 아랫물들이 눈치를 보는 까닭이다.

코걸이, 귀고리 식으로 법을 운용하는 것은 역적(逆賊)의 짓거리에 속한다. 이러한 역적의 짓들 때문에 백성들은 법이란 본래 거미줄과 같아 벌레만 걸리고 새는 채고 날아간다며 원망하는 것이다. 법 운용의 미를 거두겠다고 말하는 입은 법을 훔칠 수 있는 틈을 내놓고 빠져나갈 문을 열어 주는 짓을 한다. 힘에 약한 법은 어디서나 백성의 입장에서 보면 역적이다.

맹랑한 창고지기 같은 관리들도 너무나 많다. 당연한 것을 가지고 꼬투리를 붙여 뇌물을 받고 당연히 제 시한에 해 주어야 할 일을 질질 끌어 급행료를 받고 해서는 안 되는 일을 해 주고 거금의 촌지를 받는 관리들 때문에 관청을 복마전이라고 부른다. 창고지기가 도둑이면 곳간 안에 있는 모든 물건은 장물과 같다. 나라의 재산을 장물처럼 아는 관리는 분명 날강도와 같다. 부정부패의 나라는 그러한 날강도 때문에 빚어지고 그러한 나라는 결국 망하고 만다. 올바른 정치를 밝힌 공자의 말씀은 하나도 낡은 것이 없다. 무수한 정치 이론서들이 있지만 공자가 자장에게 들려준 이야기만으로도 훌륭한 정치는 충분히 달성될 수 있다. 옛날에는 임금과 벼슬아치들이 백성들을 정치의 네 가지 악으로 괴롭혔고, 지금은 대통령과 관리들이 시민들을 정치의 네 가지 악으로 괴롭힌다. 공자여! 어느 날에나 민주 시대의 치자들이 시민들은 요 임금의 정치 철학을 원한다는 것을 알지 답답할 뿐이다.

(3) 최후의 선언

논어의 가장 마지막에 이르면 비장한 공자의 말씀을 듣게 된다. 그 말씀은 세상이 아무리 변해도 변하지 않는 절체절명의 선언이요, 우리가 살아가야 할 세상을 어떻게 운영해야 할 것인가를 밝혀 주는 최후통첩이다. 그것은 다음처럼 되어 있다.

"천명을 모르면 치자가 될 수 없다〔不知命 無以爲君子〕."

"예를 알지 못하면 설 수 없다〔不知禮 無以立也〕."

"말을 모르면 남을 알 수 없다〔不知言 無以知人也〕."

천명이란 무엇인가? 노자의 말을 빌면 도와 같다. 그러나 노자의 도는 인간이 알 길 없는 만물의 생성자이다. 그 생성자의 부름에 응해서 살면 그것이 바로 인간의 일이다. 이를 지명(知命)이라고 한다. 노자의 지명은 자연으로 돌아가 살라 함이고, 공자의 지명은 인의를 넓혀 살라 함이다. 무위는 자연을 따르라 함이고 호학(好學)은 인의를 넓히라 함이다. 그러면서도 어떠한 지명이든 덕을 벗어날 수 없다고 노공(老孔)은 동의한다.

이러한 공자의 지명은 이미 요 임금이 밝혀 둔 것이기도 하다. "큰 덕을 밝혀 구족을 친하게 하라. 백성을 고르게 밝혀 백성이 밝게 하라. 온 누리를 평화롭게 하여 백성을 착하게 하라." 이러한 지명의 말씀을 헤아리지 못하는 자는 정치할 욕심을 내지 말아야 백성들이 편한 삶을 누릴 수 있다.

예를 모르면 설 수 없다는 것은 무슨 말일까? 무례하면 더불어 살 수 없음을 뜻한다. 나를 앞세우고 남을 뒤로 밀치려는 사람은 무례한 자이다. 그러한 자는 어디서나 따돌림을 당할 뿐이다. 내 욕심을 사납게 부리고 남의 입장을 몰라주는 사람은 무례한 자이다. 그러한 자는 어디서나 남의 미움을 사고 따돌림을 당한다. 칭찬할 줄은 모르고 험담과 트집잡기만을 좋아하는 사람도 무례한 자이다. 그러한 자는 어디서나 모난 돌과 같아서 뭇사람들의 정을 맞고 따돌림을 당한다. 더불어 사는 세상에서 이처럼 따돌림을 당한다면 어찌 무슨 출세를 할 수 있단 말인가?

출세를 하고 싶다면 먼저 낮은 데를 택하는 물과 같이 되라. 말을 모르면 남을 모른다. 참말과 거짓말을 가릴 줄 모르는 사람은 결국 거짓말만 하는 사람이다. 말이 곧 마음이며 그 마음이 움직임의 원동력이다. 마음이 거짓이면 행동 또한 거짓이다. 거짓말만 일삼는 사람이 어찌 남을 알 수 있겠는가. 내가 거짓으로 남을 속이면 남도 거짓으로 나를 속인다. 그렇게 되면 나와 남은 천만 리나 떨어져 있는 외딴 섬과 같게 된다. 그렇게 떨어져 있는 섬과 섬 사이를 이어 주는 연락선과 같은 존재가 바로 참말이다. 참말이 얼마나 귀한지를 모르는 사람은 결국 남을 알 수 없다. 남을 알기 위해서는 먼저 내 가슴속부터 열어야 한다. 참말이란 무엇인가? 참말은 가슴속을 여는 열쇠와 같고 거짓말은 그 열쇠를 훔치는 도둑과 같다. 그러므로 참말을 해야 한다는 것을 안다면 말조심의 중요성을 알 수 있다. 참말만을 해야 함을 아는 것이 곧 지언(知言)이다.

천명을 알고 따르는 치자, 예를 알고 지키는 치자, 말을 알고 하는 치자가 따로 있는 것은 아니다. 무릇 세상을 다스리고 사람을 다스리겠다고 뜻을 품은 사람은 누구든 천명을 알아 억지를 부리지 말고 순리를 따라야 할 것이며 예를 지켜서 남을 아프게 하거나 업신여길 것이 아니라 남을 존경하는 마음을 지녀야 할 것이고 참말을 하여 남의 신임을 얻어야 할 것이다.

정치하는 사람만이 치자는 아니다. 세상을 살아가는 모든 사람은 나름대로 치자의 구실을 하게 마련이다. 왜냐하면 두 사람만 있어도 사람과 사람 사이가 이루어지고 그 사이는 그냥 있는 것이 아니라 어떤 관계를 맺게 되기 때문이다. 그러한 관계를 어떻게 이어 삶을 밝고 맑고 찬란하게 할 것인가를 생각하면 그것이 바로 치자의 영역에 들어간 것이다. 그러므로 공자가 말하는 군자의 의미는 넓게 생각하면 인의를 실천하는 사회인일 수도 있고, 좁게 생각하면 정치를 담당하는 엘리트일 수도 있다.

치자여, 천명을 어기지 말 것이며 예에서 벗어나지 말 것이며 무슨 일이 있어도 거짓 말장난을 하지 마라. 바로 이것이 논어가 가장 마지막에 남겨 놓은 최후통첩이다. 그렇다면 이 말은 누구에게 주는 마지막 선언인가? 우리 모두에게 주는 선언이다. 우리로 하여금 그대는 사람의 길을 걸어가고 있느냐고 묻는 것이다.

3. 〈향당(鄕黨)〉 편의 산책

〈향당〉 편에서는 주로 공자의 모습을 만날 수 있다. 성인이라면 보통 사람과는 달리 신비로운 면이 있게 마련이지만 공자는 그렇지가 않다. 너무도 인간다운 한 사람으로서의 모습을 만날 수 있고 인간의 품위를 어떻게 하면 높일 수 있는가를 체험할 수 있다. 공자가 살던 모습들은 우리의 옷깃을 여미게 한다. 너무나 인간다운 공자의 모습을 만나게 되는 까닭이다.

(1) 공자의 생활

고향에 가서 타향살이를 뽐내지 마라. 금의환향(錦衣還鄕)이란 말은 몰라도 된다. 누더기를 입고 고향을 떠났다가 성공과 출세를 해서 비단옷을 걸치고 고향으로 돌아왔다고 오만을 떨지 마라. 사람에게는 위아래가 없음을 알아야 한다. 고향에 가면 만나는 사람을 모두 반가워하라. 아는 사람에게는 인사를 하고 모르는 사람은 그냥 지나쳐도 된다고 생각하지 말아야 할 일이다. 태어나서 어린 발로 땅을 밟은 고마움을 알고 어린것을 품에 안아 길러 준 부모의 애틋한 사랑을 안다면 고향이 항상 포근한 둥지처럼 느껴질 것이다. 그러한 둥지 속에 다시 돌아왔다는 마음을 지닌다면 어찌 겸허하지 않을 것이며 얌전하지 않을 것인가?

고향에 간 공자가 고향 마을에서 처신했던 일을 알면 좋을 것이다. 공자는 고향 마을의 사람들과 함께 지낼 때는 항상 성실했고 겸손했으며 너무 과묵해 말을 할 줄 모르는 사람 같았다고 한다. 공자께서는 왜 그랬을까? 고향이란 더불어 함께 사는 둥지임을 알았던 까닭이었을 것이다.

그러나 궁궐에 들어가 나라의 일을 논할 때면 공자는 거리낌없이 진실을 밝혔고 덕으로 세상을 다스려야 함을 정연하게 살펴서 듣는 이들이 따르지 않을 수 없게 하였다. 물론 공자는 이러한 일을 고향 사람들에게 전혀 자랑하지 않았다.

외지에서 못난 짓을 범한 사람일수록 고향에 가서 뽐내는 짓거리를 하려고 한다. 비싼 차를 몰고 고향에 가고, 없어도 있는 체하면서 허세를 부려야 고향의 사람들이 대접해 준다고 떠드는 인간들은 고향 마을에서 공자가 처신했던 모습을 알게 되면 부끄러워질 것이다. 고향에 가면 겸손하라. 그리고 미소를 지으며 입을 다물어라. 철이 든사람은 그렇게 한다.

여문 이삭은 고개를 숙이고 깊은 물은 소리 없이 흐른다. 이 속담은 겸허하고 얌전하며 성실한 사람을 일컫는 말일 것이다. 고향 마을에 든 공자는 그렇게 삶을 보여 모든 사람을 돋보이게 했던 모양이다. 우쭐하고 오만을 떠는 사람은 건방지고 싱겁고 차분하지 못해 철부지처럼 보일 뿐이다. 인간이라면 화롯가의 어린애처럼 보여서는 안 된다.

공자는 고향 마을에 있을 때는 공손하고 성실했으며 마치 말을 할 줄 모르는 사람 같았다. 그러나 종묘와 조정에서는 명석하게 말을 하였고 어디까지나 신중하였다. 못난 사람을 집안의 똑똑이라고 한다. 밖에 나가서는 어리석은 짓만 하면서 집에 들어서는 잘난 체하는 자는 참으로 못난 자이다.

(2) 공자의 복장

산나무 열매의 빛깔이 수수하면 먹어도 되지만 빛깔이 유난히 고운 열매를 먹으면 탈이 난다. 색깔이 고운 버섯은 독을 품고 있고 색깔이 볼품 없는 버섯은 살로 간다. 산에 사는 사람들은 이러한 말을 자주 한다. 산에 묻혀 사는 사람들의 옷을 보면 수수하고 꾸민 데라곤 없다. 마음도 수수하고 실박하여 꾸밀 줄을 모른다. 그러나 도시내기들은 옷맵시가 좋고, 깔끔하고 비싼 옷으로 몸을 휘감는다. 도시내기의 마음속도 그렇게 깔끔할까? 어쩌면 깔끔할지도 모른다. 옷맵시처럼 세련된 마음씨를 발휘할 수 있다면 말이다. 그렇더라도 수수하거나 실박하지는 못하다. 마음이 수수하고 실박해지려면 분수에 맞추어 만족할 줄 알아야 한다.

옷이 날개란 말은 속은 비어 있어도 겉만 근사하게 꾸며 놓으면 제법 뭐처럼 보인다는 말이다. 겉보기로 화사함을 따지면 모란꽃이 제일이다. 그러나 향기로 따져 보면 모란꽃은 제일 못난 꽃일 게다. 모란꽃에는 향기가 없기 때문이다. 찔레꽃 송이는 가냘프고 볼품 없어 보이지만 순백한 꽃잎에 검정 꽃술을 달고 한없는 향기를 뿜어낸다. 찔레꽃은 겉을 꾸미기보다는 깊은 꿀샘과 짙은 향기를 마련하는 데 더 노력하는 꽃이다. 사람도 이와 마찬가지로 모란꽃 같은 사람은 겉을 꾸미지만 찔레꽃 같은 사람은 겉보다는 속을 더 든든하고 단단하게 추스리면서 살아간다.

찔레꽃 같은 사람은 옷가지 따위에 신경을 쓰지 않는다. 옷이 더러워지면 깨끗하게 빨아서 단정히 입고, 여름이면 여름철에 맞는 옷이면 그만이고 겨울이면 겨울철에 맞는 옷가지면 그만이다. 얼마짜리 옷인지 메이커는 무엇이고 어디서 온 의류인지 따위에 신경을 쓰고 겉을 꾸며서 빈속을 감추어 허세를 부리려는 사람들은 등에 가시를 곤두세우고 웅크린 고슴도치나 눈으로 홀려서 한몫 보려는 모란꽃 떨기와 다를 바가 없다.

다만 어긋나지 않게 옷을 입으면 된다. 일할 때는 일하기에 알맞은 옷을 입으면 되고 손님을 맞이할 때는 예의에 갖추어 정장을 차리면 된다. 요란한 의상으로 사람들을 혼란스럽게 하거나 분에 넘치게 화려함의 극치를 탐할 것은 없다.

공자가 복장을 갖추는 모습을 보면 때와 장소에 따라 옷을 입었음을 알 수 있다. 수수하게 입을 때도 있고 깔끔하게 입을 때도 있음을 공자는 보여 주었다. 다만 공자는 현대인들처럼 옷타령을 하면서 사치나 호사의 극치를 탐하지 않았고 예절에 어긋나지 않게 성의를 다해 복장에 신경을 썼을 뿐이다. 공자는 수수하게 입을 때와 세련되게 입을 때를 가려 복장을 갖추라는 교훈을 남겼다. 옷은 날개가 아니다. 또한 유행을 타면서 변덕을 부릴 것도 아니다. 공자는 여름철에는 가는 갈포나 굵은 갈포로 지은 홑옷을 입었고 외출할 때는 속이 보이지 않도록 다른 옷을 겹쳐 입었다. 검정 옷에는 검은 어린양의 가죽옷을 맞춰 입었고 흰옷에는 흰 사슴의 가죽옷을 맞춰 입었으며 누런 옷에는 여우의 가죽옷을 맞춰 입었다. 정복은 길게 지어 입었지만 오른쪽 소매를 약간 짧게 하여 일하기에 편하게 하였고 반드시 자리옷을 마련하였으며 자리옷의 기장은 한 길 반이 되게 하였다. 공자의 복장을 생각해 보면 옷이 날개라고 여길 것은 없다. 때와 장소에 따라 알맞게 맞추어 입으면 된다. 비싼 옷만 옷이 아니며 헌 옷이라도 깨끗하게 마련해 입으면 된다.

(3) 공자의 식성

공자의 식성은 까다로웠다고 말할 수도 있다. 공자는 흰쌀밥을 싫어하지 않았고 가늘게 썬 회를 싫어하지 않았다. 밥이 쉬어서 냄새가 나거나 맛이 변한 것은 들지 않았고 생선이 썩었거나 살이 뭉그러진 것은 먹지 않았다. 빛깔이 나빠도 먹지 않았다. 알맞게 익히지 않은 것도 먹지 않았다. 또한 때가 아니면 먹지 않았다. 이처럼 공자는 먹는 것이 건강에 해가 되면 안 됨을 보여 주었고 군것질을 하지 않았다.

재료가 바르게 잘리지 않은 음식은 먹지 않았고 간이 맞지 않아도 먹지 않았다. 공자의 식성이 까다롭다고 할지도 모르지만 이를 통해 공자는 정성껏 만든 음식을 정성껏 먹었음을 헤아릴 수 있다. 이는 눈을 속여서 불량 식품을 만들어 팔고 그런 줄도 모르고 사 먹는 우리들에게 많은 것을 암시해 준다.

공자는 술의 양을 정해 놓지는 않았지만 술에 취해서 일을 난잡하게 하는 경우는 없었다. 시중에서 산 술과 육포는 먹지 않았다. 생강은 물리치진 않았지만 많이 들지는 않았다. 술주정뱅이와 술에 중독된 사람들, 그리고 술에 취해 망나니짓을 저질러 대는 인간들은 부끄러운 존재들이다.

제사에 썼던 고기는 사흘을 넘기지 않았고 사흘이 넘은 고기는 먹지 않았다. 썩은 생선과 마찬가지로 상한 고기는 사람에게 해로울 뿐이다. 고기를 썩힐 만큼 많이 마련하지 않았을 것이니 분수에 맞게 제사상을 차렸음을 알 수 있는 일이다.

공자는 식사할 때 말을 하지 않았다. 입 안 가득 먹을 것을 넣고 입놀림을 하는 사람들은 옆 사람이 보기에 흉한 줄을 모른다. 말을 할 때 입속의 밥알과 반찬이 튀어나오는 줄도 모르고 밥상에서 말을 하면서 교제한다고 하지만 밥을 먹을 때는 밥을 먹고 대화를 할 때는 말을 하면 된다. 이 점을 공자는 보여 주었다. 간소한 밥과 야채국만으로 식사를 할지라도 공자는 항상 고수레를 했다고 한다. 먹을 것은 서로 나누어 먹어야 한다는 뜻으로 받아들이면 될 것이다. 날파리가 많을 때 파리들이 먹도록 먹을 것을 조금 나누어 따로 두면 날파리들이 덜 날아드는 것을 보았을 것이다. 이렇듯 고수레를 미신으로만 알 것이 아니라 먹을 것은 서로 나누어 먹어야 한다는 생각으로 받아들이면 좋다.

(4) 공자의 관심

공자의 집 마구간에 불이 나서 마구간이 다 타 버리고 말았다. 그러나 조정에서 일을 마치고 돌아온 공자는 사람은 다치지 않았느냐고 물었을 뿐 마구간에 매여 있던 말에 대해서는 한마디도 묻지 않았다. 이미 탄 마구간은 다시 지으면 되고 타 버린 말은 다시 사들이면 되지만 불타는 마구간 속에서 말을 구하려다 사람이 다치거나 죽으면 안 된다는 속뜻을 공자의 물음에서 누구나 알 수 있을 것이다.

세상이 무섭고 불안한 것은 사람을 귀하게 여기는 마음이 얇아진 탓이다. 사람의 목숨이 귀한 줄 알면 권세를 넓히기 위해 백성을 몰아 전쟁터로 내보내는 군왕은 적어질 것이고 칼과 총을 대고 사람의 목숨을 위협하면서 남의 집을 터는 도둑도 없어질 것이며 남이야 죽든 말든 나만 잘살고 잘되면 그만이라고 여기며 부정부패, 사기 등을 일삼는 인간 쓰레기들도 없어질 것이 아닌가. 그러나 사람보다 돈을 더 귀중히 여기며 조금씩 미쳐 가는 우리 인간들은 사람이 귀중하다고 말은 하면서도 행동은 항상 사람을 헐값으로 넘기려 한다. 이런 세상이기에 사람은 다치지 않았느냐고 물었던 공자를 한번 생각해 본다면 인간들이 좀 부드러워질 수 있을 것이다.

(5) 공자의 우정

노량진 근처 한강변에 사육신(死六臣)의 주검들이 널려 있었다. 단종(端宗)을 몰아내고 왕위에 오른 세조(世祖)가 단종의 충신들을 역신으로 몰아 사지를 갈기갈기 찢어 죽였던 탓이다. 사람이 죽으면 땅에 묻는 것은 하늘의 이치이다. 그러나 사지가 찢겨진 시신들을 강변 모래펄에 널려진 채로 버려 두어야 했던 데는 다 그만한 사연이 있었다. 역적의 시신을 거두어 장사를 지내 주었다가 역적의 무리로 낙인이라도 찍히면 큰 탈을 면할 수 없다는 무서움에 그렇게 되었던 것이다. 그러나 더러운 세상이 미워 미치광이 행세를 하면서 세상을 떠돌던 매월당은 야밤에 사육신의 시신이 널려 있는 곳으로 찾아가 흩어진 사지들을 주워 모아 근처의 땅에 묻어 주고 이름 없는 봉분을 만들어 주었다. 그런 다음 매월당은 초초히 더러운 궁궐이 있는 한양을 등지고 다시 산천을 따라 떠돌면서 돌팔이 중 행세를 하였다.

매월당은 목숨을 앗긴 사육신들과 우정이 두터웠던 사이도 아니었다. 그럼에도 그는 위험을 무릅쓰고 마지막 염습을 하고 하늘 같은 은혜를 베풀었으니 명을 달리한 사육신의 참다운 벗은 매월당이었던 셈이다. 형편이 좋을 때는 벗처럼 굴다가 형편이 사나워지면 모른 척하는 세상 인심은 벗을 등진 사람의 마음이다. 세조의 궁궐에서 벼슬을 하던 많은 무리들 중에도 사육신과 친분이 두터웠던 이들이 많았건만 세조의 눈에 날세라 아무도 사육신의 주검을 아는 체하지 않았던 세태는 무엇을 말하는가? 예나 지금이나 벗을 세리(世利)에 따라 저울질

되는 것으로 친다면 공자가 말한 벗은 처음부터 없었던 셈이 아닌가. 공자는 벗이 죽었으나 그를 돌볼 사람이 없으면 내 집을 빈소로 쓰라고 말하였다. 집이 없었던 매월당은 사육신의 주검을 모셔다가 그들의 죽음을 애도하면서 유택을 마련해 주었으니 공자의 가르침을 제대로 실천했던 셈이다. 결국 사육신의 마지막 벗은 누구였던가? 신숙주 같은 사람들이 아니었던 것은 분명하다.

4. 〈미자(微子)〉편의 산책

〈미자〉편은 성인을 만나게 하고 현자를 만나게 한다. 성인이나 현자는 서로 다른 차원의 인간상을 말하는 것이 아니다. 다만 행동을 옮기는 데 차이가 있을 뿐 세상을 편안하고 평화롭게 해야 하며 어떠한 다스림이든 백성을 위해야지 백성을 아프게 하는 것은 용인할 수 없다고 믿고 실천하는 사람을 성인이나 현자라고 부르게 된다. 공자가 밝히는 성인은 폭군을 향해서 바른말을 하고 잘못된 세상을 손수 고치려고 목숨을 아끼지 않았던 분들이고, 공자가 만나고 싶어했던 은자들은 난세를 피해서 인간을 자연의 품으로 안기게 하면서 삶을 사랑할 줄 알았던 분들이다. 다만 은자들은 노장(老莊)의 생각을 근거로 하고 있을 뿐이다.

〈미자〉편을 읽으면 공자는 은자를 피하거나 부정하지 않았음을 알 수 있다. 성인이나 현자는 오늘날에 비추어 보면 인간의 자유와 평등을 위해 생각하고 말하고 행동하는 분들이다.

(1) 세 사람의 어진 이

은(殷) 나라의 주(紂) 왕은 천하의 폭군이었다. 폭군은 권력의 노예가 되어 미쳐 버린 살덩이에 불과하다. 폭군은 자신이 섬기는 권력에 해가 된다 싶으면 독사보다 더 독한 독을 품고 표범의 발톱보다 더 날카로운 발톱을 지닌 짐승으로 표변한다. 이렇게 난폭한 주 왕의 무도함을 직언한 세 사람이 있었다. 미자(微子)와 기자(箕子) 그리고 비간

(比干)이 그 세 사람이다.

미자는 주 왕의 배다른 형이었다. 나라를 돌볼 생각은 접어두고 주색에 빠져 음탕한 짓을 찾아 하는 동생에게 아무리 나랏일을 돌보라고 타일러도 말을 듣지 않았다. 그러자 미자는 조상에게 제사를 올릴 기물을 지니고 은 나라를 떠나 미(微) 나라로 가 숨어살면서 종사(宗祀)를 지켰다.

기자는 주 왕의 큰아버지였다. 임금이 된 조카가 아무리 알아두어야 할 말을 해 주어도 듣지 않고 엇나가면서 망나니짓만 저질러 대는 꼴을 본 기자는 미치광이 행세를 하면서 떠돌아다니며 노예들 틈에 끼여 숨어살았다.

비간은 주 왕의 숙부였다. 주 왕의 하는 꼴이 하도 어처구니가 없었던 비간은 주 왕을 극렬하게 비판하면서 임금 노릇을 제대로 하라고 직언을 하였다. 그러자 주 왕은 제 숙부를 향해 "성인의 가슴에는 일곱 개의 구멍이 있다는데 네 놈의 가슴에 일곱 개의 구멍을 내 주마."라고 악을 쓰며 제 숙부의 몸을 갈기갈기 찢어 죽였다.

세 사람은 모두 주 왕에게 백성을 위하는 임금이 되라고 말했다가 미자는 조국을 떠나야 했고, 기자는 미치광이 행세를 하면서 시궁창에 숨어살아야 했고, 비간은 몸을 찢기는 죽임을 당하였다. 세조 때는 매월당이 기자 행세를 한 셈이지만 연산군 때는 어느 누구를 비간에 버금간다고 말할 수 있을까? 포악한 연산군이 인조반정(仁祖反正)으로 물러나 가시 울타리 안에 유폐된 일은 있었지만 폭군 연산군을 향해 바른말을 하다 육시를 당한 자는 없었다. 주 왕 같은 치가 권좌에 앉으면 세상은 살쾡이가 들어온 닭장처럼 되고 마는 법이다. 공자는 닭장에 들어온 살쾡이를 몰아내는 사람을 인자(仁者)라고 생각하였다. 공자는 말하였다. "은 나라에는 어진 세 사람이 있었다〔殷有三人

焉]." 그 세 사람은 누구인가? 미자요, 기자이며 비간이다.

(2) 미친 척하는 접여

공자가 초(楚) 나라에 있을 때 일이다. 세상 사람들이 미치광이라고 여기던 접여가 공자를 지나치게 되었다. 〈미자〉 편에 나오는 미친 접여는 《장자》에도 나온다. 《장자》에 나오는 접여는 공자가 머무는 여관의 문간으로 찾아가 춤을 추면서 "공자야, 어리석은 공자야, 헛수고 그만두고 똑똑하고 잘난 척하지 마라."라고 노래를 웅얼거린 다음 어디론지 사라져 버린다.

그러나 논어의 〈미자〉 편에서 접여는 공자를 봉황이라고 불러 준다. 분명 공자는 봉황에 비유될 만한 성인이었음에 틀림없다. 인간을 찾아야 한다는 신념을 인간을 통하여 바로 실현하려던 공자를 오동나무의 씨앗만 먹고 이슬로 목을 축이는 봉황에 비유해도 된다.

세상이 엉망으로 치닫는 꼴을 보고 미친 척하면서 떠돌이 행세를 했던 접여를 정말로 정신 나간 사람으로 여겨서는 안 된다. 현자가 폭군의 서슬에서 취할 수 있는 방법은 단 두 갈래뿐이다. 세상을 등지고 아예 숨어버리든지 아니면 미치광이로 통하면서 이 골목 저 골목을 다니며 괴로워하는 백성들을 웃겨 주는 경우 말고는 폭군의 세상에서 현자가 견딜 수 있는 방법은 없다. 접여를 미치광이로 아는 것은 접여의 속을 알지 못한 백성들의 눈으로 본 그대로를 말하는 것일 뿐이다. 우리는 접여의 가슴속에도 공자와 같은 고뇌와 절망이 서려 있었음을 깨우쳐 두어야 한다. 세상이 미쳤는데 어찌 깊은 생각이 있는 자가 멀쩡한 정신으로 세상을 견딘다는 말인가?

폭군은 힘으로 미치고 은자는 사랑으로 미치는 법이다. 삶을 사랑해서 미친 자를 은자라 하고 힘에 미친 자를 폭군이라고 한다. 접여는 숨어사는 은자가 아니라 미치광이 행세를 하면서 아파하는 사람들 틈 사이를 돌아다니며 힘으로 세상을 주물러 대는 패거리들을 놀려 주던 은자였다.

접여가 공자가 머무는 곳을 지나며 다음과 같은 노래를 불렀다. "봉 아 봉아, 그대의 덕은 떨어졌구나! 지나간 것을 두고 탓하지 말게나. 앞으로 좇을 수 있는 일이 아닌가. 그만두게나. 썩은 세상 고쳐 보겠 다고 끼어들어 본들 위태로움만 사고 마는 것을."

공자는 가는 곳마다 푸대접을 받았다. 힘으로 세상을 주물러 대는 자들에게 덕으로 세상을 다스려 백성을 편안케 하라는 공자의 말을 경청하는 군왕은 하나도 없었다. 너무나 절망하고 지쳐 있던 공자는 그만두라고 흥얼거리는 접여의 노랫소리를 듣고 부리나케 달려나와 접여를 만나려 했지만 접여는 만나 주지 않고 어디론가 피해 버렸다. 군왕이 말을 들어주지 않는다고 탓하지 말라고 공자에게 흥얼거린 접 여. 공자는 그와 더불어 이야기를 나누고 싶어했다. 그러나 접여는 숨 어 버렸고 공자는 결국 만나고 싶었던 은자를 만나지 못하였다.

그러나 접여여, 공자를 벼슬을 못해 안달이 난 사람으로 몰지 마라. 공자는 벼슬을 탐한 적이 없었다. 다만 다스릴 기회가 주어지면 인의 로 세상을 다스리고 예악으로 세상의 질서를 건설해 모든 사람들이 서로 사랑하며 서로 올바르게 사는 터를 만들 뜻을 펴고자 했을 뿐이 다. 폭군 밑에 붙어서 아부하고 아첨하면서 권세의 국물을 한 모금이 라도 마셔 보려는 권세의 종 노릇을 하려고 공자가 궁궐의 문을 두드 리면서 돌아다닌 것은 아니지 않는가.

접여여, 호랑이가 무섭다고 말로만 하지 마라. 접여, 그대는 미친 척 하면서 힘에 미친 호랑이 폭군을 빈정대며 떠돌지만 공자는 그 호랑이를 잡기 위해 굴로 쳐들어가는 성인이 아닌가. 물론 굴로 쳐들어갈 때마다 폭군이라는 호랑이를 잡지는 못하였다. 그러나 폭군을 부끄럽고 분노하게 하면서 폭군이 공자를 잡아먹을 수 없는 또다른 힘을 공자는 보여 주었다. 단종이 밀려나고 세조가 임금의 자리를 차고앉게 되자 매월당 김시습은 미치광이 행세를 하면서 세상을 떠도는 돌팔이 중노릇을 했지만 김시습이 "나에게는 여래(如來)가 있는 것이 아니라 공자의 말씀만 있다."고 흥얼거렸던 일을 접여, 알아들을 수 있는가.

(3) 길을 묻는 공자

공자가 자로와 함께 강기슭을 따라 걷고 있었다. 나루터가 어딘지 알 수 없어서 강변을 따라 난 길을 따라 걷고만 있었다. 공자의 일행은 강을 건너기 위해 나루터를 찾아 뱃사공의 신세를 져야 했다. 아는 길도 물어서 가라고 했으니 마냥 강변을 따라갈 것이 아니라 나루터가 어디쯤 있는지 밭갈이를 하는 두 사람에게 길을 물어오라고 자로를 수레에서 내려보냈다. 두 사람이 나란히 짝지어 밭을 갈고 있었다. 그들 중 한 사람은 장저(長沮)였고 다른 한 사람은 걸익(桀溺)이었다. 자로가 그들에게 가서 나루터가 어딘지 물었다. 그러나 나루터가 어디 있는지는 가르쳐 주지 않고 도리어 장저가 입을 열어 자로에게 물었다.

"저기서 말고삐를 잡고 있는 사람은 누구시오?"

자로가 대답하였다

"공구(孔丘)이시오."

"바로 저분이 노 나라 공구란 그 사람이오?

"그렇소."

그러나 장저는 나루터는 가르쳐 주지 않고 "그렇다면 그분은 나루터가 어디 있는지 아실 거요."라고만 대답하였다.

이번에는 걸익에게 나루터를 물었다. 걸익은 자로를 보고 당신은 누구냐고 묻고 나왔다.

이에 자로는 "중유라 하오."라고 대답하였다. 그러자 걸익은 "바로 당신이 노 나라 공구의 문하생이군요."라고 하며 다음과 같이 물었다.

"지금 세상에는 무도함이 도도한 물처럼 한결같이 흐르는데 그 누가 고칠 수 있을 것인가? 당신도 사람을 피해서 이 나라 저 나라로 돌아다니는 공구를 따라 다니는 것보다 우리와 같이 세상을 피해서 숨어사는 선비를 따르면 어떻겠소?"

그러면서 밭갈이를 계속할 뿐 나루터가 어딘지는 말해 주지 않았다. 허탕을 치고 돌아온 자로가 조금 전에 있었던 일을 고하자 공자는 다음과 같은 말을 남겼다. "사람은 새와 짐승과 어울려 살지 못한다. 내 천하의 사람들과 어울려 살지 않고 누구와 더불어 산단 말이냐? 또한 천하에 도가 있으면 내 구태여 변혁하고자 하겠느냐?"

공자는 강을 건너갈 나루터를 물었지만 장저와 걸익이 그 나루터를 어디라고 가르쳐 줄 리가 없었다. 강이 있으면 흐르는 물이 있게 마련이고 강을 가로질러 건너는 나루터가 따로 있는 것이 아니라 건너는 그곳이 바로 나루터가 아니냐고 생각하는 것이 곧 장자다운 생각이다. 그러니 무도한 세상을 등지고 새나 짐승처럼 그냥 있는 그대로 사는 은자들에겐 따로 만들어 놓은 나루터에 관심이 있을 리 없다. 이처럼 걸익과 장저는 나루터를 비유하고 있다.

장저는 나루터를 공자의 인의로 비유해 주었고 걸익은 나루터를 무위로 비유해 주었다. 공자가 잘 알 것이 아니냐고 퉁명스럽게 반문한 장저는 공자의 인의를 비웃은 셈이고, 걸익이 은자를 따라 살라고 한 나루터를 무위로 비유한 셈이다. 노장은 인간을 따로 구분하지 않고 그저 자연의 일부로만 보았다.

그러나 공자는 인간을 유별난 존재로 보았다. 인간의 무엇이 유별나다는 말인가? 새나 짐승에게는 문화가 없지만 인간에게만은 문화란 것이 있기 때문이다. 바로 그 문화란 것이 인간을 유별나게 한다. 다만 노장의 편에서는 문화를 인간의 굴레로 보았을 뿐이고 공자는 이 문화가 인간을 위하는 것이 될 수 있다고 보았던 것이다.

장자가 자연이란 무엇이냐고 물었다. 소의 네 발과 같다. 그리고 문화란 무엇이냐고 물었다. 소의 코에 걸려 있는 코뚜레와 같다. 이렇게 장자는 자문하고 자답하였다. 만일 이 말을 공자가 들었더라면 뭐라 했을까? 코뚜레가 없다면 난폭해지는 소를 어찌 다룰 것이냐고 공자는 반문했을 것이다. 군왕들이 미친 소처럼 횡포를 부리면 백성은 그 횡포에 짓밟혀 신음하게 된다. 그러한 신음을 못 들은 척하면서 숨어 산다고 무엇이 당당하단 말인가? 다시 이렇게 반문했을 것이다.

공자가 장저나 걸익에게 나루터를 물어도 소용이 없다. 장저나 걸익은 강에 나루터를 따로 만들어서는 안 된다고 여기는 사람들이고, 공자와 자로는 나루터를 따로 만들어 사람을 편하게 해야 한다고 여기는 사람들이다. 장저와 걸익의 나루터는 무위인 셈이고 공자와 자로가 찾는 나루터는 인의인 셈이다.

(4) 핀잔 받은 자로(子路)

공자의 제자인 자로가 선생을 수행하다 뒤쳐진 적이 있었다. 선생이 어느 길목으로 접어들었는지 자로는 알 수 없었다. 그때 마침 커다란 삼태기를 짊어지고 오는 지팡이를 든 한 노인을 만나게 되었다. 자로는 그 노인에게 혹시 오던 길에서 선생님을 못 보셨느냐고 물었다. 그러자 노인은 "몸을 움직여 일은 하지 않고 오곡도 나누어 먹지 않고 유세나 한답시고 떠돌아다니는 그대는 누구를 가리켜 선생님이라 하는 거요?"라며 핀잔을 주고서는 지팡이를 땅에 꽂아 놓고 풀만 베었다. 자로는 두 손을 모으고 공손히 서 있기만 하였다. 아마 자로도 사람을 볼 줄 알았던 모양이다. 그렇게 자신에게 핀잔을 준 노인을 마다 않고 가던 길을 멈추고 노인 옆에 우두커니 조신하며 서 있었으니 말이다. 본래 성질이 급하고 대쪽 같아 공자가 하는 일도 마음에 차지 않으면 대들다시피 따지는 불같은 성미의 자로가 보잘것없는 노인 곁에서 그렇게 조아리고 있었으니 아마도 그 노인은 무엇인가를 자로에게 던져 주었던 모양이다.

노인은 그 자리에 서 있는 자로를 자기 집으로 데려가 닭을 잡고 기장밥을 지어 대접한 다음 두 아들을 소개했다. 길을 재촉해 뒤쫓아가서 공자를 만난 자로가 그동안 있었던 일을 선생께 말씀해 올리자 공자는 그 노인은 분명 은자라고 밝힌 다음 빨리 그 노인을 만나러 가자고 하였다. 그러나 공자와 자로가 그 노인의 집에 이르렀을 때 노인은 어디론가 가 버리고 두 아들만 남아 있었다. 어쩌면 그 노인은 공자와 자로가 올 것을 미리 알고 피했을지도 모른다. 아니면 지팡이를 짚고 풀을 베러 갔거나 밭갈이를 갔을지도 모른다.

군왕을 설득시켜 천하를 바꾸어 보겠다고 이 나라 저 나라를 두루 찾아다니는 공문(孔門)을 실없게 보았던 그 노인은 누구일까? 호랑이보다 무서운 권력의 세상을 벗어나 산간에 밭을 일구어 조를 심고 닭을 키우며 제 먹을 곡식을 손수 마련하는 촌로에 불과한 사람은 분명 아닐 것이다. 그는 뜻을 펼 수 없음을 알고 물러나 자연과 더불어 자연이 허락하는 품안에서 죄를 짓지 않고 선하게 살던 은자임에 틀림

없다. 공자는 그러한 은자를 만나 서글프고 상처 입은 마음을 달래고 싶어하였다. 공자는 은자를 비난하거나 무시하지 않았다. 다만 소극적일 뿐 어진 마음으로 삶을 이어 가는 사람으로 여기면서 은자를 존경할 줄 알았다.

은자는 대개 노장의 생각과 통하는 사람들이다. 조선 시대의 사대부들은 공맹을 떠받든다고 이념화시켜 놓고 은자의 사상을 불온한 것으로 배척하며 공맹을 외면하는 사람들이었다. 즉 공자가 은자를 만나려고 했던 사례들을 조선 시대의 사대부들은 모른 척하려고 했던 셈이다. 왜 조선의 사대부들은 그렇게 했을까? 말로는 공맹의 도를 따라 세상을 다스리는 군자를 예찬하면서도 그 행동은 공자를 서글프게 하고 분노하리만큼 불인과 불의를 밥먹듯이 저질러서 그랬던 것이 아니겠는가.

그 노인을 만나지 못한 자로는 노인의 두 아들에게 선생님과 함께 찾아왔었다는 것을 전해 달라고 부탁한 다음 나라에 나가 벼슬을 하라고 타일러 주었다. 녹을 받고 권세를 얻고 출세하기 위해 그렇게 하라는 것이 아니라 천하를 다스리는 이를 옆에서 도와 다스림을 잘할 수 있도록 해야 군신(君臣)의 의(義)가 바로 잡힌다고 여긴 까닭이다. 그리고는 천하에 도가 이루어지지 않고 있다는 것을 자로 자신도 잘 알고 있다면서 도가 없다고 의마저 버릴 수 없는 일이 아니냐고 토를 달았다. 자로가 그 노인의 아들에게 들려준 도란 무엇인가? 백성을 사랑하는 다스림의 길을 말한 것이 아닌가. 그리고 의란 무엇인가? 그러한 다스림의 길이 막혔을 때 무슨 일이 있어도 뚫어야 한다는 생각이 아닌가.

4공의 유신 체제를 우리는 알고 있다. 배만 부르게 해 주면 민주화를 포기할 수도 있다는 생각을 감추고 있었던 유신 체제를 우리는 잘 알고 있다. 그러나 그 유신 체제는 힘만 믿고 민주화의 길을 밟고 싶어했던 백성의 길을 막고 버티다 결국에는 험한 마지막을 만나야 했다. 공자가 만나고 싶어했던 그 노인이 지금 살아 있다면 유신이 끝나는 모습을 보고 뭐라 했을까? 4공은 구멍을 막으려 하였으나 하늘이 구멍을 뚫었다고 할 것이고, 공자는 독재가 구멍을 막았지만 민심이 구멍을 뚫었다고 할 것이다. 은자가 말하는 하늘과 공자가 말하는 백성은 다 같은 말이다. 결국 자로가 노인의 두 아들에게 들려준 출사(出仕)하라는 말은 막힌 구멍을 뚫어 백성들이 편안히 숨을 쉬게 해주라는 말이었다. 자리를 뜨고 없던 그 노인도 두 아들의 말을 듣고는 바보 같은 소리라고 핀잔을 주지는 않았을 것이다.

(5) 공자가 밝히는 인생관

삶을 제대로 잘사는 사람을 일민(逸民)이라고 한다. 공자는 그러한 일민의 모범을 다음의 일곱 사람으로 꼽았다. 백이(伯夷), 숙제(叔齊), 우중(虞仲), 이일(夷逸), 주장(朱張), 유하혜(柳下惠) 그리고 소련(少連)이 바로 그들이다.

자기의 뜻을 굽히지 않고 자기의 몸을 욕되게 하지 않은 사람은 백이와 숙제일 것이다. 이렇게 공자는 백이와 숙제를 논파했다. 자기의 뜻만 앞세우고 남의 뜻을 헤아리지 않았음을 백이와 숙제에게 물어보아야 한다. 무조건 남의 뜻을 더럽다고 하며 벽을 치고 담을 쌓아 멀리할 것은 없다. 사람은 어차피 더불어 살아야 한다. 그렇다면 이 사람의 이런 뜻과 저 사람의 저런 뜻 사이에 다리를 놓으려는 마음이 있어야 한다. 그래서 공자는 중용의 편에서 백이와 숙제는 치우친 데가 없지 않다고 보았다.

유하혜와 소련은 뜻을 굽혀서 몸을 욕되게 했지만 말이 조리에 맞았고 행동은 깊은 생각에 맞았으니 이 점만은 옳았다. 이렇게 공자는 유하혜와 소련을 평가하였다. 뜻을 굽혀 몸을 욕되게 한 것은 분명 잘못한 짓이지만 조리에 맞는 말과 깊은 생각에서 나오는 행동은 옳은 일이다. 이처럼 욕되는 점도 있고 옳은 점도 있다는 것 역시 중용을 잃은 삶이다. 하기야 털어서 먼지 나지 않는 사람은 없는 법이 아닌가. 그러나 중용의 삶을 지키면 털어서 먼지가 날 위험은 그만큼 줄어들 것이다.

우중과 이일은 숨어살면서 큰소리를 쳤지만 그들은 청렴하게 처신했으며 세상을 버리는 품이 알맞았다. 이렇게 공자는 우중과 이일을 평했다. 은자들이 큰소리를 칠 것은 없다. 없는 듯 사는 사람이 곧 은자인 셈이다. 그러나 은자라면서 큰소리를 쳐서 명성을 얻는 방편으로 삼으려는 자들이 허다하다. 과거 유신 체제 밑에서도 군사 정권에 빌붙지 않겠다는 인사들이 많았다. 그러나 그들의 처신을 보면 속이 들여다보였고, 마음을 비웠다고 말은 하지만 속셈이 뻔히 들여다보이는 사람들도 많았다. 정보부에 끌려갔다 나오면 영웅이 된다는 술책을 써서 이른바 재야(在野)의 인기 배우가 되려는 사람들도 있었다.

그러나 우중과 이일은 반체제 노릇을 하긴 했지만 무슨 속셈이 있어서 그렇게 한 것은 아니라고 공자는 밝히고 있다. 그들이 은자라고 하면서 큰소리를 칠 것이 뭐 있었던가? 이러한 질문을 던져서 우중과 이일의 중용을 공자는 따지는 셈이다.

이렇게 일곱 사람의 일민을 평한 다음 공자는 이렇게 중용의 삶을 표방한다. "나는 이들과 생각이 다르다. 반드시 해야 한다거나 절대로 하면 안 된다고 고집하지 않고 중용을 지키겠다."

지나침과 모자람은 다 탈을 낸다. 지나침은 잘나서 탈을 내고 모자람은 못나서 탈을 낸다. 큰그릇이 크기만 믿고 강물을 다 담을 듯이 일을 저지르면 세상은 궂은 물에 젖게 마련이고, 작은 그릇이 큰 그릇 흉내를 내면 이 또한 흘러 넘쳐 세상을 적시게 마련이다. 중용이란 무엇인가? 한 말의 그릇에는 한 말을 담고 한 되의 그릇에는 한 되를 담고 한 홉의 그릇에는 한 홉을 담을 줄 아는 것이 곧 중용인 셈이다. 공자는 이러한 중용을 삶의 잣대로 여겼다.

5. 〈자장(子張)〉편의 산책

〈자장〉 편에는 공자의 제자들이 나온다. 자하(子夏)가 가장 많이 등
장하고 자공(子貢)과 증자(曾子)가 그 다음으로 많이 나온다. 삼천 명
이 넘었던 제자들이 공자의 뜻을 이어 세상을 인의의 길로 걸으려고
노력하던 면모를 살펴볼 수 있다. 사람이 사는 세상에는 항상 밝은 면
과 어두운 면이 있게 마련이다. 뜻이 있는 사람은 밝은 면은 넓히고
어두운 면은 좁히려고 노력한다. 공자의 제자들은 이러한 노력을 줄
기차게 했던 모양이다. 〈자장〉 편을 읽게 되면 공자를 앞세워 세상을
다스렸던 우리의 역사가 얼마나 어긋나 있었던가를 반성할 수 있다.
조선은 유교의 나라였지만 결코 공자의 뜻에 맞는 세상을 펼치지는
않았다. 공자를 떠받들었던 사대부 계층은 공자를 이용만 했지 공자
의 길을 온 세상에 넓힌 것은 아니었다.

지금 우리가 살고 있는 세상은 공자를 잊어버리고 있다. 그러나 공
자를 잊을 수 없다는 것을 공자의 제자들을 만나면 깨닫게 될 것이다.
왜냐하면 어떤 세상이든 사람의 세상이라면 사람이 되는 법이 항상
가치와 의미를 지니는 까닭이다. 공자는 언제나 사람이라면 먼저 사
람이 되는 길을 밟으라고 하였다.

〈자장〉 편에서는 그러한 공자의 길을 밟는 제자들을 만날 수 있다.
그들을 만나면 지금 살아가고 있는 우리를 스스로 되돌아볼 수 있게
될 것이다.

(1) 자장과의 만남

자장은 중국 춘추 시대의 사람으로 이름은 전손사(顓孫師)이고 자장은 그의 자(字)이다. 진(陳) 나라 양성(陽城) 출신이며 공자의 제자들 중에서 자천(子賤)과 더불어 가장 나이가 어렸다고 한다. 그러나 자장은 재주가 명민하고 도량이 넓고 깊어 사물을 대하고 사람을 대하는 데 걸림이 없었으며 뜻이 광대하였다.

선비 정신은 무엇인가

시대마다 그 시대를 고뇌하는 사람들이 있게 마련이다. 인간이 이룩하는 삶은 멈추지 않고 항상 변화를 겪기 때문이다. 인간을 위해 인간의 삶을 변화하게 하는 동기와 계기를 마련해 주는 사람은 그렇게 할 줄 모르는 사람과는 다르다. 되는 대로 세상을 살아가는 것이 아니라 뜻을 세우고 그 뜻에 따라 세상을 영위하려고 하는 사람을 《논어》에서는 선비[士]라 하였다. 그러므로 선비란 지성인이요, 나아가 세상을 이끌어 가는 엘리트를 말한다.

꼭 벼슬길에 올라야 선비가 되는 것은 아니다. 선비는 사람과 삶을 누구보다도 사랑할 줄 아는 당사자 이다. 그래서 자장은 "선비는 사람을 위기로 몰아가고 삶을 위태롭게 하는 일에 대해 누구보다도 용감하다."고 말하였다.

선비는 위기를 만나면 목숨을 걸어야 한다[士見危致命]. 그리고 이득을 보면 그것이 옳은지를 생각해야 한다[見得思義]. 이렇게 자장은 선비 정신을 밝혀 두었다. 세상을 이끌어 가야 하는 사람에게 이보다 더 준엄한 말은 없을 것이다. 자장이 말한 위기란 무엇일까? 세상을 더럽히고 타락하게 하면서 힘의 공포로 권력을 일삼고 전운을 감돌게 하여 사람을 못살게 하고 사람을 아프게 하는 경우가 모두 위기에 속할 것이다. 그러한 위기를 타파하고 밝은 세상을 구하기 위해 목숨을 걸라고 자장은 말한다. 이러한 정신이 있는 사람은 이득을 사욕으로 채우지 않는다. 제 욕심을 채우기 위해 부정부패를 일삼는 무리는 위기를 만나면 거기에 편승하거나 꼬리를 감추고 두더지처럼 숨어 버린다. 이러한 썩은 무리들이 나라의 자리를 차지하고 있으면 그 나라는 품속에 적을 안고 있는 셈이다. 6·25가 일어났을 때 이승만 대통령 밑에서 아부했던 간신들을 보라. 제 목숨만 챙기려고 줄행랑을 쳤던 무리들을 보라. 간신들은 자장의 말을 들으면 간담이 서늘하여 고개를 들지 못할 것이다. 자장이 밝힌 선비 정신은 언제나 사람의 세상에서는 진실이다.

덕을 팔지 마라

높은 자리에 있는 사람들은 부덕이란 말을 참으로 편리하게 남용한다. 하지 말아야 할 일을 모르게 저질렀거나 하지 않아야 할 일을 범해 놓고 숨겼던 일들이 세상에 드러나면 부덕해서 그렇게 되었노라며 사과 성명을 내거나 사과 발언을 한다. 이는 그 따위 변명 속에 함부로 부덕이란 말을 입에 올릴 수 없다는 것도 모르고 파렴치한 짓을 하는 꼴에 불과하다. 부덕을 입에 함부로 올리는 사람은 덕을 두 번 짓밟게 된다. 부덕하다는 변명으로 어려운 고비를 넘기려는 파렴치한은 덕을 훔치고 덕을 욕되게 하는 까닭이다.

덕이 있는 사람은 처음부터 못할 짓을 하지 않거나 하지 말아야 할 짓을 범하지 않는 법이다. 책임 있는 자리에 있으면서 미처 몰라서 그렇게 되었노라고 시치미를 떼는 자들의 입에서 부덕이란 말이 나올 때는 구역질이 난다. 그러한 자들은 세상을 얕보고 사기를 치는 까닭이다. 나라가 국민에게 한 약속을 밥먹듯이 어기고, 다스림을 맡은 치자들이 권모술수나 부리면서 자기들의 배나 채우고, 백성의 원망을 알량한 손으로 가리어 감추려고 수작을 부리는 무리들에게 부덕하다는 말로 은근슬쩍 위기를 모면하려고 잔꾀를 부리는 경우를 당하면 밥맛이 가셔지고 만다.

덕을 실천함에 있어서 넓지 못하고, 옳은 길을 믿음에 깊지 못하다면 어찌 도와 덕을 가졌다 아니 가졌다 할 수 있겠는가[執德不弘 信道不篤 焉能爲有 焉能爲亡]? 이렇게 자장은 우리들의 급소를 찌르고 있다. 덕이란 햇빛과 같고 하늘에서 내리는 단비와도 같다. 햇빛이나 단비는 온 세상의 만물을 고루 비추고 고루 적셔 준다. 덕은 내 것 네 것을 따지지 않는다. 덕은 특혜를 모르며 특권을 모른다. 나아가 부정이나 부패와도 거리가 멀다. 수치스럽고 더러운 짓들을 저질러 놓고 국민 앞에 부덕한 탓에 그렇게 되었다고 사과하는 치자들을 볼 때마다 자장이 남긴 따끔한 말을 잊을 수 없다. 덕이 짓밟히고 짓이겨지는 이 세상에서 부덕하다고 말할 수 있는 사람은 누구인가? 우리 모두 덕을 외면하고 산다는 것을 고백하는 편이 차라리 정직할 것이다.

어떻게 교우하나

하루는 자하의 제자가 자장을 찾아와 친구를 사귀는 도리를 물었다. 이에 자장은 자하가 자네에게 뭐라고 말해 주었냐고 되물었다. 그러자 자하의 제자가 다음처럼 말하였다. "친구가 될 만한 사람과는 사귀고 그렇지 못한 사람과는 사귀지 말라고 하셨습니다[可者與之 其不可者拒之]."

이 말을 들은 자장은 다음처럼 타일러 주었다. "내가 들은 바로는 다르다. 군자는 어진 사람을 존중하지만 대중도 멀리하지 않고 안아

들인다. 머리가 뛰어난 사람을 칭찬하지만 재주 없는 사람을 무시하지도 않는다. 만일 내가 어질면 누구나 다 받아들일 수 있지만 내가 어질지 못하면 남들이 나를 거절할 터인데 어찌 내가 남을 거절할 수 있단 말이냐〔異乎吾所聞 君子尊賢而容衆 嘉善而矜不能 我之大賢與 於人何所不容 我之不賢與 人將拒我 如之何其拒人也〕?"

자장은 자하의 제자에게 벗을 삼는 진실을 말해 주고 있다. 내가 남을 벗으로 선택하려는 것보다 남이 나를 벗으로 삼을 것인지를 자장은 중요시하고 있다. 내가 어질면 남이 나를 벗으로 삼을 것이고 내가 그렇지 못하면 남이 나를 벗으로 삼지 않을 것이라고 밝히는 자장의 말은 우리를 부끄럽게 한다. 왜냐하면 우리는 이미 벗의 사귐이 어질고 의로운 것〔仁義〕을 기준으로 해야 한다는 것을 잊어버렸고 이득을 따져 동료냐 아니냐를 저울질하는 데 급급하기 때문이다. 우리가 사는 세상에는 친구 따라 강남 가는 사건은 없다. 득이 되면 동료가 되고 해가 되면 적이 되어 버릴 뿐이다. 벗이란 말은 있지만 그것은 옛말처럼 들리고 동료라는 말이 요즘 말로 들린다.

동료란 한패란 뜻이다. 동시에 다른 패와 구별된다는 뜻을 담고 있다. 과거 두 김씨가 대권 다툼을 하던 이십여 년 동안 전라도는 경상도를 미워하고 경상도는 전라도를 미워하는 감정이 칡넝쿨처럼 얽히게 되었다. 그러나 이러한 지역 감정은 속 좁은 화풀이에 불과할 뿐이고 동향의 동료라는 연대감 또한 따지고 보면 골목대장의 장난에 불과할 뿐이다.

박정희 대통령의 유신 체제는 무너졌지만 그 체제가 남긴 동료의 후유증은 여전히 깊게 뿌리내려 기승을 부리고 있다. 이른바 TK라는 약자가 그것이다. 그 약자는 대구에 있는 경북 고교를 나왔느냐 나오지 않았느냐에 따라 동료가 되기도 하고 되지 못하기도 한다는 말이다.

TK가 아니면 권력의 핵심부에 들어갈 수 없다는 소문이 자자한 것은 어제오늘의 일이 아니다. 이러한 사회 현상은 무엇을 말하는가? 결국 인간과 인간이 서로 벗으로 맺어지기보다는 동료로 맺어져 살아가는 세상임을 밝혀 주는 한 단면인 셈이다.

만일 벗으로 얽힌 세상이라면 당파나 패거리 집단이란 말이 난무할 리 없다. 벗이란 패를 갈라 무리를 지어 뭉치는 것이 아니라 서로 인의를 나누기 때문이다. 그러나 우리는 지금 호남의 동료와 영남의 동료가 서로 패를 갈라 감정 싸움을 하며 TK라는 동문의 동료가 권력의 노른자위를 독점했다고 여타의 동문 동료 패들이 아우성치는 지경이다. 우리가 사는 꼴을 자장이 보았다면 아마 찾아온 자하의 제자에게 한국이란 나라에는 가지 말라고 하였을 것이다.

(2) 자하와의 만남

중국 춘추 시대 위(衛) 나라 사람으로 성은 복(卜)이고 이름은 상(商)이며 자하는 복상의 자(字)이다. 노 나라 거보(莒父) 출신이다. 공자의 제자 중에서 뛰어난 열 명〔孔門十哲〕에 들어가며 언언(言偃)과 더불어 문학에 뛰어났다고 한다.

두루 배워라

이것저것 골고루 아는 사람을 팔방미인이라고 놀린다. 그러나 팔방미인은 제대로 알지 못해 탈을 내는 경우가 많다. 옛날부터 반풍수가 집안을 망하게 한다는 말처럼 잘 알지 못하는 것은 아예 모르는 것만 못하다. 하나를 알아도 제대로 알고 그 다음에 둘을 알면 팔방미인이란 말은 듣지 않게 된다. 나에 대하여, 인간에 대하여 그리고 인간의 삶에 대하여 제대로 흠 없이 잘 알기 위해 쉼 없이 배움을 게을리하지 말라고 자유는 부탁한다.

'날마다 몰랐던 것을 알게 되고 달마다 잘할 수 있는 것을 잊어버리지 않으면 배우기를 좋아한다고 말할 수 있다〔日知其所亡 月無忘其所能 可謂好學也已矣〕.' 이렇게 말하는 자유는 '슬기로운 사람은 움직이고 어진 사람은 조용하다〔知者動 仁者靜〕'는 공자의 말씀을 연상시킨다. 슬기로운 사람은 지성과 이지를 함께 지니므로 할 일을 생각하고 그 일을 성취하려고 한다. 그러나 어진 사람은 먼저 널리 사람을 안아 따뜻이 사랑하려는 마음에 사로잡힌다.

자하는 먼저 슬기로운 사람이 된 다음 어진 사람이 되라고 우리를 재촉한다. 왜냐하면 자하는 다음처럼 당부하고 있기 때문이다. "작은 길에도 반드시 볼 만한 것이 있게 마련이지만 큰 뜻으로 통하기는 어렵다. 그래서 군자는 작은 길을 가지 않는다〔雖小道 必有可觀者焉 致遠恐泥是以 君子不爲也〕." 공자는 이미 '군자는 하나의 그릇이 아니다〔君子不器〕'라고 밝히지 않았는가

군자는 샛길〔小道〕로 가지 않는다. 샛길은 전문 직종의 길과 같다. 군자가 하나의 그릇이 아니라는 말과 같은 의미이다. 밥그릇은 밥만 담고 국그릇은 국만 담는다. 그러한 그릇들은 쓸모에 따라 쓰이게 마련이다. 그러나 세상을 다스리는 사람은 밥상을 차리는 사람의 구실을 해야 한다. 군자란 누구인가? 무수한 샛길을 큰길로 두루 통하게 해야 하는 사람이며 각각의 그릇에 저마다 담을 것을 담아 밥상을 차리는 사람과 같다. 군자가 걷는 큰길을 인생이라고 한다. 자하는 이처럼 인생이라는 큰길을 하루도 쉼 없이 배우라고 한다. 이 또한 공자의 호학(好學)을 뜻한다.

'배우기를 좋아하라〔好學〕'는 말을 우리는 지금 멀리하고 있다. 다

만 전문가의 경지에 들어가기 위해 공부에만 열중하고 있을 뿐이다. 사람이 되는 길보다 한 분야의 권위자가 되려고 열중한다. 정보 사회에서는 되도록 많은 정보가 경쟁의 원동력이 되기 때문에 공자의 학문(學文)은 제쳐 두고 전문 분야의 학문(學問)에만 우리는 매진하고 있다. 학문(學文)은 인생을 배우는 것이고 학문(學問)은 과학을 배우는 것이다. 이러한 점을 자하는 다음처럼 말해 준다. '모든 기술자들은 자기의 분야에서 일을 이루지만 군자는 인생의 길을 배워 도를 구현한다[百工居肆 以成其事 君子學以致其道].'

인생은 무수한 전문 분야가 모여 하나의 장을 이룬다. 인생이란 오케스트라와 같다. 한 악기의 연주만으로 교향악은 이루어지지 않는다. 인생도 이와 같다. 교향악단의 지휘봉을 든 사람은 그 교향악단의 군자라고 할 수 있다. 인생을 지휘하는 사람을 군자라고 생각해도 된다. 인생의 지휘자가 되려면 하루도 쉬지 말고 인생을 배우라고 말한 자하의 말을 오늘의 치자들이 안다면 정치 불신 따위는 없어질 것이 아닌가.

어진 사랑은 어디서 오나

옹고집은 마음에 빗장을 걸어 놓고 남의 마음을 헤아릴 줄 모르는 사람이다. 자린고비는 제 욕심에만 혈안이 되어 남의 어려움은 아랑곳하지 않는 사람이다. 옹고집이나 자린고비는 둘 다 자기밖에 모른다. 우물 안의 개구리는커녕 옹달샘의 올챙이만도 못한 치들은 세상이 없어져도 자기만은 살아남을 수 있으리라고 믿는다. 욕심이 사납고 탐욕이 끓는 물 같은 인간은 남을 사랑할 줄 모른다. 이처럼 오로지 자기만을 사랑하는 사람은 무섭고 잔인한 사람이다.

세상을 두루 아는 사람은 홀로 살 수 없음을 안다. 먹는 밥알에 농부의 구슬땀이 배어 있음을 알고, 마시는 물에 산천의 고마움이 있음을 아는 사람은 남의 처지로 돌아가 삶의 어두운 면과 밝은 면을 아울러 볼 줄 알고 들을 줄 안다. 인간의 삶이란 누구의 것으로 매겨질 수도 없고 누구든 제 것으로 소유할 수 없다는 것을 아는 사람은 마음의 도량이 넓게 마련이다. 삶의 슬픔과 기쁨, 그리고 아픔과 즐거움을 골고루 아는 마음은 인의 둥지와 같다.

사람의 마음을 그러한 둥지처럼 간직하려면 어떻게 해야 하는가? 이러한 물음에 자하는 다음처럼 해명해 준다. "널리 배워라. 그리고 뜻을 돈독하게 하라. 빠짐없이 묻되 가까운 것부터 생각하라. 그러면 그중에 곧 인이 있다〔博學而篤志 切問而近思 仁在其中矣〕."

어진 마음이 인색한 사람을 소인(小人)이라고 한다. 소인은 잔꾀로 삶을 꾸미고 꾸리며 줏대 없이 이랬다저랬다 마음을 신기루처럼 아롱거리면서 종잡을 수 없이 변덕을 부린다. 소인은 왜 그렇게 변덕을 부리는가? 달면 삼키고 쓰면 뱉어야 한다고 계산을 하는 까닭이다. 그래서 소인의 입에는 변명과 공치사가 연줄처럼 혀를 통해 입술을 타고 감기도 하고 풀리기도 한다. 이러한 소인의 기질을 자하는 다음처럼 꼬집는다. "소인은 잘못을 범하면 꾸며서 속이고 감추려고 한다〔小人之過也 必文〕."

소인이 세상을 다스리면 그 세상 안의 사람들은 패를 갈라 시비를 거는 난장판이 되기 쉽고 어진 사람이 세상을 다스리면 사람들이 두 발을 뻗고 편한 잠을 잘 수 있다는 것은 누구나 알 수 있는 일이 아닌가. 공자의 가르침에 따라 밝히고 있는 자하의 말을 누가 낡았다고 할 것인가.

지도자에 관하여

공자나 그 제자들이 말하는 군자란 지도자를 말한다. 정치 지도자만이 아니라 사회 지도자, 경제 지도자, 문화 지도자 등을 모두 포함해서 군자라고 한 셈이다. 지도자란 누구인가? 물질을 다스리는 사람이 아니라 사람을 다스리는 사람이다.

목에 힘을 주고 몸은 거만하며 마음이 오만한 사람은 지도자를 탐하지만 그렇게 될 수 없는 사람이다. 군림하기 좋아하는 사람은 자신의 직분을 힘으로 여기고 그 힘을 권위로 과시하려고 덤빈다. 그렇게 되면 권력이란 것이 꿈틀거려 주변을 아프게 하게 마련이다. 이러한 인간이 지도자의 자리에 있으면 세상은 살얼음판처럼 아슬아슬하다. 그러나 햇빛이 나면 살얼음은 녹아 내려앉게 마련이다. 그래서 권불십년(權不十年)이라는 말이 나온 것이다.

그렇다면 진정한 지도자의 모습이란 어떤 모습일까? 자하는 이에 대해 다음처럼 밝혀 준다. "군자의 태도는 세 가지로 다르게 나타난다. 겉모습을 보면 엄숙하게 보이고 가까이 하면 온화하고 말을 들으면 바르고 틀림이 없다〔君子有三變 望之儼然 卽之也溫 聽其言也厲〕."

하나의 나라는 백성의 인생을 싣고 가는 수레와 같다. 수레가 제대로 굴러가려면 길이 바르고 골라야 할 것이고 수레의 두 바퀴가 튼튼해야 한다. 세금을 내는 백성은 그 수레를 끌고 가는 말과 같다. 폭군이나 독재자는 말 등에 올라타 말고삐를 쥐고 재갈을 물려 채찍질을 해서 무턱대고 말을 몰아 지쳐서 넘어지게 하는 자에 불과하며 수레에 실려 있는 인생의 모든 것을 마치 제 것인양 착각하는 자이다.

그러나 성군과 올바른 지도자는 수레를 끄는 말이 건강한가를 항상 살피면서 말이 달리면 함께 달리고 말이 걸으면 함께 걸어가는 마부와 같다. 마부는 말의 신임을 얻어야 함을 안다. 말이 분노하면 뒷발

질을 해 마부의 옆구리를 차서 병신이 되게 함을 안다. 그래서 현명한 마부는 말을 부리지 않고 말을 돕는다. 충직한 마부와 같은 지도자를 군자라고 한다. 이처럼 국민에게 사랑을 받는 지도자가 되려면 다음 처럼 해야 한다고 자하는 밝힌다. "군자는 신임을 얻은 다음에 백성들을 부린다. 신임을 받지 못하고 백성을 부리면 백성들은 괴롭힘을 당한다고 여긴다. 그리고 신임을 얻은 다음에야 옳고 그름을 가늠해야 한다. 그렇지 않고 간하면 백성들은 방해받는 것으로 여긴다〔君子信而後勞其民 未信則以爲厲己也 信而後諫 未信則以爲謗己也〕." 어진 마부는 먼저 말을 사랑할 줄 알듯 어진 지도자는 먼저 백성을 사랑할 줄 안다. 미움은 얕보기 쉽고 오만은 멸시하기 쉽다. 그래서 미움은 미움으로 돌아오고 오만은 오만으로 돌아와 망신을 당한다. 망신당하는 지도자들을 우리는 폭군이나 독재자 또는 탐관오리나 부정부패의 관리라고 부른다. 이러한 자들은 분명 사이비 지도자에 불과하다.

어진 마부가 말에 대해 소상하게 알고 있는 것처럼 어진 지도자는 백성의 간지러운 곳과 아픈 곳을 알기 위해 일벌처럼 쉴 틈 없이 일한다. 이를 자하는 다음처럼 해명하고 있다. "맡은 일을 다한 다음 여력이 있으면 배우고, 배우고도 여력이 있으면 또한 일한다〔仕而優則學 學而優則仕〕." 언제 담합하고 언제 주색에 놀아나고 언제 나태하고 빈둥거리며 무사태평하게 백성의 세금만 축내고 있을 수 있단 말인가.

자유와 자하의 대담

자하의 제자들 중에서도 어린이들은 바지런하고 싹싹하였다. 걸레질과 비질을 부지런하게 해서 집안 청소를 말끔하게 하고 손님이 오면 공손하고 따뜻하게 맞이하고 마중하였다. 갖가지 심부름들도 맡아서 잘하였다. 이러한 어린이들을 본 자유(子游)는 어린것들이 보잘것 없고 하잘것없는 일만 하고 있는 것이 아니냐고 자하에게 물었다. 그러면서 자유는 근본인 대학의 길을 배우지 못하고 있으니 어찌된 일이냐고 자하를 꼬집었다.

자유의 말을 들은 자하는 그러한 생각은 잘못이라고 말하였다. "군자의 가르침에는 앞에 할 것이 있고 뒤에 할 것이 있다. 사소하게 보이는 것을 먼저 가르치고 중요한 것을 뒤에 가르친다. 일상생활의 버릇을 제대로 가르치는 것은 사소하다면 사소하다. 그러나 사람으로서 제 구실을 하는 데는 오히려 그 사소한 버릇들이 바탕을 이루기도 한다. 어린이에게는 그러한 것을 제대로 가르쳐 준 다음에 중요한 대학의 길을 걷게 해야 한다." 이러한 내용의 말을 들려준 자하는 어느 군자가 뒤에 가르칠 것을 등한시하겠느냐고 자유에게 반문했다.

나무나 풀을 가르는 것처럼 사람도 능력에 따라 차례차례 가르쳐야 한다. 서둘러서도 안 되고 욕심을 부려서도 안 되며 허세를 부려서도 안 된다. 요사이 초등학생들은 국어, 수학 등은 잘하지만 제가 쓰는 연필 하나도 제대로 깎을 줄 모르고 걸레질이나 비질을 할 줄 몰라 청소라는 것을 모른다. 자하는 어린이들에게는 일상생활에 필요한 몸가짐을 먼저 가르친 다음 국어나 수학을 가르쳐야 한다고 생각했던 셈이다.

어린아이들에게 어려운 것들을 가르치는 것은 아이들을 속이는 짓이라고 자하는 밝힌다. 교육이란 능력과 자질의 정도에 맞게 해야지 처음부터 끝까지 모두 터득해서 완성하는 것은 성인이나 할 수 있는 일이 아니냐고 자하는 자유에게 반문한다.

가르침의 문제를 놓고 나눈 자하와 자유의 대화는 자식 교육에 터무니없는 욕심을 부리는 오늘날의 학부모들을 생각나게 한다. 요즘 부모들은 자식들에게 학교에 가서 온갖 과목의 공부를 하게 하고 집에 돌아오면 또 별의별 학원에 보내 다른 것들을 배우게 하면서도 정작 집안일은 어떻게 해야 하는지는 가르치려 하지 않는다. 자하의 말을 들으면 가장 중한 교육은 가정교육임을 우리는 알 수 있다. 이러한 자하의 지적은 교육의 변함 없는 진실이 아닌가.

(3) 자공과의 만남

자공은 중국 춘추 시대 위 나라 사람으로 성은 단목(端木)이고 이름은 사(賜)이다. 하남성(河南省) 휘현(輝縣) 출신이며 공문십철(孔門十哲)의 한 사람으로 언어(言語)에 뛰어났다. 《논어》에서 서른여덟 번 정도 언급되고 있다. 자공은 이재(理財)에도 뛰어나 공자의 제자 중에서 가장 부유했으며 공자가 여러 나라를 돌며 군주들에게 덕치를 종용했을 때 그 후원자 노릇을 맡았다. 총명하고 언어에 뛰어나 문제 제기를 서슴지 않았고 정확했다. 자공은 경솔한 성미였지만 현실적인 감각을 지닌 공자의 제자였다.

양심 선언의 유명세

군자는 슬기롭고 어진 인간일 뿐이다. 신중하게 생각하고 신중하게 처신하며 맡은 일에 성의를 다하면서 믿음을 보이고 신임을 잃지 않는 사람이다. 군자는 인품을 갖추고 있는 개성이 강한 인간일 뿐 신도 아니며 초인도 아니다. 그래서 군자에게도 인간적인 한계가 있게 마련이다. 원숭이도 나무에서 떨어지는 경우가 있는 것처럼 군자도 잘못을 범할 수 있다. 다만 군자는 그러한 잘못을 숨기거나 감추려고 잔꾀를 부리지 않는다. 군자는 잘못을 범한 것을 알면 곧 이를 고쳐 두 번 다시 되풀이하지 않을 뿐이다.

군자가 잘못을 범하면 감출 수 없다고 자공이 밝혔다. 그는 군자의 잘못은 일식이나 월식과 같아 숨겨질 수 없다고 했다. 군자가 잘못을 하면 남들이 다 보게 되어 결국 드러나게 마련이다. 군자는 백성 앞에서 일을 해야 하는 까닭이다. 군자가 잘못을 스스로 고치면 남들이 우러러보게 된다고 자공은 또한 밝혔다. 스스로 고쳐 남들에게 이로운 일을 하기 위해 군자는 어질고 의로운 인간이 되라고 끊임없이 자신을 단련시킨다. 이러한 일을 군자는 남들이 모르게 한다.

이러한 군자이기에 오늘날 종종 볼 수 있는 양심 선언 따위는 하지 않는다. 그것은 군자가 부끄러워하는 소행이다. 군자의 양심 선언은 자신이 자신에게 아무도 모르게 할 뿐이다. 이처럼 군자의 양심 선언은 자신의 손으로 자신의 심장을 때리는 것에 비유된다. 꽃의 향기는 눈에 보이지 않아도 허공을 날아와 사람의 코에 냄새로 드러나는 것처럼 아무도 모르게 스스로를 질책하는 군자의 아픔은 세상이 결국 알게 되어 군자를 백성들이 우러러보게 되는 것이다. 양심 선언을 공개적으로 해서 인기를 얻어 유명세를 타는 명사가 되는 짓을 군자는 하지 않는다.

유신 체제의 독재는 적지 않은 사람들을 영웅으로 만들어 주었다. 백성은 강자보다는 약자를 동정하고 폭력보다는 평화를 사랑하게 마련이다. 권력의 폭력보다 더 횡포스러운 짓이 어디 있겠는가? 백성은 권력의 폭력을 제일 미워한다. 권력의 횡포에 시달린 사람이 양심 선언을 하면 당장 유명 인사가 되어 인기를 얻는다. 자공이 이러한 현상을 보면 뭐라 할까? 백성의 박수는 온종일 지속되지 않는다고 말할 것이다. 그렇게 해서 유명 인사가 된다고 군자가 되는 것은 아니라고 자공은 단언할 것이다.

공손조와 자공의 문답

위 나라의 실력자였던 공손조가 자공에게 공자는 누구에게 배웠느냐고 물었다. 말하자면 자공의 선생이 공자라면 공자의 선생은 누구냐고 공손조가 물었던 셈이다. 이에 자공은 주 나라의 문 왕과 무 왕이 남긴 흔적에서 공자는 배웠다고 밝혀 주었다. 권력을 쥔 자들은 문 왕과 무 왕의 흔적을 잊어버렸지만 백성들은 잊지 않고 있음을 자공은 공손조에게 또한 말해 주었다.

힘으로 세상을 다스리는 공손조에게 덕으로 세상을 다스렸던 문 왕과 무 왕을 들려주었던 것은 공자의 가르침을 자공이 그대로 실천하고 있음을 말한다. 권세에 아부하거나 아첨하는 짓을 단호하게 금했던 스승의 길을 따라 자공은 공손조의 아픈 데를 사정없이 찔러 주었던 셈이다.

"공자는 어디서나 다 배우셨다〔夫子焉不學〕. 누구라고 정해진 스승이 어디 있겠는가? 누구에게나 다 배우셨다〔何常師之有〕." 이렇게 되받은 자공의 말에서 우리는 역사와 문화가 흔적으로 남긴 것들을 무서워해야 하는 이유를 알게 된다. 항상 역사는 심판대를 먼 훗날에 차린다는 사실을 알았다면 권력에 심취한 공손조는 자공의 말을 듣고 간담이 서늘해지지 않았을까? 그리고 가장 변함없는 선생은 백성이요, 세상이란 것을 정치에 몸담은 사람일수록 알아야 하는 것이 아닌가? 자공은 이러한 질문을 던지고 싶었을 것이다.

어처구니없는 입질들

한 사람을 놓고 없는 데서 이러쿵저러쿵 입방아를 찧는 버릇은 옳든 그르든 소인배들의 짓거리에 불과하다. 노 나라 궁궐에서 대부들이 자공을 놓고 입질을 했던 모양이다. 하기야 노 나라 재상을 지낸 자공이니 관심의 인물이었음에 틀림없다. 대부는 정일품에서 정사품까지 드는 영의정에 버금가는 벼슬들로서 이들은 모이면 공자를 헐뜯기도 하고 자공을 치켜세우기도 했던 모양이다.

그 자리에서 숙손무숙(叔孫武叔)이란 대부가 자공이 공자보다 현명하다고 입방아를 찧었다. 그 말을 들은 자복경백(子服景伯)이란 대부가 뒷날 자공을 만나 귀띔을 해 주었다. 이 말을 들은 자공은 다음처럼 비유해서 말해 주었다. "궁궐을 담에 비유한다면 나의 담은 어깨 정도의 높이로 누구나 궁궐 안의 집채와 방들의 아름다움을 엿볼 수 있지만 공자의 담은 여러 길의 높이라 바르게 문으로 들어가지 않으면 궁궐 안에 있는 종묘의 장엄함과 백관들의 장관을 볼 수 없답니다. 그러나 공자께서 내놓은 문을 찾아 들어갈 수 있는 사람은 별로 없습니다. 그러므로 손숙무숙이 그렇게 말했다는 것도 무리는 아니겠습니다〔叔孫武叔語大夫於朝曰 子貢賢於仲尼 子服景伯以告子貢 子貢曰 譬之宮牆 賜之牆也及肩 窺見室家之好 夫子之牆數仞 不得其門而入 不見宗廟之美 百官之富 得其門者或寡矣 夫子之云 不亦宜乎〕." 과연 자공은 말재주에 뛰어났다.

무식한 자들을 자공은 아주 부드럽고 화려하게 꼬집고 있다. 무식하면 겁 없이 이것은 이렇고 저것은 저렇다고 단언하고 잘 아는 척하는 법이다. 입만 살아서 이러쿵저러쿵 떠들어대는 무리는 짖는 개에 불과할 뿐이다. 짖는 개는 아무것도 물지 못한다. 무엇 하나 제대로 아는 것 없이 경솔하고 경망스럽게 다 아는 척하는 인간들은 항상 세상에서 제가 제일인 척하고, 고개를 들고 기고만장하지만 장자의 말을 빌면 하루살이나 씽씽매미에 불과한 존재들이다. 하루살이는 밤과 새벽이 있는 줄을 모르고 씽씽매미는 봄과 가을이 있는 줄을 모른다.

그래서 공자를 헐뜯고 부끄러워하지 않는 숙손무숙을 향해 자공은 다음처럼 알려 주었다. "그러지 마시오. 선생님을 비방할 수 없습니다. 다른 사람이 아무리 현명하다 한들 언덕과 같아 누구나 넘어갈 수 있지만 선생님은 해와 달 같은 분이라 어느 누구도 넘지 못합니다. 비록 사람들이 선생님의 가르침을 끊는다 한들 해와 달 같은 선생님에게 무슨 흠이 날 것입니까? 오히려 그렇게 하는 사람들만 분수가 없다는 것만을 드러낼 뿐이랍니다〔叔孫武叔毁仲尼 子貢曰 無以爲也 仲尼不可毁也 他人之賢者丘陵也 猶可踰也 仲尼 日月也 無得而踰焉 人雖欲自絶 其何傷於日月乎 多見其不知量也〕."

불이 뜨거운 줄 알아야 불을 무서워하고 끓는 물이 뜨거운 줄 알아야 끓는 물에 손을 넣지 않는다. 자공이 공자를 드높이기 위해 공자를 예찬하는 것은 아니다. 해와 달 같이 높은 경지에서 인의를 설파했고 폭력이 난무하는 힘의 세상에서 덕을 높이 주장했으니 힘에 미쳐 있는 권세의 대부들이 인간 공자를 어찌 알 것인가. 자공은 현명하다. 현명한 사람은 사실과 진실 사이를 정확하게 재고 긋는다.

그러나 우리는 공자의 문을 잊은 지 오래다. 공자의 문은 어디에 있는가? 인의를 지닌 마음에 달려 있음이 아닌가. 우리는 남을 사랑함을 잊었고 그 사랑을 실천하는 마음과 행동을 잃었다. 그래서 세상은 무섭고 잔인하며 공포스럽다.

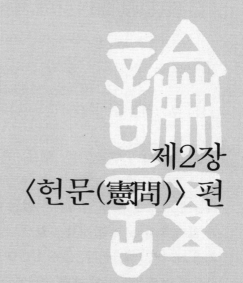

제2장
〈헌문(憲問)〉편

1. 〈헌문(憲問)〉 편의 체험

(1) 부끄러움을 아는가

부끄러움이란 무엇인가? 〈헌문〉 편은 이렇게 시작된다. 이러한 물음은 털어서 먼지 안 나는 사람이 어디 있냐는 말을 떠오르게 한다. 하늘에 맹세코 한 점 부끄러움 없는 사람은 마음속에 부끄러운 먼지가 앉지 못한다. 그런 사람은 항상 마음을 닦아 마음속을 투명한 유리처럼 해 놓는 까닭이다. 물론 이러한 마음은 갓난애들에게나 있을까, 사람의 마음속을 털어 보면 누구에게서나 부끄러움이라는 먼지가 나게 마련이다.

부끄러움의 먼지를 감추고 숨기려는 사람도 있고 그렇게 하지 않으려는 사람도 있다. 속이 좁은 사람은 부끄러움을 뉘우칠 줄 모르고 속이 큰 사람은 그것을 뉘우칠 줄 안다. 바로 이 점이 다를 뿐이다. 부끄러움을 감추려고 하는 사람은 많지만 그것을 내놓고 용서를 구하려는 사람은 거의 없다. 남의 용서와 이해를 구하는 것은 더할 나위 없는 치욕이라고 사람들은 여기기 때문이다.

그러나 자신이 범한 부끄러움을 감추고 숨기면 자신이 자신을 속이게 되어 부끄러움을 다시 두 배로 짊어지고 더 큰 부끄러움으로 고통을 당한다. 우리는 양심의 가책이라는 말을 자주 한다. 이러한 가책이란 무엇인가? 그것은 바로 스스로 자신을 속이려다가 앓게 되는 아픔의 통증인 것이다.

사람은 부끄러워할 줄 알기에 다른 짐승과 다르다. 사람이 아닌 짐승에게는 할 짓과 못할 짓이 구분되어 있지 않다. 짐승은 그들이 하는 짓만을 할 뿐이다. 반면에 사람은 항상 새로운 짓을 하려고 몸부림친다. 무슨 짓을 반복하기보다는 색다른 일을 하고 싶어한다. 그렇다고 항상 옳은 일만 하고 싶어하는 것은 아니다. 하지 않거나 말아야 할 일도 사람들은 하려고 덤빈다. 그래서 사람의 세상에는 감옥이 있다. 감옥은 무엇인가? 벌을 받는 곳이다. 왜 사람들은 그러한 곳을 만들어야 하는가? 죄를 짓는 까닭이다.

사람이 죄를 짓는 것은 말할 수 없는 치욕임을 〈헌문〉 편의 첫 대목은 깨우치게 한다. 나라에 도가 있다면 국록(國祿)을 받아도 되지만 도가 없는데도 국록을 받으면 그것은 치욕이라고 공자는 단언한다. 국록이란 나라가 주는 봉급이다. 사람은 일을 하고 일한 대가로 봉급을 받아서 먹고산다. 농부는 논밭에서 일을 하여 땅으로부터 봉급을 받고, 회사원은 회사에서 일을 하여 봉급을 받는다. 관리는 관청에서 일하여 봉급을 받는다. 이처럼 사람들은 일을 해서 녹을 받아야만 살림을 꾸릴 수 있다. 그러므로 도가 없는 데서 일을 하고 녹을 받는 사람들이 치욕이라는 공자의 말을 새겨듣는다면 자신이 하는 일마다 그 옳고 그름을 헤아려 보게 될 것이다. 옳으면 하고 그르면 하지 말아야 한다. 이것이 부끄러운 짓을 범하지 않는 길임을 깨우치게 한다.

물론 여기서 공자가 밝힌 도는 사람의 길을 말한다. 사람의 길이란 인의를 실천하는 길이다. 남을 사랑하고 그 사랑을 실천하는 길을 밟지 않고 남을 이용하고 학대하고 탄압하는 나라에는 도가 없다. 왜 정권이 바뀔 때마다 높은 자리에 있던 사람들이 쇠고랑을 차고 법정에 나오는 경우가 일어나는가? 그것은 결국 나라에 도가 없음을 입증하는 것이다.

부끄러워할 줄 아는 사람은 그렇지 못한 사람보다 부끄러운 짓을 덜 범하게 된다. 욕심이 눈에 가리웠다는 말은 부끄러움을 범했다는 뜻이다. 권력에 대한 욕심, 재물에 대한 욕심, 육체에 대한 욕심 등 이모든 욕심들은 마음으로 하여금 부끄러운 짓을 범하게 한다. 욕심을 지나치게 부리는 인간은 덕을 잃게 되고 덕을 잃게 되면 뻔뻔스러운 인간으로 표변하여 치욕이 무엇인지도 모르게 된다. 그렇게 되면 누구나 낯가죽이 쇠가죽이라는 욕을 먹는다. 아니면 낯가죽이 두꺼워 부끄러움도 모르는 철면피란 비난을 면할 수 없다. 이처럼 세상은 부끄러운 짓을 싫어한다. 그런데 사람들은 부끄러운 짓을 한사코 범한다. 인간의 역사에는 항상 웃음보다 눈물이 많다. 인간은 행복한 삶을 바라면서도 왜 항상 불행한 짓을 되풀이하는가? 그것은 사람이 사람으로서 밟아야 할 길이 따로 있지만 그 길을 밟지 않기 때문이라고 공자는 밝힌다. 〈헌문〉편을 읽으면 그러한 생각이 더욱 강하고 절실하게 마음속을 울린다.

(2) 힘은 힘으로 망한다

코끼리는 생쥐를 제일 무서워하고 호랑이는 담비를 제일 무서워한다. 생쥐가 코끼리의 몸집을 파먹기 시작하면 코끼리의 힘은 아무런 소용이 없고, 담비 떼가 호랑이를 치고 나오면 획획 나는 담비에게 백수의 왕이라도 속수무책으로 당할 수밖에 없다. 기는 놈 위에 뛰는 놈 있고 뛰는 놈 위에 나는 놈 있다고 생각하면서 사람들은 힘자랑을 하려고 덤빈다. 제일 어리석은 사람은 누구인가? 자신의 힘만 믿고 겁없이 덤비는 자이다. 정치에서는 이러한 사람을 독재자라고 한다. 힘으로 세운 나라는 힘으로 망하고 힘으로 얻어낸 권력은 힘에 다시 빼앗겨 망신을 당한다. 이것이 세상의 이치인 모양이다.

〈헌문〉 편을 읽으면 힘만 믿고 날뛰다가 그 힘에 망한 꼴을 볼 수 있다. 예(羿)라는 사람이 있었다. 예는 천하의 명궁이었다. 활쏘기라면 자기를 당할 자가 없다고 믿었다. 활을 잘 쏘는 힘으로 결국 군이 된 예는 나아가 임금을 활로 쏘아 죽이고 그 자리를 빼앗았다. 하지만 임금의 자리에 있던 예는 결국 신하의 화살에 맞아 피살되고 말았다. 화살이란 힘만 믿고 날뛰다가 결국 망한 것이다.

어느 세상에나 예와 같은 사람들이 많다. 권력이면 다 된다고 믿는 사람, 돈이면 다 된다고 믿는 사람, 재주만 믿고 천방지축으로 건방을 떠는 사람 등은 모두 예와 마찬가지 부류의 인간들이다. 권력을 힘으로 믿게 되면 그 힘으로 망하게 되고 돈을 힘으로 믿게 되면 그 돈이 사람을 잡아먹는다. 그리고 재주를 힘으로 믿다가는 원숭이도 나무에서 떨어지는 꼴의 망신을 당하게 마련이다.

물은 칼로는 벨 수 없지만 어느 그릇에나 담을 수 있다. 물은 더러운 그릇에 담으면 더러워지고 깨끗한 그릇에 담으면 깨끗해진다. 사람의 마음 씀씀이도 이와 같다. 힘을 믿는 마음은 더러운 그릇에 담긴 물과 같아 누구도 마시지 않고 버릴 뿐이다. 세상에서 버림받는 사람은 약한 사람이 아니라 강한 사람들이다. 강한 사람이 세상을 호령하는 것 같지만 세상보다 더 강하다고 믿는 사람을 세상은 망하게 한다. 이처럼 힘만 믿고 다른 사람들을 얕보면 결국에는 힘으로 망하게 된다.

코끼리가 생쥐를 겁내는 것은 하나의 지혜이고 호랑이가 담비를 겁내는 것 역시 하나의 지혜이다. 그러나 막무가내의 힘은 이러한 지혜를 사정없이 앗아간다. 힘을 믿는 사람은 모든 것을 강약(强弱)으로 따지려고 덤빈다. 그래서 그들은 강한 힘을 가지면 사람들 위에 군림하고 약하면 비굴해야 한다고 믿는다. 세상에서 이보다 더 더러운 마음씨는 없을 것이다.

2. 공자의 어록

(1) 선비와 공무원

원님은 쌀밥을 먹는데 아전은 보리밥을 먹으면 고을에 억울한 일들이 덜 일어난다고 한다. 또 원님은 보리밥을 먹는데 아전은 쌀밥을 먹으면 고을에 억울한 일이 일어날 수 없다고 한다. 그러나 원님과 아전이 짝이 되어 쌀밥을 먹기 시작하면 고을의 백성은 허기진 배를 맹물로 채워야 한다고 한다. 이처럼 관청에서 위아래의 손발이 어떻게 맞느냐에 따라 백성의 삶은 편할 수도 있고 고달플 수도 있다. 이러한 형편은 예나 지금이나 같다.

어느 나라나 관료 조직이 있게 마련이다. 관료 조직의 높은 위치에 앉게 되면 벼슬을 한다고 한다. 말단 관리부터 정상에 이르기까지 모든 관리들이 선비 정신을 지닌다면 그보다 더한 나라의 행복은 없을 것이다. 그러나 그러한 행복을 나라가 누리기는 매우 어렵다. 나라 살림을 해야 하는 관리들이 제 살림하기에 급급하면 그 나라는 도둑을 가슴에 안고 있는 꼴이 되고 관리들이 부자로 살려고 하면 그 나라는 강도를 모시고 있는 꼴이 되고 만다. 그래서 암행어사가 많은 나라일수록 썩은 관료들이 우글거린다. 지금은 어사를 사정(司正)이라고 부른다. 그러나 사정 담당이 아무리 많아도 관리들이 부자가 되려는 욕심을 버리지 않는 한 아무런 소용이 없다. 열 사람이 도둑 하나를 지키지 못하는 까닭이다.

선비 정신이란 무엇일까? 먼저 부자로 살 생각을 하지 않으면 그 정신에 가까워질 수 있다. 그렇다고 거지처럼 살라는 것은 아니다. 형편에 맞추어 알맞게 살면서 만족하는 마음이 앞서면 될 것이고 나라에서 주는 봉급만으로 살림을 꾸리면서 맡은 일에 소홀함이 없다면 선비 정신의 문턱을 넘었다고 보아도 될 것이다.

청빈한 관리는 부유층 앞에서는 당당하고 가난한 백성의 아픔 앞에서는 안타까워한다. 제 살 아픈 줄을 알면 남의 살도 아픈 줄 아는 까닭이다. 게을러서 가난하면 부끄러운 일이지만 부지런하면서도 검소하게 사는 것은 더러운 짓을 하면서까지 부자로 사는 것보다 훨씬 당당한 일이다. 그렇게 당당한 것을 청빈(淸貧)이라고 한다. 청빈한 선비 앞에서는 임금도 고개를 숙인다는 말은 백성을 언덕으로 삼아야 한다는 것을 말해 준다. 언덕이 없으면 무엇에 기댄단 말인가. 탐관오리는 백성이라는 언덕을 헐어 제 집의 울타리와 담을 쌓으려고 덤비지만 그렇게 쌓아올린 울타리와 담은 결국엔 감옥의 담장이 되고 만다는 것을 그들은 미처 모른다. 본래 중이 고기 맛을 알면 절간에 파리도 남아나지 못하는 법이다. 고기 맛을 안 중은 파계를 하게 마련이고 부자가 되려는 선비는 욕을 먹고 물러나게 마련이다. 백성의 사랑을 받는 선비는 결국 백성을 사랑할 줄 아는 관리인 셈이다. 백성이 가난하면 선비도 가난하고 백성이 부유하면 선비도 부유하다는 생각을 하는 관리는 호사스럽게 살 생각을 하지 않는다. 그래서 공자께서도 선비라면 호화로운 집을 생각하지 않는다고 했던 것이다.

🌱 공자의 말씀

선비로서 호화로운 삶을 품으면 선비가 될 수 없다.

子曰 士而懷居 不足以爲士矣

(2) 수염을 뽑힌 사람

3공(三共) 때의 박정희 대통령은 임금과 같았다. 국회도 대통령의 눈치에 따랐고 법정도 그렇게 했다. 그렇게 되면 누구나 절대 권력을 누릴 수 있다. 날아가는 새도 떨어지게 하는 권력을 만들어 놓고 사람의 목숨까지 손아귀에 틀어쥘 수 있는 기관을 관장한다면 누구나 하늘에 떠도는 구름도 잡아다 감옥에 처넣을 수 있다. 슬하에 정보부를 두고 있던 박 대통령이 하지 못하거나 할 수 없는 일이란 하나도 없었다. 모든 것은 대통령의 마음먹기에 달려 있었던 셈이다.

대통령을 웃게 한 사람은 나와서 편안히 잘 수 있었지만 못마땅하게 한 사람은 오밤중에 잡혀가 밑도 끝도 없이 주의를 듣거나 심하면 개처럼 두들겨 맞고 주눅이 들어 나오기 일쑤였다. 입을 열 수 없을 만큼 수모를 당하고 나와 열병이 들어 시름시름 앓다가 생목숨을 잃거나 숨을 죽이고 연명해야 할 지경의 사람들도 많았다. 그래서 3공의 고위 관리들은 임금의 신하처럼 몸을 사렸다.

옛날 임금은 사약을 내려 미운 놈을 알게 죽였지만 3공의 사약은 제풀에 기를 꺾이게 하는 공포의 사발이었다. 남산에 끌려가 한번쯤 두들겨 맞고 나온 사람은 겁에 질려 몸서리를 쳐야 했으니 그 효험은 마시고 즉사하는 옛날 임금의 사약 사발보다 좋았다고 할 것이다. 왜냐하면 3공의 사약은 오래 두고 사람을 시들게 했기 때문이다. 박 대통령 앞에서 바른 말을 했다가 끌려가 수염을 뽑힌 사람이 있었다고 온 장안이 수군거리던 적이 있었다. 그 사람은 공화당의 자금줄을 쥐고 대통령의 독재 정치에 열심히 기름을 만들어 제공했지만 한 번의 바른 말로 그만 대통령의 눈에 나게 되었다는 것이다. 박 대통령의 측근 충신들이 그 사람을 그냥 둘 리가 있었겠는가. 당장 그 사람을 불러다

건방지다며 따귀를 때리고 허리와 등을 차고 수염을 뽑아 버렸다는 말이 유언비어처럼 장안을 떠돌았다.

유언비어가 많은 세상을 연산군의 세상이라고 말하기도 한다. 연산군 시절에는 유언비어를 동요(童謠)라고 했다. 오죽했으면 어른들의 속사정을 동요라고 비유했겠는가. 사람의 목숨이 파리 목숨보다 더 가벼웠던 시절에 철없는 어린아이들의 노래라고 하면서 하고 싶었던 말을 어른들이 노래처럼 지어 불렀던 것이다. 3공의 정보기관에서 행한 숨은 폭력은 가히 연산군의 폭력과 닮은 데가 있었다. 사람을 때려 잡는 폭력은 솜씨가 다르다고 해도 결국은 다 같은 까닭이다. 어제의 충신도 한번 잘못하면 수염을 뽑히고 만다. 아마도 공화당의 자금통을 이렇게 얼러 댔기 때문에 누구든 박 대통령 앞에서는 고양이 앞의 쥐처럼 굴라고 공포를 쏘았다고 수군거리며, 친한 사람들 사이에 주고받는 말로 까불면 수염을 뽑겠다는 농담이 유행했을 것이다. 보릿고개라는 굶주림을 면하게 해 준다는 대가로 백성들은 대통령의 수중에 든 염주처럼 멋대로 굴려져야 했다. 그렇게 되었으니 자연히 정치의 도는 대통령의 마음에 달리게 되었다.

그러나 한 사람의 손안에 든 도(道)는 옳은 길이 아니다. 백성이 원해서 스스로 밟고 싶어 걷는 길이 옳은 정치의 도이다. 그러한 도가 없을 때는 행동에 부끄러움이 없더라도 말조심을 해야 한다고 공자께서는 이미 밝혔다. 행동이 떳떳하다고 말까지 바른 말을 하면 턱수염을 뽑히고 심하면 사약 사발을 받아야 하는 까닭이다.

🌿 공자의 말씀

나라에 도가 있으면 말과 행동을 거침없이 해도 된다. 그러나 나라에 도가 없다면 행동에 거칠 것이 없다 해도 말을 낮추어 조심해야 한다.

子曰 邦有道 危言危行 邦無道 危行言孫

(3) 연산군의 아내

임금이 포악하면 궁궐의 종들까지도 겁없이 날뛰게 마련이다. 폭군 연산군 때도 예외는 아니었다. 궁궐의 종들이 고을로 내려가 재물을 긁어모으고 백성들의 전답을 빼앗는 짓을 했지만 어느 사대부 하나 나서서 질타하지 못했다. 임금이 그보다 더 포악한 짓들을 저지르고 걸핏하면 임금의 입에서 저놈을 죽이라는 말이 터져 나왔으니 꼴뚜기도 뛰고 망둥이도 뛰는 꼴이었다.

그러나 연산군의 아내였던 신비(愼妃)는 달랐다. 모든 궁인들이 나라의 다스림을 어지럽히니 나만이라도 그들의 잘못을 본받을 수 없거니와 내버려둘 수도 없다고 신비는 말문을 열어 만일 처소의 종들이 나쁜 짓을 하면 매로 다스려 죽이라고 엄명을 내렸다. 연산군의 입에서 나오는 죽이라는 말과 신비의 입에서 나오는 죽이라는 말은 같은 소리로 들리지만 서로 다르다. 연산군의 것은 부덕한 것이고 신비의 것은 덕의 것이기 때문이다.

학조(學祖)라는 사람이 직지사(直旨寺)에 있으면서 신비가 있는 내전으로 감을 두 바리에 실어 진상한 적이 있었다. 직지사의 감은 둥글고 땟물이 곱고 살지고 맛이 달지만 직지사가 궁궐에서 멀어 진상하기에 어려움이 있으니 궁궐에서 사람을 보내면 해마다 두 바리씩 좋은 감을 진상하겠다고 학조는 신비에게 서찰을 올렸다. 이 말을 들은 신비는 다음처럼 답신을 보냈다. "궁에서 사람을 내려보내 실어 오는 일은 쉬운 일이다. 그러나 과일 나무란 어느 해에는 많이 열리기도 하고 어느 해에는 많이 열리지 않는 일도 있다. 많이 열리지 않는 해에 사람이 내려가서 수대로 실어 온다면 그러한 짓은 피해만 될 것이다." 이렇게 답신을 하여 해마다 올리는 진상을 신비는 간곡하게 거절했다.

한 번은 고을 원님으로 있었던 신비의 한 친척이 홍람(紅藍) 두 섬과 설면자(雪綿子) 수십 근을 바쳤다. 그러나 신비는 다음처럼 말하면서 그것을 물리쳤다. "백성들의 생활이 어려운데 이러한 물건들이 어디서 났단 말이냐. 차마 받지 못하겠다."

폭군 연산군이 미친개처럼 세상을 흔들었던 시절에 신비와 같은 왕비가 있었다는 것은 그래도 얼마간의 위안이 된다. 덕을 무자비하게 짓밟았던 폭군 밑에 가냘프나마 덕을 이어가는 한 여인이 있었다는 사실은 고달픈 백성들에게 한없는 위안이 되었을 것이다.

연산군이 다음과 같은 시를 지어 읊었다.

여러 어진 이를 너그러이 은대에 모아 놓고
봄빛 가득한 긴긴 길에서 꽃피리 부네
취하면 어찌 한가로운 밤 달만 예쁠 것인가
노래와 풍악을 울려 거듭 놀리라

조신(曺伸)이란 자가 연산군이 지은 이 시의 운(韻)을 따서 다음처럼 지었다.

남의 집 헐어 모아 정자를 짓고
처녀들을 빼앗아 기생을 만들었네
원노는 모두 목 베이고 바른 신하는 무찔러서
천한 관리 남겨 놓고 충성이라 표창하네
만 사람 다 죽여 서운대를 쌓고

부끄러워라 여러 아우들의 해골을 찾아
바다 위에 서성대다 돌아갔네

조신의 시는 감히 임금의 시를 능멸하고 있다. 왜 연산군의 시는 이렇게 능멸을 당하는가? 연산군은 덕을 잃고 있었기 때문이다. 덕자(德者)의 말은 한마디로 끝나지만 부덕한 사람의 말은 뒷말을 잡히거나 말꼬리를 잡혀 밟히게 마련이다. 그래서 공자는 '덕이 있는 사람은 반드시 옳은 말을 하지만 올바른 말을 한다고 해서 반드시 덕이 있는 것은 아니라고 말했다. 연산군의 시는 시로써는 감동을 줄지 모르지만 그 인간을 생각하면 시 속의 말들이 모조리 거짓말에 불과하니 조신의 능멸을 받아도 변명할 여지가 없는 것이 아닌가. 과연 덕이 있는 이란 어떤 사람일까? 목마름의 갈증을 풀어 주는 한 사발의 냉수 같은 사람일 것이다. 사람의 속을 항상 시원하게 하고 편하게 해 주는 사람이 이 세상에 얼마나 있을까? 그런 사람은 공자의 시절에도 아주 드물었던 모양이다.

🌱 공자의 말씀

덕이 있는 사람은 반드시 올바른 말을 한다. 그러나 올바른 말을 한다고 해서 반드시 덕이 있는 것은 아니다. 어진 사람은 반드시 용감하다. 그러나 용감한 사람이라고 해서 모두 어진 것은 아니다.
子曰 有德者必有言 有言者不必有德 仁者必有勇 勇者不必有仁

(4) 군자여, 군자여

세종 임금 밑에서 영의정을 지냈던 허조(許稠)는 무척이나 엄한 분이었다. 모든 일에 한 치의 소홀함이 없도록 엄히 꾸짖어 주변의 사람들을 항상 긴장하게 했다. 엄한 사람 옆에서는 찬바람이 나는 법이다. 그 찬바람이 매섭게 불면 살을 에일 만큼 마음이 저린다. 찬바람이 나는 사람은 분명 어진 사람이라고 할 수 없다. 그러나 어질지는 않아도 남을 위해 온 마음을 쏟는 사람이라면 군자라고 보아도 된다. 허조 같은 분은 백성을 위해 영의정으로서 깐깐하고 매서웠지만 주변의 사람들을 못살게 굴려고 그렇게 한 것은 아니었다. 나라를 잘 다스려 백성들을 편하게 살 수 있도록 하기 위해 허조는 무섭게 공사(公私)를 추스렸던 셈이다.

허조의 아들들은 잘못을 범하면 매를 맞을 각오를 했다고 한다. 집안의 아이들 역시 잘못을 범하면 허조는 반드시 매로 다스렸다. 종아리를 걷게 하고 아들의 종아리를 때리면서 허조는 아들들에게 무엇을 바랐을까? 아마 다음 한 가지만을 바랐을 것이다. "사람이 되어야 한다."

제대로 길러진 사람이라면 군자의 사촌쯤은 된다. 남에게 피해를 주지 않고 묵묵히 열심히 일하면서 남을 도울 줄 알면 군자의 사촌 쯤은 된다. 거짓말로 남을 속여서 등을 치거나 남의 재산이 탐이 나 사기를 치는 뻔뻔스러운 도둑들이 득실거리는 세상에서 군자는 꼭 초인 같은 존재가 아니어도 된다. 정직하고 수수하며 부지런한 사람이어도 군자의 사촌쯤은 된다.

땅 위에 동그라미를 그어 놓고 여기가 감옥이니 하룻밤 동안 여기서 있으라고 했을 때 잘못을 범한 사람이 가만히 서 있었던 시절은 아주 먼 옛날의 전설일 뿐이다. 이제는 세상이 사나워져서 감옥의 담은 팔 척이 넘고 그것도 모자라 고압의 전류를 흘려서 탈옥을 못하게 막는 형편이다. 감옥의 담벼락이 높고 자물쇠의 종류가 많다는 것은 그만큼 도둑이 많음을 말해 준다. 눈뜨고 코 베어 가는 세상에서 정직하게 살고 남을 해치지 않고 살아도 군자의 사촌쯤은 된다.

궁궐에 들어가서는 매섭게 공사를 처리하고 집안에 들면 아이들이 문제아가 될까 걱정되어 매를 들었던 허조는 분명 세종대의 살았던 군자라고 보아도 된다. 허조의 밑에 있던 벼슬아치들은 감히 허튼짓을 할 엄두도 내지 못했을 것이니 그 음덕은 자연히 백성의 몫으로 돌아갔을 것이 아닌가. 저 하나의 안일을 위해 정치를 파는 무리들에 견주어 보면 허조는 분명 군자이다. 매사에 끊고 맺음이 분명했던 허조는 참으로 용감했던 영의정이었던 셈이다. 어진 마음은 용맹으로 이어진다고 공자가 말했고 군자이면서도 어질지 않은 경우도 있다고 공자가 말했다. 영의정 허조를 생각하면 공자의 그러한 말씀이 실감난다. 만약 4공의 유신 체제 시절에 우리에게 허조와 같은 국무총리가 있었다면 대통령의 방탄조끼 노릇만으로 국록을 먹지는 않았을 것이라는 생각이 든다. 군자여 군자여, 어느 날에나 서울 장안에 매서운 바람을 불게 하여 썩은 냄새를 없애 줄 것인가.

🌱 공자의 말씀

군자로서 어질지 못한 자는 있을 수 있어도 소인이면서 어진 사람은 아 없었다고 공자께서 말했다.

子曰 君子而不仁者有矣夫 未有小人而仁者也

군자는 날마다 향상해 가지만 소인은 날마다 아래로 처진다고 공자께서 밝혔다.

子曰 君子上達 小人下達

군자는 자신의 말이 행동보다 지나치는 것을 부끄러워한다고 공자께서 밝혔다.

子曰 君子恥其言而過其行

(5) 자식 농사

아들딸을 키우는 일은 농사일과 같다고 옛 사람들은 생각했다. 씨앗을 뿌린 다음 싹이 터서 튼실하게 자라 여문 열매를 맺게 하려면 농부는 흙을 사랑하고 심은 곡식을 사랑해야 한다. 농부는 한여름 땡볕 아래서 김을 매고 거름기가 골고루 미치도록 북을 준다. 그러한 농부처럼 부모도 자신의 아들딸을 사랑한다. 그러나 곡식은 들인 정성만큼 자라서 열매를 거두게 하지만 사람을 키우는 일은 뜻대로 되기 어렵다. 왜냐하면 자식을 사랑하면서 키우는 문제는 묘하기 때문이다.

봄볕에는 며느리를 내놓고 가을볕에는 딸을 내놓는다고 한다. 봄볕은 살갗을 태우고 푸석푸석하게 하지만 가을볕은 살갗을 윤이 나고 토실토실하게 하기 때문이다. 내 딸은 귀하고 남의 딸은 헐하다고 여겨도 되는 것인가. 귀한 딸이 시집을 가면 남의 집 며느리가 되는 법이다. 그렇다면 놀게 할 것이 아니라 일하는 법을 터득하도록 가르치는 편이 더 좋을 것이다. 사랑하는 아들딸일수록 더 열심히 일을 하게 하여 홀로 살아갈 수 있는 능력을 갖추게 하는 편이 더 현명하다. 그래서 유태인들은 아이에게 고기를 주지 않고 고기를 잡는 법을 가르치라고 했다. 이러한 생각은 이미 공자께서도 다음처럼 밝혀 두었다. "사랑한다고 힘든 일을 시키지 않을 것인가." 자식이 힘들게 크면 효자가 되고 편하게 크면 망나니가 된다는 말이 있지 않은가.

사랑한다고 힘든 일을 시키지 않을 수 있을 것이며 충성을 다한다고
깨우쳐 주지 않을 수 있을 것인가. 이렇게 공자께서 밝혔다.

子曰 愛之 能勿勞乎 忠焉 能勿誨乎

(6) 놀부와 졸부

놀부는 남이 잘되는 것을 못 보는 인간이다. 사촌이 논을 사면 배가
아프다는 속담이 생겨난 것으로 보아 세상에는 남이 잘되기를 바라는
흥부형의 인간보다는 남이 안 되는 것을 고소해 하고 남이 잘되면 배
아파하는 놀부형의 인간들이 더 많은 모양이다.

이러한 놀부를 오늘날에는 졸부라고 불러도 된다. 돈 이외의 것은
아무것도 믿지 않는 졸부는 놀부처럼 심술을 부리는 것으로 만족하지
않는다. 호주머니에 남보다 현금이 많다는 것 하나 가지고 세상을 정
복이라도 하듯이 거드름을 피우며 돈이 없으면 사람도 아니라고 호언
하면서 돈벌이를 위해서라면 목숨을 걸고 침을 흘린다. 그리고 힘들
여 번 돈을 왜 남을 위해서 쓰느냐고 공언하면서 돈이 없으면 길거리
에 나가 거지가 되라고 험담한다.

개미처럼 일해서 부자가 된 사람은 겉으로 자신을 드러내지 않는다.
남부럽지 않게 살면서도 남들이 부러워하도록 자신을 과시하지 않는
다. 열심히 일해서 수입을 올리고 알맞게 쓰고 남으면 저축하는 부자
는 보기에 좋다. 은행에 저축을 해 놓은 돈은 결국 남을 위해서 쓰이
고 얼마의 이자가 붙는 것은 돈의 사용료일 뿐 돈 놓고 돈 먹는다고
아우성치는 도박의 판돈 같은 것은 아니다. 그러나 졸부들은 땀흘려
일하는 쪽보다 투기나 요행만을 노린다. 그러다가 운이 맞아 한탕 하

면 그 돈을 사채로 굴려 턱없이 높은 이자를 받고 또 그 이자로 불로소득을 올리고 탈세를 한다. 그렇게 모은 돈이기에 제 몸 하나 편하고 호사하는 데만 돈을 물 쓰듯이 뿌리고 오만 건방을 다 떤다. 이 얼마나 놀부다운가.

게으른 가난뱅이는 굶어도 싸지만 열심히 일을 하는데도 가난을 벗어나지 못하는 경우는 마음을 아프게 한다. 부지런히 일을 해도 가난한 것은 그 사람 탓이 아니라 세상 탓일 게다. 그러나 가난이 몸에 붙어 있음을 한탄하면서 세상을 저주하고 막가는 인생을 사는 사람은 가난뱅이 졸부에 불과할 뿐이다. 왜 나는 가난한가? 이렇게 묻고 내가 게을러서 그렇다고 자인하는 사람은 살기는 궁할지언정 가난 탓을 하면서 청승을 떨지는 않는다.

그러나 가난의 궁기는 참으로 참기 어렵다. 가난이 도둑을 만드는 경우는 그래서 생긴다. 별의별 범죄는 가난으로 인해 일어난다. 그러나 가난이 죄는 아니다. 다만 고생일 뿐이다. 공자는 이러한 고생을 원망하지 않기는 어렵다고 말했다. 이 말을 누가 부인할 것인가.

하지만 공자께서 부자가 교만을 떨지 않기는 쉽다고 한 말은 받아들이기 어렵다. 부자랍시고 교만을 떨수록 가난에 찌든 사람들은 겹겹이 가난을 느껴야 한다. 그래서 이 세상 졸부들의 교만을 보면 기가 막힌다. 허세, 허영, 사치, 과소비 등은 누가 뿌리는 씨앗들인가. 거의 졸부들이 뿌리는, 기분을 잡치게 하는 씨앗들이다. 언제쯤에나 더럽게 번 돈이라면 차라리 없이 사는 편이 낫다는 생각을 하게 될까? 그런 날이 온다면 부자가 교만을 떨지 않기는 쉽다고 한 공자의 말씀이 맞을 것이다.

🌱 **공자의 말씀**

가난하면서 원망하지 않기는 어렵지만 부자이면서 교만하지 않기는 쉽다고 공자께서 말했다.

子曰 貧而無怨難 富而無驕易

(7) 김구와 이승만

제2차 세계 대전이 끝나면 일본이 망할 것이고 그러면 잃었던 나라가 광복되리라는 생각을 김구와 이승만은 다같이 하고 있었다. 그러나 나라가 광복된 뒤에 어떻게 운영해야 한다는 생각은 서로 달랐던 모양이다. 김구는 민족을 먼저 생각했고 이승만은 나라의 경영을 먼저 생각했던 것이다. 김구의 생각은 이상적이었고 이승만의 생각은 현실적이었다.

광복의 이상은 민족이 하나로 뭉치는 것이었지만 광복의 현실은 남북을 가른 3·8선이 그어지게 했다. 승전국이 된 강대국들이 자신들의 입맛대로 그어 놓은 3·8선이 지워질 리 없다고 이승만은 믿었고, 김구는 우리와는 상관없이 그어진 줄이니 우리가 지워야 한다고 믿었던 셈이다. 정치 감각으로는 이승만이 앞서 있었지만 민족의 감정으로 보면 김구가 언덕을 알고 있었다. 나라가 기댈 수 있는 언덕이란 국민밖에 없다. 그 국민이 단일 민족으로 이루어진 집단이라면 그 집단의 감정을 고려해서 나라를 생각해야 한다고 김구는 믿었다. 그래서 남북을 넘나들면서 하나의 나라를 이룩하려고 노심초사했다.

그러나 이승만은 나라의 언덕을 달리 생각했다. 어차피 신생 국가는 국제 역학의 상관관계로 시작된다는 냄새를 풍겼던 이승만은 미(美) 군정으로부터 의심을 덜 받았다. 반면에 조선 총독부에서 무서운 테

러리스트로 점찍어 놓았던 김구는 미 군정에서도 철저한 민족주의자로 낙인이 찍혔다. 미 군정은 그나마 덜 의심스러운 이승만을 주목했고, 총독부가 남긴 쓰레기들인 친일파들은 김구가 무서워 이승만의 졸개가 되기를 간청하기에 이르렀다. 이승만은 교묘하게 모른 척 친일파를 안아 들였지만 김구는 단호하게 민족의 자립을 외치면서 친일파의 척결을 공언했다. 광복 당시 민족 감정의 분위기로 보아 김구는 정도를 걷고 있었고 이승만은 그 정도를 벗어나 있었다.

하지만 정도를 걸었던 김구는 비명에 쓰러졌고 정도를 거슬러 현실적으로 임했던 이승만은 두 동강이 난 나라를 만들어 일국의 대통령이 되었다. 누가 뭐라 해도 이승만은 농간과 술수를 부려서 정치의 패권을 잡았고 김구는 정도를 걸어서 그 패권을 잡는 데 실패했다. 돌이켜보면 이승만은 진 나라의 문공처럼 느껴질 때가 많고 김구는 제 나라의 환공(桓公)처럼 보여질 때가 많다. 그러나 환공은 정도를 걸으면서도 실패하지 않았지만 김구는 실패했으니 안타깝기만 하다. 춘추전국 시대 제 나라 환공은 농간과 술수를 쓰지 않고 정도만 걸으면서도 정치의 패권을 잡았다니 환공은 그 운이 하늘에 닿았던 모양이다.

🌱 공자의 말씀

진 나라 문공은 술수만 부리며 바른 길을 걷지 않았지만 제 나라의 환공은 바른 길을 걸으면서도 농간은 부리지 않았다고 공자께서 밝혔다.
子曰 晉文公譎而不正 齊桓公正而不譎

(8) 한 노인의 항의

모 고등학교의 교무실에서 일어난 일이다. 하루는 허술한 옷차림을 한 노인이 교무실 안으로 들어와 손자의 학년과 학급을 대면서 담임 선생님을 찾아왔다고 했다. 그러나 담임 선생은 종례를 하느라고 자리에 없었다. 찾아온 노인은 빈자리 옆에 공손히 서 있었다. 다른 선생들이 옆 의자에 앉으라고 아무리 권해도 그냥 서 있기만 했다. 한 선생이 이유를 묻자 노인은 손자의 선생님을 뵈러 와서 앉아 있으면 되겠느냐고 나지막한 목소리로 알렸다. 주변 선생들이 그 노인을 다시 주시했다. 백발이 성성한 그 노인의 늠름하고 태연한 모습에 선생들은 모두 기를 죽이고 있었다.

담임 선생이 들어오자 다른 동료 선생이 그 노인을 소개시켰다. 그 노인은 아무개 학생의 할아버지라고 자기를 소개한 다음 공손히 인사를 나누고는 알릴 말씀이 있어서 찾아왔노라고 그 사정을 담임 선생께 알렸다. 옆 의자에 앉으라고 담임이 권하니 담임부터 먼저 앉으라는 시늉을 한 다음 담임 선생이 제자리에 앉자 그 노인도 따라서 앉았다. 그리고 그 노인은 다음처럼 찾아온 이유를 도란도란 담임 선생께 알려주었다.

"어제 손자 녀석이 집에 와서 말 한마디도 않고 침울해하면서 밥도 먹지를 않았습니다. 그래서 왜 그러냐고 물었더니 손자가 어렵게 입을 열었습니다. 담임 선생께서 거만하고 건방지다면서 뺨을 때리고 망신을 주었다고 했습니다. 선생이 묻기에 마음속에 있는 대로 말씀을 드렸더니 거짓말까지 하느냐면서 심한 꾸중을 했노라고 했습니다. 왜 선생께 그런 몸가짐을 했느냐고 꾸중을 하니 할아버지께서 하라는 대로 했더니 그렇게 되었다고 했습니다. 선생님, 제 손자가 초등학교에 들어갈 무렵 제 무릎 위에 앉혀 놓고 선생님이 무엇을 물으시면 외면하지 말고 곧바로 서서 선생님의 눈을 마주보면서 마음속에 있는 대로 사뢰어야 한다고 가르쳤었습니다. 마음속에 감출 것이 없는 사람은 남의 말을 외면하면서 듣지 않는다고 가르쳤습니다. 그러한 가정교육 때문에 손자가 선생님을 정면으로 바라보면서 대답을 했을 뿐입니다. 선생님께 불손해서 그렇게 한 것이 아니라 정직하게 말씀드리려고 제 손자가 그렇게 했습니다. 그러니 제 손자가 건방지고 거짓말쟁이가 아니라는 것을 살펴 주시기 바랍니다. 여기까지 찾아와서 죄송합니다."

이렇게 말을 마친 그 노인은 일어서서 담임 선생께 다시 공손히 절을 했다. 담임 선생의 얼굴은 하얗게 달아올라 있었다. 총총히 일어나 그 노인을 배웅한 다음 자리에 앉으려는 순간 그 노인이 황급히 다시 들어와 담임 선생의 귀에 대고 낮은 목소리로 "제가 다녀갔다는 것을 제 손자가 몰랐으면 좋겠습니다."라고 부탁을 했다. 담임 선생은 "알겠습니다."라고 하면서 어렵게 미소를 지으며 자신을 부끄러워했다고 한다.

🌿 공자의 말씀

자신이 한 말이 부끄럽지 않음은 마음속에 떳떳함이 있다는 것이다. 따라서 그런 훌륭한 말을 실천하기란 쉽지 않다고 공자께서 말했다.

子曰 其言之不怍 則爲之也難

(9) 포장하는 사람들

보기 좋은 떡이 먹기도 좋다면서 사람들은 물건만 보기 좋게 포장하는 것이 아니라 자기 자신도 보기 좋게 포장하려고 한다. 여인이 아름답게 보이려고 몸매를 가꾸고 맵시 있는 옷을 입고 얼굴 화장을 하는 것은 옛날이나 지금이나 다름이 없다. 사람의 눈은 아름다움을 추구하고 마음은 그 아름다움을 사랑한다. 본래 아름다움이란 선한 것이며 옳은 것을 말한다. 선함과 옳음을 돋보이게 하려고 하는 것은 인간을 존엄하게 한다.

그러나 현대인들은 몸은 꾸밀 줄은 알아도 마음은 가꿀 줄은 모른다. 몸매를 멋지게 꾸미려고 온갖 운동을 하고 몸에 좋다는 보약이란 보약은 다 먹어 치우지만 정작 마음이 허약한 것에 대해서는 염두에 두지 않는다. 마음에 좋은 보약이란 무엇일까? 바로 위기(爲己)일 것이다. 위기는 나를 내가 되게 하는 것이다. 그것은 '나는 나'라는 것을 말한다. 즉 나를 끊임없이 확인하는 것이다. 그러므로 나를 닦는 것[修己]의 실천이 곧 위기(爲己)인 셈이다. 몸이 튼튼하고 마음도 튼튼해야 참으로 건강한 사람이다. 몸만 튼튼하고 마음이 허약하면 깡패처럼 되는 법이다. 깡패가 주먹의 힘만 믿고 천방지축으로 못된 짓을 하는 이유는 어디에 있는가? 깡패는 선한 것과 올바른 것을 몰라서 그런 망나니짓을 하고도 부끄러워할 줄을 모른다. 이처럼 위기를 멀리하면 사람은 거칠어지고 잔인해지며 또 속이는 짓을 하면서도 태연해진다.

현대인은 자신을 닦는 데는 게으르면서도 자신을 남에게 알리는 데는 아주 열심이다. 내가 나를 과대 포장해서 남들에게 알리는 것을 위인(爲人)이라고 한다. 위인은 내가 나를 남들에게 팔고 싶어하는 마음에서 나온다. 이러한 마음이 인기라는 것을 불러온다. 오늘날을 스타의 시대라고 말하기도 한다. 누구나 스타가 되고 싶어하기 때문이다. 옛날에는 한 시대의 영웅은 하나라고 여겼지만 지금은 너도나도 영웅이 되려고 한다. 그래서 너나 나나 할 것 없이 모두 나름대로 영웅 심리에 걸려 몸 둘 바를 모른다.

이렇게 이름을 파는 명사들이 줄을 잇고 명성의 높낮이로 사람을 재단하려는 풍토가 만연되다 보니 위기(爲己)는 위기(僞己) 증세를 보이게 된다. 위기(僞己)는 내가 나를 속이고 나아가 남을 속이는 것을 말한다. 왜 이러한 위기(僞己)가 생기는 것일까? 남들에게 나를 과대하게 선전하고 싶은 사람의 욕심 때문이다. 이러한 욕심을 자가발전(自家發電)이란 말로 농하기도 한다. 위기(僞己)는 자가발전의 질을 높이려 하고 위인(爲人)은 자가발전의 양을 올린다. 한 근 정도 나가는 나를 열 근이 나가게 포장을 하는 것은 자가발전의 양을 높여서 남들이 나를 알아보도록 밝게 자기를 과대 광고하는 꼴이 된다. 그래서 현대인은 날마다 가슴에 용량이 턱없이 넘치는 발전기를 달고 세상에 나가는 셈이다. 그 결과 사람이 사람을 제대로 알아보기 어렵게 되었고 세상은 거짓투성이의 밀림처럼 아우성이다. 공자의 시대에도 지금과 다를 바가 없었던 모양이다. 배우려는 사람들은 자신을 남에게 알리려고만 힘쓸 뿐 자기를 닦는 데는 소홀하다고 한탄하는 공자의 말씀에서 그러한 점을 읽을 수 있다.

🌱 공자의 말씀

옛 사람들의 배움은 자기를 닦는 데 있었지만 지금 사람들의 배움은 남에게 알리려는 데 있다고 공자께서 비판했다.

子曰 古之學者爲己 今之學者爲人

(10) 송충이는 솔잎만 먹고

남에게 해를 끼치지 않는 사람을 곡식에 제비 같은 사람이라고 한다. 제비는 벌레만 먹지 낟알은 먹지 않는 까닭이다. 제 할 일이 아닌데도 하다가 험한 꼴을 당하거나 제 능력에 부치는 일에 손을 댔다가 큰코다치는 경우가 세상에는 많다. 그러면 사람들은 송충이는 솔잎을 먹어야 한다고 입방아를 찧고 빈정댄다. 저마다 제 할 일이 있게 마련이다. 제 할 일에 성실하고 신용을 얻는 사람들은 남의 일에 배 놓아라 밤 놓아라 하지 않는다. 제사상을 차리는 데 집사가 많으면 상차림은 엉망이 되고 사공이 많으면 배가 산으로 올라간다는 것을 다 알면서도 남의 일에 간섭을 하지 못해 안달을 떠는 사람들이 세상에는 의외로 많다. 남의 말을 하기 좋아하는 사람들은 칭찬에는 인색하면서도 험담이 가을 낙엽처럼 입술에서 뒹굴게 한다.

말이 많은 세상에서 입조심보다 더 중한 것은 없다. 말 한마디 잘못으로 천추의 한을 남길 수도 있고 생목숨을 앗길 수도 있다. 이는 남의 말을 하지 말 것이며 남의 일에 함부로 간여치 말라는 것을 일깨우게 한다. 만약 사람을 믿는다면 남의 말을 하지 않을 것이고 남의 말꼬리를 물고늘어지는 추한 꼴도 범하지 않을 것이다.

목수가 할 일에는 목수가 제일이고 물건을 파는 일에는 장사꾼이 제일이다. 모든 일이 다 그렇다. 계장이 해야 할 일을 과장이 앞서서 하면 계장은 일손을 놓고 빈둥거리면서 입질만 늘어가게 마련이다. 일국의 대통령이 꼭두새벽에 어느 동사무소에 불쑥 나타나 사무를 잘 보느냐고 물은 일이 신문에 나온 적이 있었다. 누가 만약 그 일을 두고 부지런한 대통령이라고 칭송했다면 그는 하나를 얻을지는 모르지만 열 개를 잃는 이치를 모르고 하는 칭송일 것이다. 동장이 할 일을 대통령이 해 버리면 동장은 대통령이 되는 셈이고 송충이가 갈잎을 먹고 제비가 벼이삭을 쪼는 꼴과 같아질 수도 있다.

🌿 공자의 말씀
그 지위에 있지 않다면 그 지위에 따르는 일에는 발언하거나 간섭하지 말아야 한다고 공자는 밝혔다.

子曰 不在其位 不謀其政

자공은 남들을 비교하여 자주 입방아를 찧었다. 이에 대해 공자는 이렇게 둘러 일침을 놓았다. "자공은 현명해서 저렇겠지. 나에게는 그럴 틈이 없다."

子貢方人 子曰 賜也賢乎哉 夫我則不暇

(11) 군자가 걷는 세 갈래 길

군자는 삶의 길을 세 갈래로 겹쳐서 한 길로 걸어간다. 어진 것[仁者]이 그 하나의 길이고 지혜로운 것[知者]이 그 하나의 길이며 용감한 것[勇者]이 그 하나의 길이다.

어진 사람은 걱정이나 근심을 하지 않는다. 모든 사람을 제 몸처럼 아끼고 모든 사람을 제 수족처럼 믿는데 무엇을 걱정할 것이며 무엇을 근심할 것인가. 어진 마음에는 선은 택하고 악은 버린다는 이분법은 없다. 선하면 환호하고 악하면 용서하여 선하게 한다. 그러니 선만 있을 뿐이다. 맑은 물에서는 고기도 살지 못한다는 말처럼 어진 것은 모든 목숨이 잘살게 마음을 쓸 뿐이다. 사람을 해롭게 하는 것은 불인(不仁)이고 여타의 다른 생물에게 해롭게 하는 것 또한 불인이다. 도둑은 제 발에 놀라 움찔하고 때린 놈은 발을 펴고 자지 못한다는 것은 남에게 못할 짓을 범한 탓이다. 남에게 해롭거나 못할 짓을 범하지 않는 어진 마음이 무엇을 걱정할 것인가.

지혜로운 사람은 의심하지도 않고 의심을 받지도 않는다. 혹 떼려다 혹 붙이는 사람은 기는 놈 위에 뛰는 놈 있고 뛰는 놈 위에 나는 놈이 있음을 몰라서 당한다. 제 꾀만 믿고 잔꾀를 부리다 당하는 것 또한 같은 경우이다. 지혜로운 사람은 꾀를 부리거나 요행을 바라거나 행운을 바라지 않는다. 해야 할 일에 부딪히면 온 힘을 다해서 하고, 하지 말아야 할 일이면 단호하게 멈춘다. 지혜로운 사람은 아는 것을 안다 말하고 모르는 것을 모른다고 말하는 사람이므로 몰라서 탈을 내는 어리석음을 범하지 않는다. 약고 영악하기 때문이 아니라 될 일인가 안 될 일인가를 분명히 알아서 몸과 마음을 쓰기 때문에 항상 밝고 맑고 깨끗할 뿐이다. 그래서 현자는 불혹(不惑)하다고 말하게 된다.

용감한 사람은 두려워하지 않는다. 담력이 크고 완력이 있어야 용감한 것은 아니다. 해야 할 일과 하지 말아야 할 일을 가릴 줄 알고 할 일이면 서슴없이 하고 못할 일이면 목에 칼이 들어와도 하지 않는 자가 용감한 사람이다. 임금에게 충실한 신하는 두 임금을 섬기지 않는다고 함은 선비의 용감한 성질을 말한다. 달면 받아들이고 쓰면 뱉는 사람은 약고 영악할 뿐이어서 비굴하기만 할 뿐 용감하게 처신할 줄은 모른다. 신숙주를 두고 왜 숙주나물이라며 세조 때의 백성들이 입방아를 찧었겠는가. 불에 달군 쇠꼬챙이로 허벅지를 지지는 고문에도 아랑곳하지 않고 태연하게 할 말을 다 했던 유응부를 왜 용감한 무인이라고 했겠는가. 옳음〔義〕을 위해서라면 목숨을 바치고 그름〔不義〕을 막기 위해서라면 목숨을 바치는 자를 용자(勇者)라고 한다. 그래서 용자는 두려워하지 않는다.

이처럼 군자는 근심하지 않는 길을 걷고 의심하지 않는 길을 걸으며 두려움이 없는 길을 걷는다. 이 세 갈래의 길을 걷는 군자라면 모든 사람의 길잡이가 되고도 남는다. 사람과 삶을 사랑하므로 걱정하지 않으며 사람과 삶을 사랑하므로 의심하지 않으며 사람과 삶을 사랑하므로 두려워할 것이 없다는 사람을 군자라고 부른다. 물론 세상 사람들이 모두 이러한 군자가 될 수는 없을 것이다.

그러나 그러한 군자를 알고 사는 사람과 모르고 사는 사람은 분명 다르게 사람을 대하고 삶을 대하게 된다. 군자의 모습을 마음속에 그리며 사는 사람이라면 군자가 걷는 세 갈래의 길을 알면서도 제대로 실천하지 못한 자신을 안타까워하는 공자의 심정을 헤아릴 수 있을 것이다.

🌿 공자의 말씀

군자의 길은 세 갈래가 있다. 나는 그 세 갈래의 길 중에서 하나도 제대로 걷지를 못했구나. 어진 사람은 걱정하지 않고 지혜로운 사람은 의심치 않으며 용감한 사람은 두려워하지 않는다. 이렇게 공자가 술회하자 자공은 선생께서 겸손하시어 그렇게 말씀하시는 것이라고 말했다.

子曰 君子道者三 我無能焉 仁者不憂 知者不惑 勇者不懼 子貢曰 夫子自道也

(12) 못난 사람

핑계를 대는 사람도 못난 사람이고 변명을 늘어놓는 사람도 못난 사람이다. 핑계를 대는 것은 남에게 내가 나를 속이고 있다는 것을 내놓고 드러내는 짓이니 시궁창에 빠진 생쥐꼴이 되기 쉽고, 변명을 늘어놓는 것은 상대에게 억지로 동정을 구하는 셈이니 한 푼 달라고 애걸하는 거지꼴이 되기 쉽다. 이처럼 자신을 업신여기게 하는 짓은 못난이의 짓이다. 그러나 세상에서 제일 못난 사람은 무엇이 잘되면 내 덕이고 무엇이 글러지면 남의 탓으로 돌리려고 하는 뻔뻔한 사람들이다.

뻔뻔한 사람은 남들이 자기를 몰라준다고 아우성을 친다. 알량한 자기 능력을 과신하면서 세상이 자기를 몰라준다고 한을 품는다. 이처럼 아우성과 한을 품는 것은 욕심에 미쳐 그렇게 되는 경우가 많다. 그렇게 미쳐 버리게 되면 세상은 그를 허풍쟁이로 따돌려 놓는다. 왜 세상이 자기에게 등을 돌리는지 이유를 살펴 바로 자신에게 원인이 있음을 알아내기 전에는 그 허풍쟁이 병은 고쳐질 수 없다. 그렇지 않고 열심히 묵묵히 자기가 해야 할 일을 하는 사람은 일이 잘되면 운이 좋은 것이고 일이 잘못되면 자기 정성이 모자라 그렇게 되었노라고 하며 겸손해 한다. 이런 사람은 보이지 않는 곳에서 향기로운 꽃을 피우는 이름 모를 풀과 같다.

그러나 그 향기는 바람에 날려 세상 사람들의 숨 속으로 들어가 성실한 사람은 저절로 세상이 알게 된다. 자신을 알아달라고 애걸하지 않음에도 세상은 알아서 그를 귀하게 여기지만 알아 달라고 애걸하는 사람에게 세상은 등을 돌린다. 세상은 항상 바른 길을 향해 간다고 믿어도 좋다. 세상이 썩은 것이 아니라 사람들의 마음이 썩어서 세상을 썩었다고 할 뿐이다. 자신의 무능함을 모르면 마음은 당장에 부패하기 시작하고 자신의 무능함을 알면 마음은 싱싱해진다. 이러한 비밀을 아는 사람은 세상을 탓하지도 않으며 남들이 자기를 몰라준다고 게거품을 물지도 않는다.

🌿 공자의 말씀

남이 나를 몰라준다고 걱정하지 마라. 나의 무능함을 걱정하라. 이렇게 공자께서 충고했다.

子曰 不患人之不己知 患其不能也

(13) 어리석은 사람

어리석은 사람은 저만 생각하고 현명한 사람은 남의 입장을 생각한다. 내가 저 사람의 입장이 된다면 어떻게 할지를 고려해서 생각하고 행동한다. 그래서 현명한 사람은 남에게 사과하는 경우가 없다. 그러나 어리석은 사람은 제 생각대로 일을 저질러 놓고 그 일이 어긋남을 뒤늦게 알아차리고서야 잘못했다고 손을 빈다. 일에는 시비가 있게 마련이다. 옳은 일이면 하고 그른 일이면 하지 말아야 하는 것이 시비의 판단이다. 현명하다는 것은 이러한 판단에 잘못이 없음을 말한다.

폭군 연산군을 몰아낸 반정(反正)에 공을 세워 영의정이 되었던 성희안(成希顔)은 소탈한 성품이었고 조정의 일을 구차스럽게 하는 것을 좋아하지 않았다. 이러한 성희안이었지만 남에게 굽힌다든지 남의 과실을 용서할 줄 몰랐고 성미가 급해서 걸핏하면 핏대를 세우고 성질을 부렸다. 남에게 깐깐하고 괴팍한 성미는 결국 그의 소탈한 성품을 깎아내렸을 뿐이다. 그러나 이처럼 남에게 괄괄했던 성희안도 자신에게만은 너무나 관대했던 모양이다. 성희안이 죽었을 때 여자를 너무 밝히다 수를 다하지 못했다는 입질이 장안에 그득했다고 한다. 현명한 사람은 먼저 자신에게 엄하다. 자신에게 엄한 사람은 본래 계집질 따위는 하지 못하는 법이다. 정욕을 억제하는 것이 시(是)이고 정욕을 탕진하는 것은 비(非)라고 현명한 사람은 판단한다. 죽고 나서 뒷말을 더럽게 남긴 성희안은 현명한 사람이 아니었던 모양이다. 특히 사문(斯文) 정붕(鄭鵬)에게 당한 이야기를 들어보면 성희안은 오히려 어리석은 정승이었다. 정붕은 연산군 때 홍문관 교리의 벼슬을 했다. 그에게는 성미가 강하고 남에게 구속되기를 싫어했던 기품이 있었다. 그 탓에 폭군 밑에서 바른 말을 하여 곤장을 맞고 귀양살이를 하게 되었다. 반정이 일어나 연산군이 물러간 다음 벼슬을 하라고 조정에서는 졸랐으나 그는 끝내 거절했다. 벼슬을 해 보니 벼슬이란 것은 할 것이 못된다고 판단을 내린 까닭이다. 조정에서 한가한 고을의 부사로 임명했을 때야 정붕은 그것을 받아들였다.

정붕이 고을 부사로 있을 때 성희안이 붕에게 서신을 보냈다. 영의정이 된 성희안과 정붕은 젊어서 가까이 지냈던 터였다. 성희안은 편지에 안부를 묻고는 잣과 꿀을 보내 달라고 청을 달았다. 아마도 성희안은 계집질에 탕진한 정욕을 북돋고 싶었던 모양이다. 그 당시 희안은 평양 기생 신가(申哥)와 놀아나 정욕을 지나치게 낭비하고 있던 참이었다. 이에 희안의 편지를 받아 본 정붕은 다음처럼 답신을 보냈다. "잣은 높은 산마루에 있고 꿀은 민가의 벌통에 있는데 부사로 있는 내가 무슨 수로 얻는단 말이오."

이러한 붕의 답신을 받은 성희안은 그제서야 자신의 부끄러움을 알아차리고 후회한 다음 붕에게 사과했다. 현명한 사람은 이러한 짓을 하지 않는다. 현명한 사람은 일의 시비를 직감적으로 아는 까닭이다.

🌿 공자의 말씀

남이 자기를 속이지 않는데 미리 앞서서 경계하거나 남이 자기를 의심하지도 않는데 의심하지는 않나 하고 억측하는 일이 없어도 막상 일을 당하면 직감으로 무엇이 옳고 그른가를 깨닫는 사람은 참으로 현명한 사람이라고 볼 수 있을 것이다. 이렇게 공자께서 밝혔다.

子曰 不逆詐 不億不信 抑亦先覺者 是賢乎

(14) 우물 안의 박사들

요즘 세상에는 별의별 박사(博士)들이 많다. 박사는 학문을 널리 알고 깊게 안다는 말이지만 오늘날에는 그러한 박사는 없다는 착각이 들 때가 적지 않다. 명함에 박사 꼬리를 달고 있는 사람들과 말을 나누다 보면 앞뒤가 꽉 막힌 벽창호란 생각이 들 때가 허다하다. 그런 것도 모르냐고 면박을 주면 감히 박사한테 무엄하다는 듯이 눈초리를 늘어뜨리면서 박물학(博物學)의 박사가 아니라 전공 분야의 박사라고 반격을 가한다. 그렇다면 박사란 말 대신에 전사(專士)란 말을 만들어 써야 할 것이 아닌가.

의학박사(醫學博士)를 만나면 병에 관해서만 대화를 해야 한다. 공학박사(工學博士)를 만나면 공학에 관해서만 이야기를 해야 한다. 문학박사(文學博士)를 만나면 문학에 관한 이야기만 해야 신이 난다. 이처럼 박사들은 칭호 앞에 붙은 전문 분야에 관해서만 좀 깊이 알고 있을 뿐이다. 그렇다면 박사란 코끼리를 만지는 봉사와 다를 바가 없다. 코끼리의 코만 만지는 봉사는 코끼리의 코밖에 모를 것이고 꼬리를 만지는 봉사는 꼬리만 알고 발을 만지는 봉사는 발만 아는 꼴이 되어서 코끼리 전체를 알지 못한다.

사람이 사는 세상이란 한 마리의 코끼리와 같다. 코만 알아서도 안다고 할 수 없고 꼬리만 알아서도 안다고 할 수 없다. 나무만 볼 줄 알고 숲을 볼 줄 모르면 안 된다는 것이 공자가 말하는 학문주의(學文主義)이고 이러한 학문을 위해 공자는 예악위주(禮樂爲主)를 앞세웠던 것이다. 학문주의든 예악위주든 모두 덕을 닦는 데 으뜸을 두어야 한다고 공자는 밝힌다.

세상이란 한 그루의 나무가 아니라 수만 가지의 나무가 서로 어울려 있는 숲과 같다. 우물 속에서 내다본 하늘은 손바닥만 하다. 그렇다고 하늘이 손바닥만 하다고 믿으면 우물 안 개구리가 되고 마는 법이다. 우물 안 개구리가 되지 않으려면 넓은 대지로 나와 무수한 것들을 끊임없이 깨우치고 덕을 쌓고 고난과 훈련을 쌓아야 명실공히 박사란 말을 들을 수 있는 것이 아닌가. 박사들이 우물 안 개구리가 되어 전문 분야에서 골목대장이 된다고 한들 목에 힘줄 것은 없다.

🌿 공자의 말씀

준마는 힘 때문에 칭찬 받는 것이 아니다. 조련이 잘된 보람으로 칭찬 받는 것이다. 이렇게 공자께서 말했다.

子曰 驥不稱其力 稱其德也

(15) 노자와 공자

천지를 하나로 보느냐 수만 갈래로 보느냐에 따라 생각이 달라질 수 있다. 노자는 만물을 싸 놓은 천지(天地)라는 보따리를 보려 했고 공자는 만물을 풀어놓은 세상(世上)이라는 보따리를 보려고 했다. 만물의 천지 보따리를 무엇이 싸 놓았단 말인가? 도가 그렇게 했다는 것이다. 이것이 노자의 해명이다. 만물의 세상 보따리를 무엇이 풀어놓았단 말인가? 인간이 그렇게 했다는 것이다. 이것이 공자의 해명이다.

천지라는 보따리를 노자는 자연이라 했고 세상이라는 보따리를 공자는 문화라 했다. 자연은 싸 놓은 채로 가만히 있는 보따리일 뿐이라고 노자는 밝힌다. 그래서 노자는 무위(無爲)를 앞세운다. 그러나 문화는 풀어놓은 그대로 있지 않고 인간을 위해서 상차림을 해야 한다고 공자는 주장한다. 그래서 공자는 인의(仁義)를 앞세운다. 노자는 그러한 인의를 인위(人爲)라고 비웃는다. 장자에 이르면 그 비웃음은 더욱 심해져 문화를 맹렬하게 비난한다. 장자는 자연은 소의 네 발과 같고 문화는 소의 코에 꿰여 있는 코뚜레와 같다고 비난한다. 덕을 갈고 닦아야 한다는 공자의 견해를 노자는 갈고 닦는 짓을 그만두어야 세상이 편안해진다고 말한다. 인(仁)을 주장해서 불인(不仁)이 생겨나고 의(義)를 주장해서 불의(不義)가 생겨나는 것이 아니냐고 노장(老莊)은 반문한다. 자연에는 선도 없고 악도 없으며 인의 또한 없다. 이처럼 사람들이 선악을 만들어 공연히 긁어 부스럼을 만들었을 뿐 있는 그대로의 자연은 편안할 뿐이라고 역설하는 노자나 장자는 문화인을 비웃는다.

세상살이가 왜 이렇게 고통스러운가? 사람들의 짓거리 때문이라고 노자는 말하고 있다. 자연이면 덕 아닌 것이 없다고 보는 노자는 원한을 덕으로 보답해야 한다고 주장한다. 그러한 주장이 곧 보원이덕(報怨以德)이다. 여기서 원이란 무엇인가? 인간의 것이요, 문화요, 역사요, 나아가 인위에서 오는 것들이다. 또한 덕이란 무엇인가? 자연의 것이요, 무위에서 오는 것이다. 그러므로 노자의 보원이덕은 인간의 것을 버리고 자연으로 돌아가라는 말이 된다. 그렇게 돌아가는 것이 만물을 이롭게 하는 덕으로 돌아가는 것임을 말하고 있는 것이다. 이처럼 노장의 사상은 덕은 자연의 것이며 만물은 다 같다는 대일사상(大一思想)을 지니고 있지만 공자가 말하는 덕은 인간을 이롭게 하는 인간의 것이다. 이러한 덕을 인간이 닦아야 한다고 공자는 주장한다. 그렇게 해야 인간은 다른 만물과는 다른 존재가 될 수 있다는 것이다. 이것이 곧 공자의 인간사상(人間思想)이다.

어떤 사람이 공자께 보원이덕이 가능하냐고 물었다. 그러자 공자는 마음으로 원한을 풀어야 한다[以直報怨]고 말씀하셨다. 여기서 직(直)

이란 사람의 마음을 말하기도 하고 삶을 말하기도 한다. 삶은 곧아야 하고 마음 역시 곧아야 세상이 바르게 된다. 그래서 직은 정(正)으로 통하고 적은 다스림인 정(政)으로 통한다. 인간이 자신을 바르게 다스린 다음 세상을 바르게 다스리면 삶의 원한은 없어진다고 믿는 공자의 이상을 누가 거부할 것인가. 그러므로 공자는 인간을 떠나 자연으로 돌아가기〔報怨以德〕보다 덕은 덕으로 갚아야 한다〔報德以德〕는 것을 앞세우게 된다. 앞과 뒤의 덕은 무엇일까? 앞의 덕은 사람을 편하게 하고 이롭게 하는 것이고 뒤의 덕은 바르게 다스리는 정치(政治)의 덕을 말하고 있는 셈이다. 덕으로 다스리는 세상에 무슨 원한이 쌓일 것인가. 세상이 막막하고 옹색한 것은 부덕한 다스림이 창궐하는 까닭이 아닌가.

🌱 공자의 말씀

어떤 사람이 원한을 덕으로 갚는 것을 어떻게 보느냐고 물었다. 이에 공자는 이렇게 답했다. "그렇다면 덕은 무엇으로 갚을 것인가? 곧음으로 원을 갚아야 하고 덕으로 덕을 갚아야 한다."

或曰 以德報怨 何如 子曰 何以報德 以直報怨 以德報德

(16) 공자의 탄식

공자가 천하를 누비며 세상이 잘 다스려지는 법을 군왕에게 아무리 말해도 군왕들은 들어주거나 귀담아 두지 않았다. 오히려 자신의 조국에서는 밉보여 쫓겨나다시피 떠나야 했다. 왜 이렇게 공자는 당대에 푸대접을 받았을까? 공자의 말을 들으면 들을수록 자신을 부끄럽게 하는 경우만 생긴다고 군왕들이 여겼던 탓이고 벼슬에 군림하는 벌열(閥閱)들 역시 자신들이 얼마나 소인배의 무리인가가 들추어질 뿐이라고 여겼던 까닭이다.

공자가 밝히는 왕도의 정치는 군왕과 사대부를 위한 길이 아니다. 군왕과 사대부는 한 집안의 어버이처럼 백성의 어버이 노릇을 제대로 하라는 길이다. 백성 위에 군림하고 호령하면서 백성들의 삶을 고달 프게 조이고 힘을 앞세워 강하면 살아남고 약하면 죽거나 패해야 하는 패도(覇道)를 버리라고 일갈하는 길이 왕도이다.

공자가 터놓고 닦아 놓은 왕도의 길을 어느 치자가 걸어 본 적이 있는가? 거의 없다. 왕도에서 권력이란 머슴 등에 걸려 있는 지게와 같은 것이다. 백성의 무거운 짐을 왕과 사대부들이 짊어지고 가야 한다는 것이 공자가 말하는 왕도이다. 그러나 패도는 그 지게를 백성의 어깨에 지우고 왕과 사대부는 편안히 걸어가면서 백성들의 삶을 권력의 도구로 삼으려고 발버둥을 친다. 공자가 만난 군왕 중에서 그러한 지게를 손수 지겠다고 약속하고 실천한 군왕은 한 명도 없었다. 그래서 공자는 탄식한다. 당시에만 공자가 탄식한 것이 아니라 오늘날까지도 공자는 탄식한다. 지금 우리의 정치권도 여전히 패도를 밟으면서 권력을 휘둘러 백성을 조이고 입을 틀어막아 놓고 권좌의 뜻에 따라 세상을 주물러 대고 있는 중이다. 공자의 탄식은 곧 백성의 신음 소리인 것이다.

🌱 공자의 말씀

나를 알아주지 않는구나. 이렇게 공자께서 한탄하는 말을 들은 자공이 어찌 선생님을 알아주지 않는다고 말씀하시느냐고 위로했다. 이에 공자께서 이렇게 말했다. "하늘을 원망하지 않으며 사람도 탓하지 않을 것이다. 밑으로 배워 위로 통달했으니 하늘은 나를 알아주신 셈이다."

子曰 莫我知也夫 子貢曰 何爲其莫知子也 子曰 不怨天 不尤人 下學而上
達 知我者其天乎

(17) 미치광이를 자처한 매월당

인간 세상에서 삼촌이 조카를 죽이는 일이 있을 수 있을까? 대부분
은 이러한 물음을 할 수도 없고 할 필요도 없다고 여길 것이다. 그러
나 조선 시대의 궁궐 안을 들여다보면 그러한 질문을 던질 수 있다.
조카가 임금의 자리에 앉아 있는 것이 탐이 나 결국 임금의 작은아버
지가 조카를 내쫓고 그 자리에 자신이 차고앉은 일이 있기 때문이다.
이러한 일을 우리의 역사는 단종애사(端宗哀史)라고 한다.

세조는 단종의 자리를 빼앗은 다음 단종을 영월 땅 청령으로 귀양을
보냈다. 그러나 세조를 왕위에 오르게 공사한 벼슬아치들은 후환을
없애기 위해 단종을 처치하자고 세조를 졸랐다. 결국 세조는 마지못
해 조카의 목을 조르라고 명했다. 공을 위해서 사를 버린다고 했을 것
이다. 인륜으로 보면 개만도 못한 짓을 임금이 했던 셈이다. 인륜이
무너진 다음 정치가 어떻게 되리란 것은 불을 보듯 뻔하다. 이러한 세
상을 매월당 김시습은 이미 틀렸다고 판단했다. 이에 그는 벼슬길을
버리고 산하를 돌면서 미치광이 행세를 했고 돌팔이 중이란 말을 들
으면서 세상을 떠돌았다. 어지러운 세상을 매월당은 그렇게 피했던
것이다.

이와 같은 매월당의 마음을 모르는 세조는 한사코 그를 등용해서 벼
슬에 앉히려는 노력을 기울였다. 하지만 임금이 불러도 매월당은 응
하지 않았다. 불교를 숭상한 세조는 스님들이 매월당을 선생으로 모
시고 있었으니 더더욱 궁궐로 매월당을 불러들여 설법을 듣고 싶었던

모양이다. 할 수 없이 끌려오다시피 한 매월당이 궁궐의 사람들 틈에 앉게 되었다. 그러나 세조가 임금으로서 말을 하는 동안 견딜 수 없었던 매월당은 슬그머니 그 자리를 빠져나와 버렸다. 그러자 궁궐의 파수꾼들에게 매월당을 찾아오라는 엄명이 내려졌다. 포도청 사람들이 서울 장안을 누비면서 그를 찾았으나 찾을 수 없었다. 매월당은 이를 알고 여염집 변소의 똥통 속에 숨어 있었기 때문이다.

똥물을 뒤집어쓰는 한이 있더라도 난세를 피해 방랑 생활을 했던 매월당을 미치광이라고 흉볼 수 있는가? 그럴 수는 없을 것이다. 인류의 밑동이 흔들리는 난세에 벼슬을 해서 어쩐단 말인가. 현명한 사람은 난세에는 가만히 홀로 목숨을 연명하면서 해야 할 일이 있으면 스스로 한다. 매월당은 한강변에 버려진 사육신의 시신을 모아 묘를 만들어 봉안했다. 보복이 두려워 일가 친척도 내다보지 않았던 시신을 모아 사육신의 유택을 만들어 주었던 매월당은 분명 용자(勇者)였다. 현명한 사람은 두려워하지 않는다. 시비의 판단을 분명히 하여 할 일을 하되 하지 말아야 할 일은 하지 않는 까닭이다. 이렇듯 난세에서 해야 할 일이 없어서 떠돌이 방랑자가 되어 미친 행세를 하던 매월당에게 끝까지 남은 지인은 단 둘밖에 없었다. 아마 매월당이 정승이 되었더라면 너도나도 친하게 지내자고 끈을 넣었을 것이다. 이처럼 현자는 난세에는 항상 외로울 뿐이다.

🌱 공자의 말씀

현명한 사람은 난세를 피하고 그 다음 가는 사람은 난국을 피하고 그 다음은 헛된 모습을 피하고 그 다음은 험담을 피한다. 이렇게 말한 다음 공자는 이를 실천한 사람이 일곱 사람이 있었다고 덧붙였다.

子曰 賢者辟世 其次辟地 其次辟色 其次辟言 子曰 作者七人矣

(18) 5공의 소란

　3공의 권부(權府)는 하루 저녁에 쓰러지고 말았다. 대들보이자 주춧
돌이었던 박정희 대통령이 측근의 총탄에 맞아 쓰러지자 순식간에 어
마어마해 보이던 권부도 폭삭 눌러앉아 버렸다. 궁정동 비밀 요정에
서는 그렇게 큰 사건이 벌어지고 있었다. 독재를 하면 그 말로가 험하
다는 옛말은 거짓말이 아니다. 경제 개발이란 공을 세웠지만 힘으로
세운 권부는 망측하게 끝나는 모양이다.

　그 후 한 일 년 정도 3김(三金)이 서로 대권을 차지하겠다고 전국을
벌집처럼 드나들며 아우성을 쳤다. 하지만 결국 이름도 들어보지 못
한 어느 장성(將星)이 대권을 인수했고 그는 독재 정치에 종언을 고한
다는 반가운 말을 남겼다. 그러자 세상은 성난 벌떼처럼 여기저기서
일어났다. 광주에서 엄청난 일이 터졌지만 보도가 제대로 되지 않아
서울 장안에는 끔찍한 유언비어가 성난 폭풍처럼 불고 다녔다. 왜 세
상이 그 모양으로 뒤틀리고 꼬였던 것일까? 나라의 운이 없어서인가
아니면 백성이 못나서 그 지경이었던가? 아니다. 치자들이 못나서 세
상이 그렇게 난세를 거듭했던 것이다.

　치자들은 예(禮)를 잃었다. 치자의 예는 백성의 뜻을 헤아리는 데서
비롯된다. 나라를 경영하는 치자의 경우에는 더욱 그러하다. 백성의
뜻을 어기고 힘으로 밀어붙이는 다스림은 항상 비례(非禮)를 범하고
만다. 백성의 뜻을 어기면 결국 백성들은 권부에 등을 돌리고 만다.
그렇게 되면 권부는 백성으로부터 신뢰를 얻지 못하고 불신을 당한
다. 정치 불신은 바로 치자들의 비례에서 비롯되는 상처이고 그 상처
의 아픔은 백성들이 맡아서 앓게 된다. 그 앓음앓이가 지금 세상을 소
란스럽게 흔들고 있는 중이다. 우리는 지금 치자가 예를 잃지 않으면

정치는 쉽게 풀린다고 한 공자의 말씀을 어기고 있는 중이다.

🌱 공자의 말씀

위쪽에서 예를 좋아하면 백성들을 부리기 쉽다고 공자께서 밝혀 두었
다.

子曰 上好禮 則民易使也

3. 문답의 담론

(1) 부끄러움을 아는가

사람만이 부끄러워할 줄을 안다. 사람이 수치와 치욕을 모른다면 개나 돼지와 다를 바가 없다. 물론 뻔뻔스러운 사람이 없는 것은 아니다. 뻔뻔한 사람은 부끄러운 짓이 무엇인가를 알면서도 모른 체하거나 감추고 아닌 체하는 사람들일 것이다. 이러한 사람들은 겹으로 부끄러운 짓을 범하는 무뢰한들이다.

그러나 세상에는 뉘우칠 줄 아는 사람들이 훨씬 더 많다. 그래서 세상이 아무리 막막하다 해도 살맛이 나는 것이다. 이 세상에 파렴치한 인간들만 욱실거린다면 서로 속고 속이는 짓으로 날을 보내게 될 것이다. 하지만 세상은 항상 선을 바라고 악을 물리치며 불의를 질타하고 의를 택한다.

공자는 누구보다도 치자들이 부끄러워할 줄 알아야 한다고 주장한다. 벼슬아치들이 뻔뻔스러워지면 나라를 파는 도둑에 불과하기 때문이다. 뇌물을 받아서 제 재산을 불리는 관리는 부끄러움을 모르는 뻔뻔한 인간이며 급행료를 주어야만 일을 봐주는 관리는 길거리에서 돈을 뜯는 양아치와 다를 바가 없다. 이처럼 관청이 썩어 있다면 그 나라에는 도가 없다고 보아도 된다.

공자가 말하는 도란 사람이 사람답게 걸어가는 길을 말한다. 선악이 있으면 선의 길을 걷고 의와 불의가 있으면 불의를 버리고 의를 택하여 걷고 사랑과 미움이 있으면 사랑의 길을 걷는 나라에는 도가 있다

고 한다. 그러나 도가 없는 나라에서는 악화가 양화를 구축하는 일들
이 날마다 일어나 악한 사람이 선한 사람을 못살게 하고 못된 짓을 하
는 놈이 올바른 사람을 짓밟는 꼴이 일어난다. 그러면 세상은 난세가
된다. 난세에 빌붙어 국록을 받아먹는 치자보다 더 치욕적인 인간은
없다.

  못돼먹은 권부 옆에는 간신들이 우글거리고 그런 간신들이 윗자리
에 앉게 되면 그 밑의 관리들은 좀도둑질을 하게 마련이다. 그러면서
도 권세를 부리며 거들먹거리고 백성을 쥐잡듯이 볶아 대면서 착취를
일삼게 된다. 그러나 그러한 권부는 십 년을 넘기지 못한다. 썩은 권
부가 무너지면 빌붙어 먹던 벼슬아치들은 감옥으로 간다. 치욕스러운
짓을 하면 언젠가는 벌을 받는다. 벌을 받은 다음 뉘우치고 후회한들
무슨 소용이 있는가. 이를 두고 사람들은 하늘이 무심치 않다고 말하
면서 후련해 한다.

🫖 원헌과의 담론

원헌이 치욕에 대하여 물었다. 이에 공자께서는 다음처럼 대답해 주
셨다. "나라에 도가 있으면 녹을 받지만 도가 없음에도 녹을 받아먹는
것이 치욕이다."

憲問恥 子曰 邦有道 穀 邦無道 穀 恥也

남을 이기기를 좋아하고 공을 앞세워 자랑하고 남을 잘 원망하고 탐
욕스러운 짓을 하지 않으면 인이라고 할 수 있겠느냐고 물었다. 그러
자 공자께서는 인인지는 모르겠으나 그렇게 하기는 매우 어렵다고 밝
혀 주었다.

克 伐 怨 欲 不行焉 可以爲仁矣 子曰 可以爲難矣 仁則吾不知也

(2) 김재규의 총질

　지금은 체구가 건장하고 힘이 좋으면 운동 선수가 되어 만인의 열광을 받을 수 있다. 체력이 밑천이 되어 유명한 선수가 되면 짧은 기간 안에 거금을 벌어들일 수도 있다. 주먹의 힘이 좋으면 복싱 선수가 되어 챔피언이 되고, 주력이 좋아 발 재간이 뛰어나면 축구 선수가 되고, 키가 크고 순발력이 뛰어나면 농구 선수가 되기도 한다.

　그러나 조선 시대에는 달랐다. 양반 집의 거인은 장수가 되지만 상 것 집의 거인은 붙잡혀 가 갈비뼈를 도려내는 형벌을 받았다. 힘센 상 것을 그대로 내버려두면 반역을 하거나 무서운 도둑이 되어 나라를 혼란스럽게 한다고 권문세도들이 그렇게 했다.

　조선 시대의 권문세도들은 왜 상것의 거인을 두려워했을까? 힘으로 세상을 다스렸기 때문이다. 힘은 힘을 무서워한다. 힘이 강할수록 보다 더 강한 힘이 나올 것을 두려워한다. 그래서 힘으로 다스리는 독재자는 제2인자를 키우지 않는다. 독재자는 무서운 기관을 만들어 놓고 거역하면 붙잡아다 갖가지 고문을 행사하면서 공포 분위기를 만든다.

　그러나 폭력으로 다스리는 독재자들은 동아줄로 묶는 것보다 거미줄로 얽는 것이 더 강하다는 것을 모른다. 그들은 쇠도 강하면 부러지는 법이고, 관목(棺木)이 바람에 트고 갈라지는 것을 막기 위해 종이로 발라 두는 지혜를 모른다. 관목을 널감으로 쓰기 위해서는 터진 틈새가 있으면 안 된다. 생나무는 마르면 갈라지게 마련이므로 그것을 본래 모습대로 말리기 위해서는 한지를 발라 두어야 한다. 이러한 지혜는 약한 것이 강한 것을 이긴다는 비밀을 보여 준다.

　폭력을 행사하는 자들은 이러한 지혜를 모른다. 엄청난 권력을 누렸던 박정희 대통령은 정보부장의 총탄에 맞아 죽었다. 철사줄처럼 묶었다고 믿었던 측근으로부터 주살을 당한 것이다. 김재규의 갈비뼈를 미리 뽑지 못해 변을 당했던 셈이다. 지금은 갈비뼈를 잘라 내는 일을 타의에 의한 외유(外遊)라고 한다. 전직 정보부장치고 그런 외유를 하지 않은 사람이 없다. 이처럼 박 대통령은 힘을 무서워했다.

물론 박 대통령만 그러했던 것은 아니다. 힘으로 세상을 다스리는 자는 누구나 힘을 무서워한다. 그래서 탄압을 하는 것이다. 활을 신처럼 잘 쏘았던 예는 하(夏) 나라의 재상을 죽이고 임금의 자리를 빼앗았지만 결국 측근으로부터 피살을 당했고, 힘이 강해서 커다란 배도 흔들었던 오는 측근으로부터 주살을 당했다는 고사가 있다. 이러한 고사는 무엇을 말하는가? 힘으로 다스리는 자는 결국 힘에 의해 망한다는 것을 알려 준다. 궁정동 요릿집에서 김재규가 박정희 대통령을 향해 쏘았던 총알은 바로 그 점을 말해 준다.

🫖 남궁괄과의 담론

노 나라의 대부 남궁괄이 공자를 찾아와 다음처럼 말했다. "예는 활을 잘 쏘았고 오는 배를 흔들 만한 힘을 지녔어도 모두 제명에 죽지 못했다. 순 임금으로부터 왕위를 물려받아 치수로 백성을 편하게 했던 우와 곡식을 심어 백성의 배를 부르게 했던 주 나라의 직은 농사짓는 일만 했지만 천하를 얻었다." 남궁괄의 말에 공자는 가만히 있었다. 그가 물러가자 공자는 저런 사람이 바로 군자이며 저런 사람이야말로 참으로 덕을 존중한다고 말했다.

南宮适問於孔子曰 羿善射 奡盪舟 俱不得其死然 禹稷躬稼而有天下 夫子不答 南宮适出 子曰 君子哉若人 尙德哉 若人

(3) 부산의 두 거부(巨富)

부를 탐하는 정치는 정치(政治)를 정치(征治)로 돌변시키지만 부를 탐하지 않으면 정치가 정치(正治)로 될 수 있다. 정치(征治)는 힘으로 군림하는 다스림이고 정치(正治)는 덕의 다스림이다. 그래서 공자는 정치의 정(政)은 정(正)과 같아야 한다고 했다. 나라의 다스림이 올바르면 치자는 청빈하고 백성은 부유하게 되며 백성은 치자를 따르고 치자는 백성의 존경을 받는다. 존경은 본래 미더움에서 나온다.

그러나 군림하는 정치는 치자들의 배만 부르게 할 뿐 백성의 배는 굶게 만들어 원망을 사게 마련이다. 이승만 대통령이 절대의 권위로 권력을 요리했다면 박정희 대통령은 권력으로 권위를 제조했다. 광복 이후 가장 처음으로 힘의 정치를 구사한 박정희 대통령은 처음에는 민심을 얻기 위해 정석을 두었다. 원망을 사고 있는 거부를 치는 수법이 바로 그 정석이다.

5 · 16이 성공한 뒤 부산의 한 거부는 재산을 송두리째 몰수당했다. 거부로 군림하다가 하루아침에 빈털터리가 되었다는 것은 재물을 모으는 데 있어 떳떳하고 당당치 못했다는 증거가 된다. 땀흘려 모은 재산은 삼대를 더 가지만 후려 모은 재산은 당대에 그치고 만다. 군대에 부식을 납품해서 떼돈을 벌었다는 소문과 군대에 간장을 납품할 때 바닷물을 퍼다 염색만 해서 팔아먹었다는 뒷말이 퍼지고 있었던 그 부자는 군사 정권이 들어서자마자 곧바로 모든 재산을 몰수당하고 말았다. 백성의 지탄을 받는 거부를 침으로써 민심을 돌려놓을 수 있다는 정석을 박 대통령은 썼던 것이다. 결국 그 부산의 거부는 사람들의 입에 험하게 오르내려 된서리를 맞은 셈이다.

힘의 정치 서슬에 그 거부가 입 한 번 열어 보지 못하고 그동안 모은 재산을 내놓게 한 박 대통령의 모습은 관중(管仲)을 떠오르게 한다. 관중은 제 나라의 총리로 있으면서 악덕 거부였던 백씨의 재산을 몰수했지만 원망 한 번 못하게 수완을 써서 못된 거부를 다스린 일이 있었다. 공자도 관중의 처사를 칭찬했다. 힘으로 정치를 할지언정 끝까지 깨끗하게만 한다면 최선의 다스림은 아닐지라도 차선은 되는 까닭에 공자도 칭찬을 했던 것으로 보인다. 그러나 박 대통령은 권좌에 머물면서 서서히 권력 놀음에 빠져들어 끝내 험한 꼴을 보고 말았다.

5공 때에도 부산의 한 거부가 된서리를 맞았다. 딸부자였던 그 거부는 사위들의 손에 기업을 맡겨 놓고 재벌 소리를 들었다. 그러나 하루 아침에 물거품처럼 재벌의 아성은 무너져 내렸다. 그러자 유언비어가 바람처럼 불고 다니면서 괘씸죄라는 말을 만들어 냈다. 구두쇠로 잘못 보인데다 감각이 둔해 세상이 어떻게 돌아가는지 감을 잡지 못해 전두환 대통령의 눈에 나서 권부의 몰매를 맞은 것이라고 세상의 입질에 오르내렸다. 그러나 전 대통령은 관중처럼 수완이 유별나지는 않았던 모양이다. 억울하게 당했고 괘씸죄에 걸려들어 보복을 당했노라고 항변을 받은 까닭이다. 항변은 했지만 이미 날아간 재산이 다시 제자리로 돌아오기란 쉬운 일이 아니다. 돈이란 주인이 바뀌면 그만이기 때문이다.

정치가 돈맛을 알면 은행 금고의 열쇠는 군부로 가고 만다. 미운 놈에게는 은행의 문을 닫아 버리고 예쁜 놈에게만 문을 열어 특혜를 주게 되어 아주 자연스럽게 정치와 재벌은 손을 잡고 백성의 돈을 요리하게 된다. 그러면 권부의 실세들은 미끼를 따먹는 붕어들처럼 입질을 하다가 권력의 낚시에 걸려들기도 하고 따먹고 도망치기도 한다. 결국 세상을 썩게 하는 독약이 금권이라는 것을 정치는 모르고 힘의 다스림이 돈맛을 알면 명이 얼마 남지 않게 된다. 그러므로 권좌에 오래 머물고 싶다면 제 몸을 바르게 하면 된다. 그렇지 않고 3공이나 5공 때처럼 돈맛에 이골이 나면 결국에는 거덜이 나고 만다.

🫖 공자와의 담론

어떤 사람이 정 나라의 대부였던 자산에 대해 물었다. 이에 공자는 그분은 자애로운 사람이라고 말해 주었다. 그러자 초 나라 임금의 자리를 내놓고 대부가 되어 정치 개혁을 했던 자서에 대해 물었다. 이에 공자는 그 사람은 그저 그런 사람일 뿐이라고 잘라 말해 주었다. 다시 관중에 대해 묻자 공자는 다음처럼 응해 주었다. "그로 말하자면 백씨의 땅을 몰수했다. 그러나 재산을 빼앗겨 맨밥을 먹으면서도 백씨는 죽을 때까지 원망 한 번 못했다."

或問子産 子曰 惠人也 問子西 曰 彼哉 彼哉 問管仲 曰 人也 奪伯氏騈邑 三百 飯疏食 沒齒無怨言

(4) 반성문을 발표한 사람

4·19로 자유당이 붕괴된 뒤 참회문을 발표한 한 교수가 있었다. 그는 이 나라의 지성인으로써 독재 정권 타도에 앞장서지 못했던 점을 자괴한다고 했다. 5·16 군사 쿠데타로 민주당 정권이 무너지자 다시 그 교수는 화합하지 못하고 연일 군중 대회로 국가가 위기에 처한 것을 고뇌한다고 발표했다. 그러나 그는 아무리 수소문해 보았지만 광복이 되었을 때는 그러한 짓을 하지 않았다. 어떠한 반성문 발표보다 8·15 직후에 반성문을 발표했어야 앞뒤가 맞는 처신이었을 거란 생각을 버릴 수가 없다.

일제 때 약관의 나이로 군수가 되어 공출 독촉 부문에서 전국 1위를 차지해 총독으로부터 치하를 듣고 영전하여 갑지 군수로 영전한 그 자가 교수가 되어 격변기 때마다 소임을 다 하지 못해 죄송하다고 세상에 자기 비판문 비슷한 것을 흘리던 모습은 지금 생각해도 정말 기가 차는 노릇이다. 그 교수는 머리 좋은 수재라는 말은 들을 수 있을지는 몰라도 너무나 약고 잔꾀를 부려서 난세를 헤쳐 나가려는 수작만 부리는 탈을 쓴 소인이란 생각을 지울 수가 없다. 그래서 불쾌하기 짝이 없다. 지성인의 역할을 다하지 못해 송구하다는 빛 좋은 말보다 일제 때 민족을 배반했던 과거를 먼저 사죄했더라면 그 반성문은 신용을 얻었을 것이 아닌가. 도마뱀은 제 목숨을 부지하려고 꼬리를 자르고, 스컹크는 위기에 처하면 방귀를 뀌어서 독한 냄새를 풍긴다. 격변기 때마다 반성문을 들고 나와 자기를 참회한다고 한 그자의 행위는 도마뱀의 꼬리로 제 목숨을 부지하려는 약은 짓이고, 스컹크의 방귀와 같은 짓일 뿐이다. 도둑이 제 발 저리듯 그 교수도 일제 때의 허물이 들통날 것이 두려워 약은 수작을 부려서 과거를 감추려고 재주를 부렸다고밖에는 달리 해석할 도리가 없다. 이 세상에서 제일 더럽고 추한 것이 인간들이라고 산 짐승들이 흉을 본다는 우화가 떠오른다. 그러한 우화의 주인공들이 자기 몸을 피하려고 때맞추어 반성문을 아무리 발표해도 일제의 앞잡이로 일본인 행세를 하면서 민족을 배반했던 일을 감출 수는 없을 것이다.

정직한 사람은 누구인가? 하늘 밑에서 감추고 속일 것은 하나도 없다고 여기는 사람을 정직하다고 한다. 그래서 공자는 이익[利]을 보면 올바름[義]을 생각하고 위기에 임해서는 목숨을 바칠 줄 알고 오랜 약속일지라도 잊지 않고 지킬 줄 알아야 사람이 된다고 했다. 이렇게 사는 삶을 공자는 곧은 것[直]이라고 했다. 격변기마다 반성문으로 자신을 돋보이게 하려던 그 교수는 삶을 굽은 것[曲]쯤으로 알고 약은 꾀로 제 목숨을 부지하려고 잔꾀를 부렸으니 가히 불쌍하다.

🫖 자로와의 담론

자로가 인간의 완성에 대하여 물었다. 그러자 공자께서는 다음처럼 풀어 주었다. "노 나라 대부였고 아는 것이 많고 재주가 뛰어났던 장무중과 같은 지혜와 공작과 같은 청렴함. 그리고 변장자와 같은 용맹과 염구와 같은 재간을 갖추고 예악을 갖추어 세련되었으면 인간의 완성이라고 할 수 있겠지." 다시 공자께서 말을 이었다. "그러나 오늘날에 인간 완성을 이렇게까지 할 것은 없다고 본다. 이익을 보면 올바름을 생각하고 위태로움을 보면 목숨을 바칠 줄 알고 오래 전의 약속일지라도 잊지 않고 지킬 줄 안다면 이 또한 인간의 완성이라고 할 수 있겠다."

子路問成人 子曰 若臧武仲之知 公綽之不欲 卞莊子之勇 冉求之藝 文之以禮樂 亦可以爲成人矣 曰 今之成人者 何必然 見利思義 見危授命 久要不忘平生之言 亦可以爲成人矣

(5) 청빈의 길

게을러서 못살면 가난한 것이다. 짐승도 부지런하면 먹이를 얻고 게으르면 먹이를 찾지 못해 굶어 죽는다. 제 몸 편하기만을 원하는 자가 잘먹고 잘산다는 것은 도둑질이나 다름이 없다. 부잣집의 후예가 부모의 덕으로 놀고 먹어도 도둑이다. 부모가 모아 놓은 것을 축 내는 것은 결국 부모의 것을 훔치는 꼴이기 때문이다. 그러나 내가 일한 만큼 살기 원하고 실제로도 그렇게 하면 그것이 바로 청빈인 셈이다. 욕심을 지나치게 부리지 않는 것이 곧 청빈의 길을 걷는 것이다.

한 벌의 옷만 입고 매일 거친 음식만 먹고산다고 해서 청빈한 것은 아니다. 얼마든지 잘 입고 잘 쓸 수 있는 위치에 있으면서도 자신에게 알맞게 살면 그것이 곧 청빈의 삶이다. 그러므로 청빈하라는 말은 결코 가난해지라는 뜻이 아니다. 입을 만큼 입고 먹을 만큼 먹고살면서도 낭비하지 않는 사람이라면 적어도 재물의 편에서는 청빈한 것이다. 재물로만 청빈을 따지는 것은 아니다. 마음이 청빈한 사람은 오히려 탐욕스러운 사람들보다 더 부유한 삶을 누린다. 마음이 가난하면 복을 받는다고 서양에서도 믿는다. 가난한 마음이란 무엇인가? 물욕에 눈이 어두워 못된 짓을 범하는 마음을 멀리하면 가난한 마음이 된다.

말이 앞서는 사람은 말 욕심을 탐하고 웃음이 헤픈 사람은 웃음의 욕심을 부리고 재물을 탐하는 사람은 재물의 욕심을 부린다. 말할 때를 찾아 필요한 말만 하는 것은 말을 하지 않는 것과 같으니 이것이 말의 청빈이며, 웃을 때 웃는 것 또한 웃음의 청빈이다. 싱거운 웃음은 사람을 실없게 하고 쓴웃음은 사람을 화나게 한다. 이러한 웃음들은 웃음을 탕진하는 것과 다를 바가 없다. 필요한 만큼만 재물을 간직하는 것이 재물의 청빈이다. 턱없이 많은 재산을 소유하려고 들면 고통을 당하게 마련이며 많은 돈을 홀로 차지하려고 덤비면 도둑을 불러들이게 마련이다. 재물의 청빈은 방문에 자물쇠를 달게 하지 않을 만큼 사람을 편하게 한다.

공자가 알고 싶어했던 위 나라의 대부(大夫) 공숙문자(公叔文子)는 말을 해야 할 때에만 말했고 웃어야 할 때에만 웃었으며 올바른 수단으로만 재물을 취했다고 한다. 공숙문자란 사람이 진실로 그렇게 했다면 그야말로 청빈의 길을 걸었다고 할 수 있다. 그러나 공자는 공숙문자의 청빈을 더 확인하고 싶어했던 것으로 보아 청빈의 길을 걷기는 매우 어렵다는 것을 암시한다. 남에게 청빈하라고 요구할 것이 아

니라 자신이 먼저 청빈해야 하는 까닭에 청빈은 극기(克己)의 선물인
셈이다. 공자는 그러한 선물은 남으로부터 받는 것이 아니라 스스로
얻는 것이라고 보았다.

🍵 공명가와의 담론

참으로 공숙문자는 말이 없고 웃지도 않으며 재물을 취하지 않느냐고
공명가에게 물었다. 이 말을 들은 공명가는 다음처럼 아뢰었다. "말을
전달한 사람이 지나쳤습니다. 공숙문자는 말할 때가 되어야 말을 하므
로 사람들이 그의 말을 싫어하지 않으며 진실로 즐거워야 웃으므로 남
들이 그의 웃음을 싫어하지 않으며 언제나 올바르다는 것을 안 뒤에야
재물을 취하므로 사람들은 그가 가져도 싫어하지 않습니다." 이 말을
들은 공자는 "그래야지." 하면서도 정말로 그러하냐고 되물었다.

子問公叔文子於公明賈曰 信乎 夫子不言 不笑 不取乎 公明賈對曰 以告
者過也 夫子時然後言 人不厭其言 樂然後笑 人不厭其笑 義然後取 人不
厭其取 子曰 其然 豈其然乎

(6) 숙주나물 신숙주

세조가 조카 단종을 궁궐에서 쫓아내고 임금의 자리에 앉았을 때 세
조의 편에 가담한 단종의 신하도 있었고 단종을 따라 목숨을 버린 사
육신과 같은 신하들도 있었다. 단종의 편에서 보면 신숙주는 변절자
에 속한다. 그러나 만일 신숙주가 세조의 밑에서 관중과 같은 어진 영
의정이 되었더라면 변절자라고 욕할 수는 없을 것이다. 다만 목숨이
아까워 뜻을 죽이고 목숨을 연명하기 위해 세조의 밑에서 녹을 받았
다면 변절자란 말을 들어도 마땅하다. 신숙주를 숙주나물과 같다고

백성들이 별명을 붙여 준 것으로 보아 어진 재상감은 아니었던 모양이다.

제 나라의 임금 양공(襄公)은 포악했다. 힘만 앞세워 백성을 짓밟고 신하의 목숨을 파리 잡듯 했다. 임금이 포악하면 나는 새도 날개를 접고 숲 속에 숨는 법이다. 백성들이 하루하루 살기가 어려울 만큼 양공은 무도한 짓을 했다. 무도한 양공이 전 임금의 후손들을 그냥 둘 리 없었다. 전 임금의 후손인 소백은 포숙아와 함께 여 나라로 피했고 규는 관중과 소홀을 데리고 노 나라로 피했다. 어긋난 짓을 사납게 행하는 자는 오래 가지 못하는 법이다. 결국 무도했던 양공은 소백에 의해 쫓겨났고 소백은 임금이 되어 환공이란 칭호를 단 뒤 노 나라 사람들을 시켜 노 나라에 피해 있는 규를 죽이게 했다. 규가 죽자 소홀은 따라 죽었지만 관중은 죽지 않고 제 나라로 돌아가 포숙아의 추천으로 환공 밑에서 재상의 녹을 받았다.

재상이 된 관중은 어질게 세상을 다스리도록 임금을 도왔다. 군사의 힘으로 세상을 다스릴 것이 아니라 백성을 편히 살게 하고 방비를 튼튼히 하면서 백성에게 살길을 열어 주어야 임금이 제 구실을 한다는 것을 밝히고 실천했다. 관중 덕에 제 나라는 부강한 나라가 되어 백성들이 편안히 발을 뻗고 잠을 잘 수 있었다. 공자는 이러한 관중을 변절자라고 생각하지 않고 어진 사람이라고 밝힌다. 만일 신숙주도 관중과 같이 명재상 노릇을 세조 밑에서 했더라면 백성들에게 줏대 없는 숙주 영감이라고 뒷말을 듣지는 않았을 것이 아닌가. 정치판에서 변절을 일삼는 자들을 요사이는 사쿠라라고 하면서 손가락질을 한다. 그러나 저 하나 출세하려고 변절을 하면 그러한 욕을 먹지만 백성을 위해 변절을 하면 어진 사람이 될 수도 있는 일이다. 그러나 세상에는 신숙주 같은 사람은 많아도 관중 같은 사람은 매우 드물다.

🫖 자로와의 담론

환공이 공자(公子) 규를 죽이자 소홀은 공자 규를 따라 죽었지만 관중은 죽지 않았으니 관중을 어질지 못하다고 하겠느냐고 자로가 공자께 물었다. 이에 공자는 다음처럼 답해 주었다. "환공이 제후들을 규합하는 데 군사를 쓰지 않았던 것은 관중의 힘이었다. 역시 어질다 하겠다."

子路曰 桓公殺公子糾 召忽死之 管仲不死 曰 未仁乎 子曰 桓公九合諸侯 不以兵車 管仲之力也 如其仁 如其仁

🫖 자공과의 담론

관중은 어질지 못한 사람이 아니겠습니까? 환공이 자신의 주군이었던 규를 죽였지만 같이 따라 죽지 않고 도리어 환공을 도와 그의 재상이 되었으니 말입니다. 이렇게 자공이 공자께 말을 건넸다. 그러자 공자는 다음처럼 풀어 주었다. "관중은 재상으로 환공을 도와 제후들의 패자를 만들었고 주 나라를 받드는 동시에 나라를 크게 바로 잡았다. 그래서 백성들은 오늘에 이르도록 관중의 혜택을 입고 있는 중이다. 만일 관중이 없었더라면 우리들도 머리를 풀고 오랑캐 옷을 걸쳤을 것이 아니냐? 어찌 관중의 태도가 보잘것없는 남녀들이 절개를 지킨다고 스스로 목매어 아무도 모르게 자살하는 것과 같을 것인가."

子貢曰 管仲非仁者與 桓公殺公子糾 不能死 又相之 子曰 管仲相桓公 霸諸侯 一匡天下 民到于今受其賜 微管仲 吾其被髮左袵矣 豈若匹夫匹婦之 爲諒也 自經於溝瀆而莫之知也

(7) 차지철의 횡포

대통령이 무서운 것이 아니라 남산의 부장이 무섭고 남산의 부장이 무서운 것이 아니라 가슴에 권총을 달고 있는 고릴라가 무섭다. 이러한 우스개 소리가 한때 서울 장안을 떠돌아다닌 적이 있었다. 남산의 부장은 정보부장을 뜻하는 것이고 권총을 달고 있다는 고릴라는 아마도 박 대통령의 경호실장 차지철의 별명인 모양이다. 경호실장은 주인을 지키는 수문장이다. 그래서 수문장이 문을 열어 주지 않으면 주인을 만날 수 없는 법이다. 아마도 박 대통령의 고릴라 수문장은 이러한 법을 잘 이용했던 모양이다. 대통을 독대하려는 사람은 먼저 고릴라에게 통과료를 내야 한다고들 입방아를 찧었다.

그러나 수문장이 통과료를 받게 되면 주인은 앉아서 심한 욕을 먹게 마련이다. 만일 주인이 이를 알고도 그냥 둔다면 서로 짜고 통과료를 받아 내는 셈이니 그 액수는 하늘 높은 줄 모르고 올라가게 된다. 그렇게 되면 그 수문장이 지키는 집은 도둑의 소굴처럼 되고 주인은 훔친 것을 한통속에 넣고 같이 비벼서 나누어 먹는 꼴로 둔갑해 버리고 만다.

수문장은 주인을 위해 목숨을 내놓은 자라고 한다. 제 목숨을 버려 주인의 목숨을 건질 수 있는 것을 최고의 명예로 삼는 것은 수문장이 주인을 섬기는 원칙일 게다. 그러나 그러한 원칙은 주인을 속여서까지 지키라는 것은 아니다. 주인의 권세를 빙자해 수문장의 분에 넘치게 권력을 행사한다면 개를 풀어놓고 옆집 사람들을 물게 하는 경우와 같다. 만약 박 대통령이 고릴라를 풀어놓고 겁을 주는 일을 알고 있었다면 부하가 상사를 모시는 버릇을 잘못 길들인 것이 틀림없다. 그래서 서울 장안에 차지철 수문장에 대한 말들이 꼬리를 물고 백성들의 입에 오르내렸던 것이다. 이것은 대통령을 위해서도 슬픈 일이고 차지철을 위해서도 슬픈 일이다. 백성의 입질에 사납게 오르내리다 보면 험한 꼴을 당하기 때문이다.

🫖 자로와의 담론

자로가 공자께 임금을 모시는 것을 물었다. 이에 공자는 속이지 말 것이며 면전에서도 할 말이 있으면 해야 한다고 밝혀 주었다.

子路問事君 子曰 勿斯也 而犯之

(8) 공자를 빗대는 사람

까마귀들이 싸우고 헐뜯는 곳에 갈 것이 없다고 믿는 사람도 있을 것이고 호랑이가 되지 못할 바에는 수탉이라도 되어야 한다고 주장하는 사람도 있게 마련이다. 그래서 세상에는 숨어사는 사람도 있고 설치면서 한몫 잡으려고 덤비는 난사람도 있게 마련이다.

세상을 떠나 숨어살면서 세상을 비웃고 냉소하는 사람들보다는 잘못된 세상을 고치려고 발버둥치는 사람이 더 낫다고 여기는 것이 공맹의 사상이다. 그러나 노장(老莊)의 사상은 잘못된 세상을 고치려고 하면 할수록 점점 더 망하게 된다고 보면서 차라리 그대로 내버려두는 지혜를 터득하는 것만 못하다고 주장한다. 하지만 인간은 노장의 말대로 자연에 따라 살기를 거부한 지 이미 오래다. 어쩔 수 없이 인간은 역사를 짓고 문화를 이루며 살아가게 마련이다. 그러므로 공자의 말을 들어 세상을 다스리는 사람들이 왕도를 걸어간다면 사람의 세상이 덜 아프게 되리라는 생각은 허황된 것이 아니다.

산으로 들어가 짐승처럼 사람이 살 수는 없다. 짐승은 생각 없이 본능대로 살 수 있지만 사람은 생각 없이 살 수 없다. 그래서 사람과 짐승은 서로 다르다고 공자는 여겼다. 왜 사람은 다른가? 사람은 선악을 아는 까닭이다. 선악을 안다는 것은 무엇이 인이고 무엇이 불인이며 무엇이 의이고 무엇이 불의인가를 알아서 덕과 부덕을 가릴 줄 안다는 말이다. 공자는 인을 버리지 말고 의를 버리지 말 것이며 부덕한 인간이 되지 말 것을 주장한다. 그렇게 하면 사람이 된다고 공자는 믿었다. 이러한 믿음을 생활을 통해 현실에서 성취하려고 공자는 힘으로 군림하는 폭군들을 피하지 않고 만나면서 그 잘못을 고치라고 말했다. 공자의 이와 같은 행위를 은자들은 비웃었다. 말재간이나 피우면서 세상을 떠도는 사람에 불과하다고 비아냥거리기도 했다.

아무리 사람들에게 산짐승이 되면 행복하다고 말한들 사람들은 그러한 행복을 원하지 않는다. 돼지 같은 행복이라면 없어도 좋다고 사람은 단언한다. 배가 부르면 그만인 돼지 같은 인생에 인간들이 만족한다면 허다한 문물제도를 만들기 위해 아우성을 치겠는가. 인간은 현실에 있는 그대로 만족하지 못하고 보다 나은 현실을 찾는 욕망을 버리지 못한다.

공자는 이러한 욕망을 잘 다루어 사람과 사람이 서로 통하고 서로 사랑하고 서로 도우며 아끼는 세상을 만들어야 한다고 말한다. 이를 위해 인간은 누구나 갈고 닦아 다스리는 사람이 되어야 한다고 제시한다. 병든 세상을 그대로 내버려 둘 것이 아니라 성한 세상으로 바꾸려고 몸부림을 치라고 공자는 당부한다. 그렇게 몸부림치는 사람을 군자라고 한다. 공자가 말하는 군자는 보수주의자가 아니다. 잘못된 현실을 부단히 고치기 위해 험한 길을 걷는 진보주의자가 곧 공자가 앞세우는 군자이다. 군자라는 진보주의자는 사람이 사람답게 살 수 있는 길을 터 주기 위해 항상 알맞게 사랑하는 방법을 가르치려고 한다.

어느 세상이나 그러한 방법이 잘못되어 사람들이 아프고 신음하면서 괴로워한다. 그래서 오늘날에도 우리는 군자를 기다린다. 참으로 국민을 사랑하고 국민의 믿음을 한몸에 받은 대통령이 있었던가? 이렇게 묻는다면 누구나 왕도를 걸어가라고 절규했던 공자의 마음을 읽을 수 있을 것이다.

🍵 미생무와의 담론

은자인 미생무가 공자를 만나 이렇게 말을 걸었다. "무엇 때문에 그렇게 현실의 미련을 버리지 못하오? 말재주나 피워 보려고 그러는 것이 아니오?" 이 말을 들은 공자는 다음처럼 되받았다. "말재간이나 피우려고 그러는 것이 아니오. 세상의 고루함을 아프게 생각하고 그 아픔들을 고쳐 보려고 하는 것이오."

微生畝謂孔子曰 丘何爲是栖栖者與 無乃爲佞乎 孔子曰 非敢爲佞也 疾固也

(9) 허 대령과 김 대령

이승만 대통령이 노망기를 보이자 간신들이 꼬리를 쳤다. 간신들의 꼬리는 경찰의 힘을 빌려 치기도 했고 군대의 힘을 빌려 치기도 했으며 시정의 모리배나 깡패의 힘을 부려서 치기도 했다. 자유당이 망할 무렵 경찰의 꼬리를 친 내무부 장관과 군대의 꼬리를 친 국방부 장관은 이기붕 일파의 눈에 나면 그 자리에 앉아 있기가 어려울 정도였다. 그래서 그들은 경무대에 가서는 손자처럼 굴었고 서대문에 가서는 개처럼 굴었다. 이렇게 하기만 하면 자리 걱정은 없었다. 그러나 간신들이 우글거리면 간신들을 없애야 한다는 생각을 지닌 이방인이 생기게 마련이다. 이 대통령의 눈을 흐리게 하는 무리를 없애야 한다고 믿은 한 장군의 부하 중에 허태영이라는 대령이 있었다.

당시 김창국이란 대령이 대통령의 겨드랑이에 붙어서 별의별 아첨을 일삼고 이 사람 저 사람의 사이를 이간질하면서 사랑을 독차지하려고 강아지처럼 군다는 소문이 서울 장안의 입질에 오르내리고 있었다. 허 대령은 그 김 대령의 가슴에 총탄을 퍼부었다. 그러자 이 대통령은 분통을 터뜨렸고 연루된 장성과 함께 허 대령은 심문을 받아야 했다. 그 사건에 관한 기사들이 연일 쏟아져 나왔을 때 총을 맞고 죽은 김 대령은 인심을 얻지 못했지만 살인을 한 허 대령은 인심을 얻었다. 죽일 놈을 죽였으니 잘했다는 세상 인심을 대통령의 간신들이 모를 리가 없었다. 그러나 간신들은 자기들의 입지를 굳히기 위해 결국 허 대령을 형장의 이슬로 사라지게 했다. 사나이답게 죽음을 맞았고 끝까지 자신이 책임을 지고 부하들과 함께 총살형을 당하는 허 대령을 보고 국민들은 슬퍼했다. 하지만 대통령의 간신들은 이러한 슬픔이 천명인 줄을 몰랐다. 허태영이 군법정에서 사형 선고를 받았다는 소식이 퍼지자 허 대령을 공자의 자로와 같다고 비유하는 노인들이 많았다.

공자가 살았던 노 나라는 손씨(孫氏) 권문세도의 학정이 하늘에 닿아 백성의 아픔이 이만저만이 아니었다. 이를 참지 못한 공자는 자로를 시켜 손씨의 권문(權門)을 부숴 버리라고 했다. 그러나 공자의 뜻은 실패로 돌아가고 자로는 공백료에 의해 참소되고 말았다. 공백료는 권문세도에 빌붙어 알량한 짓들을 하면서 부귀영화를 누리던 소인배로 소문이 나 있었다. 본래 권문의 문턱은 간신들이 넘나들어 닳게 마련이다. 손씨 권문을 치기 전에 간신들부터 없애야 한다고 생각한 자복경백이란 자가 공자를 찾아가 공백료 따위를 쳐서 없앨 수 있다고 알렸다. 그러나 공자는 간신 따위 하나를 쳐서는 세상이 달라질 수 없다며 천명을 기다리자고 말했다는 이야기를 들어서 노인들은 허태영을 공자의 자로에 비유했던 셈이다.

이승만 대통령의 간신 하나를 없앤다고 썩은 정권이 무너진다고 여기는 것은 지붕의 기왓장 하나만 뜯어내도 집이 무너져 내려앉는다고

믿는 것과 마찬가지다. 이승만 대통령 시절의 썩은 정권은 대통령이
나가야 무너질 뿐이다. 무엇이 그렇게 할 것인가? 공자는 천명이 그렇
게 한다고 했다. 천명이란 무엇인가? 백성의 마음이 곧 천명이 나오는
구멍이 아닌가. 4·19는 그러한 구멍이 터져 썩은 냄새를 치우려는
바람이 분 것이다.

🫖 자복경백과의 담론

공백료가 자로를 계손에게 참소했다. 자복경백이 공자를 찾아와 이렇
게 고했다. "계손은 분명 공백료의 말을 들을 것입니다. 저의 힘은 아직
도 공백료 따위를 저자나 조정에서 처치할 수 있습니다." 이 말을 듣고
공자는 다음처럼 말해 주었다. "도가 이루어지는 것도 천명이고 도가
폐하는 것도 천명이다. 공백료 따위가 날뛴들 천명을 어찌 할 것이냐?"
公伯寮愬子路於季孫 子服景伯以告 曰 夫子固有惑志於公伯寮 吾力猶能
肆諸市朝 子曰 道之將行也與 命也 道之將廢也與 命也 公伯寮其如命何

🫖 문지기와의 담론

자로가 석문에서 묵었다. 한 문지기가 자로에게 어디서 왔느냐고 물
었다. 이에 자로는 공씨 문중에서 왔다고 대답했다. 그러자 그 문지기
는 안 될 줄 뻔히 알면서 고집스럽게 하려는 사람이라고 말을 받았다.
子路宿於石門 晨門曰 奚自 子路曰 自孔氏 曰 是知其不可而爲之者與

(10) 남명(南冥)의 직언

임금이 벼슬자리를 내리기만을 고대하는 사람이 있는 반면에 임금
이 벼슬을 아무리 주어도 한사코 받지 않으려는 사람도 있다. 물론 벼

슬을 고대하는 사람들이 대부분이고 벼슬을 거부하는 사람들은 아주 드물다. 임금이 없는 세상이지만 이와 같은 처지는 매양 지금도 같다. 대통령의 임명을 고대하는 사람들이 그렇지 않은 사람의 수보다 훨씬 더 많은 경우를 보면 알 수 있는 일이 아닌가. 임진왜란(壬辰倭亂)을 겪으며 나라를 험하게 만들었던 선조의 궁궐 안에는 이패 저패로 갈려서 파당 놀이를 시작한 무리들이 많았다. 큰 사람은 서로 어울리기를 좋아하지만 좁은 사람은 패짓기를 좋아한다. 서로 어울리면 사람과 사람은 벗이 되지만 패를 지으면 사람은 서로 상대가 되어 버린다. 싸움이란 상대가 있어야 일어나는 법이다. 손뼉도 마주쳐야 소리가 난다고 하지 않는가. 선조의 궁궐에서는 동인이 옳소 하고 손뼉을 치면 서인이 손을 저었고 서인이 손뼉을 치면 동인이 손을 젓는 일들이 날마다 일어났다. 이렇게 궁궐 안의 당파 싸움은 날 새는 줄 모르고 계속되었다.

궁궐 안이 소인배들로 들끓어 되는 일이 없게 되자 선조는 덕망이 높은 선비를 구하고 싶었다. 그러한 선비가 지리산 속에 있다는 것을 선조는 알고 있었다. 그분이 바로 남명 조식 선생이다. 남명은 임진왜란이 일어나기 전에 이미 왜란이 있을 것을 알고 의병들을 모아 손수 훈련을 시켰고 학문을 전수하는 데만 골몰하던 인물이다. 임진왜란이 지난 다음 선조는 남명에게 아무리 벼슬자리를 내렸지만 남명은 한사코 받지 않았다. 선조를 그런 남명을 한번 만나나 보려고 서울로 불러 올렸다. 그래서 선조와 남명은 단 둘이 만나게 되었다. 임금과의 독대(獨對)는 최대의 경의를 표하는 것이었다. 독대 자리에서 남명이 성은이 망극하다고 아부할 리 없었다. 벼슬에 미련을 두지 않는 사람은 임금을 두려워할 것도 없고 눈치를 볼 것 또한 없다. 그저 하고 싶은 말만 하면 된다. 그 자리에서 남명은 선조에게 임금은 쪽배와 같고 백성은 강물과 같다고 했다. 강물이 화가 나면 파도가 치고 파도가 치면 강물의 쪽배는 산산조각이 난다고 남명은 덧붙여 주었다. 남명의 이러한 직언은 임금 노릇 잘못하고 있다는 질책의 직언이었던 셈이다. 선조는 이를 알고 하늘 끝까지 화를 냈다. 남명은 물러나와 지리산으로 돌아가 사약을 기다리고 있었다.

임금을 노하게 한 목숨은 사약을 마시고 죽는 일을 감수해야 한다. 크게 노한 선조는 남명에게 사약을 내리려 했으나 퇴계 선생의 간곡한 만류가 있어서 그만두었다고 한다. 사약을 내려 남명의 목숨을 끊으려 했던 선조는 분명 소인이었던 셈이다. 소인의 귀는 달콤한 말만 들으려 하고 쓴 말은 듣지 않으려고 한다. 선조의 귀는 남명의 쓴 말을 들을 줄 몰랐다. 남명의 말을 거울삼아 강물이 평화롭게 흐르도록 세상을 다스릴 생각을 못했으니 선조는 속이 좁았던 것이다.

남명의 목숨을 끊으려고 했던 선조는 공자를 질타했다는 어느 은자를 몰랐던 셈이다. 공자가 거문고를 타고 있었는데 그 소리를 들은 한 사람이 악기 타는 솜씨가 형편없다고 말했다. 그 말을 들은 공자는 그 사람을 못된 놈이라고 하기는커녕 과감하다고 존경했다. 남명은 선조의 다스리는 솜씨가 좋지 않다고 직언한 셈이고 궁궐의 높은 자리에 연연하던 무리들은 형편없는 선조의 솜씨를 명인의 솜씨라고 아부했던 셈이다. 소인은 입에 달면 삼키고 쓰면 뱉는다. 단 것을 삼키기는 쉬워도 쓴 것을 삼키기는 어렵다. 그러나 쓴 것이 약이 되는 줄을 선조는 몰랐다.

🫖 은자(隱者)와의 담론

공자가 위 나라에 머물면서 경이라는 악기를 치고 있었다. 바지게를 지고 공자가 묵는 집 앞을 지나가던 한 사람이 공자의 연주를 듣고 저렇게 경을 치는 품은 마음속에 생각하는 바가 있다고 했다. 그러면서 그 자는 다음처럼 말을 이었다. "천덕스럽구나. 소리가 깐깐하구나. 자기를 몰라주면 그만인 것을.《시경》에도 물이 깊으면 옷을 벗고 얕으면 걷어올리라고 했지." 이 말을 전해들은 공자는 "그 자는 과감하구나. 그러나 그렇게 하기는 어렵다."고 말했다.

子擊磬於衛 有荷蕢而過孔氏之門者 曰 有心哉 擊磬乎 旣而曰 鄙哉 乎 莫己知也 斯已而已矣 深則厲 淺則揭 子曰 果哉 末之難矣

(11) 현대인이 하지 않는 것들

현대인은 외로운 섬과 같다고 자인한다. 나도 하나의 섬이며 너도 하나의 섬이라고 다진다. 이득이냐 손해냐에 따라 섬과 섬 사이가 이어지기도 하고 끊어지기도 한다. 이익이 있다 싶으면 섬과 섬은 왕래를 하고 그렇지 않으면 그 사이에는 천만 리 깊은 바다처럼 벽이 생긴다. 섬마다 높은 성벽을 둘러놓고 남들이 넘보지 못하게 무장을 하고 모두 경계한다. 나라고 하는 섬은 나 외의 것을 존중하는 쪽보다는 이용 가치가 있느냐 없느냐에 따라 저울질하는 성채로 굳게 무장되어 있다. 그래서 모든 현대인은 고도의 한 점과 같게 되어 서로 믿고 존경할 줄을 모른다.

공자의 눈으로 보면 현대인은 모두 좁쌀처럼 작은 사람들로 변하고 말았다. 이렇게 변한 인간을 공자는 제일 아파했다. 좁은 인간을 떠나 큰 인간이 되라고 공자는 당부한다. 큰 인간이 되기 위해 스스로를 닦으라고 간청한다. 나를 존경해 달라 하지 말고 먼저 남을 존경하라. 이러한 마음과 행동을 닦으라고 한다. 이렇게 하면 공자는 군자가 된다고 했다. 군자는 큰 사람이다. 남을 편하게 할 줄 알고 나아가 백성을 편하게 할 줄 아는 사람이 큰 사람이라고 공자는 밝힌다. 이렇게 큰 사람이 하나라도 있다면 백성은 기댈 언덕을 얻는다. 그러나 그러한 큰 사람이 없기 때문에 백성들은 어제나 오늘이나 다름없이 속으면서 산다. 심하면 못 죽어 산다고 백성은 신음한다. 세상을 다스린다고 말하는 사람들은 먼저 자신이 얼마나 큰 사람인가를 되살펴야 한다. 그렇게 한다면 세상이 썩을 리가 있겠는가.

🫖 자로와의 담론

자로가 군자에 관해 묻자 공자께서는 자기를 닦아 경건하고 성실해야 한다고 말해 주었다. 이에 자로는 그것으로 족하냐고 물었다. 자기를 닦아 남들을 편하게 하는 것이라고 공자가 더해 주었다. 다시 자로는 그러면 완성되느냐고 물었다. 자기를 닦아 백성을 편하게 해야 한다고 공자가 다짐하면서 요 임금이나 순 임금도 그러한 일을 하기가 어려웠다고 토를 달았다.

子路問君子 子曰 修己以敬 曰 如斯而已乎 子曰 修己以安人 曰 如斯而已乎 曰 修己以安百姓 修己以安百姓 堯舜其猶病諸

(12) 매질하는 공자

공자가 사람을 때렸다고 하면 놀랄 것이다. 그러나 매를 맞아야 할 사람이라면 공자는 서슴지 않고 때렸다. 공자의 말씀으로 따진다면 이 세상에서 매를 맞지 않아도 될 사람은 거의 없다. 사람들은 산다고 하지만 제대로 사는 경우는 드물기 때문이다. 자신을 사랑할 줄은 알아도 남을 사랑할 줄 모르는 사람은 매를 맞아야 한다. 마음의 매를 맞아도 알아차리지 못하면 몸을 때려서라도 가르치려고 공자께서 회초리를 든 일이 있었다. 선생은 말을 들어주지 않으면 제자의 몸에 매질을 해서라도 가르쳐야 한다고 믿었던 분이다. 그러나 선생의 매는 폭행이 아니라 잠든 마음을 깨워 몸이 정신을 차리게 하는 매이다. 깡패의 주먹질은 상대의 몸을 아프게 하지만 선생의 회초리는 제자의 마음을 아프게 하여 뉘우치게 한다. 그래서 선생의 매는 마음의 밥이 되는 경우가 많다.

공자의 옆집에 원양이란 아이가 있었다. 원양은 어머니가 죽었는데도 나무 위에 올라가 노래를 부르면서 모른 척했다. 공자는 그를 망나니 같은 놈이라고 생각했다. 그러나 장자라면 달리 해석할 수도 있었을 것이다. 장자는 아내가 죽자 그 주검 옆에서 노래를 부르면서 자연으로 돌아가 편하게 되었다고 했다. 그러나 부모의 죽음을 참으로 슬퍼하는 것이 자식의 도리이자 정이다. 그 정을 배반하면 사람이 아니라고 공자는 보았다. 공자의 이러한 생각을 누가 부정할 것인가. 아무도 없을 것이다.

그 원양이 늙어서 공자를 찾아왔다. 찾아온 원양을 향해 공자는 사람이면서 사람 구실을 하나도 못한 놈이라고 하면서 지팡이로 정강이를 때려 주었다. 왜 공자는 원양을 때려 주었을까? 미워서 때렸다고 생각하지 말기로 하자. 공자의 매는 삶을 도둑질한 원양이 불쌍해서 정신을 차리게 한 사랑의 매라고 보아야 하는 까닭이다. 타락한 삶을 사는 사람은 인생을 도둑질하는 자이다. 이러한 자를 공자는 그냥 내버려 둘 수 없었다. 공자만큼 사람과 인생을 사랑한 사람이 어디 있단 말인가.

🍵 원양과의 담론

원양이 허리를 굽히고 공자를 기다리고 있었다. 원양을 본 공자께서

다음처럼 책망했다. "어려서는 막돼먹어 사랑할 줄 몰랐고 자라서는
칭찬 받을 만한 일을 하지 못했고 늙어 죽지도 않고 있으니 너야말로
삶을 도둑질하는 놈이다."

原壤夷俟 子曰 幼而不孫弟 長而無述焉 老而不死 是爲賊

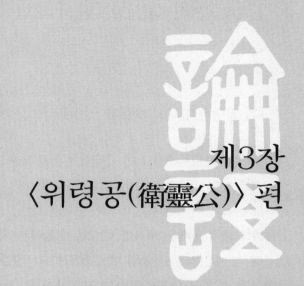

제3장
〈위령공(衛靈公)〉편

1. 〈위령공(衛靈公)〉편의 체험

(1) 전쟁과 평화의 갈림길

〈위령공〉편은 공자가 위 나라의 임금을 만나는 장면으로 시작된다. 공자를 만난 위 나라의 임금은 공자에게 대뜸 전쟁하는 방법을 아느냐고 묻는데 이 대목부터 우리의 눈길을 뜬다.

본래 돼지 눈에는 돼지만 보이고 개 눈에는 개만 보이는 법이다. 전쟁에 온 마음을 두는 자의 마음속에는 전쟁에만 관심이 있고 돈에 눈이 어두운 자의 마음은 돈에만 관심이 있다. 도둑은 도둑질할 궁리로 마음을 썩이고 사기꾼은 속임수를 만드는 묘책을 찾느라 밤잠을 설치는 법이다. 공자가 만난 위 나라의 임금은 전쟁에만 눈이 어두웠던 모양이다. 그래서 공자를 만나자마자 전쟁하는 방법을 물었던 것이다.

그러나 위 나라의 임금은 미처 공자를 몰랐다. 공자는 평화밖에 몰랐기 때문이다. 전쟁만 아는 임금과 평화만 아는 공자가 만났으니 일이 잘될 리 없었다. 권력을 쥐고 있는 임금은 천하를 마음대로 호령할 수 있다고 과신하는 자였고 공자는 그러한 마음을 버려야 천하를 제대로 다스릴 수 있다고 믿는 사람이었다. 서로 생각이 다른 사람이 모여 일을 성취시키려면 서로 양보를 해야 한다. 그러나 양보해도 될 일이 있고 양보해서는 안 되는 일이 있는 것이 아닌가. 임금은 전쟁이란 승패로 갈라지므로 양보할 수 없는 것이라고 믿은 반면에 공자는 평화란 백성의 삶을 좌우하므로 양보할 수 없다고 믿었다고 보면 임금의 앞을 박차고 나와 위 나라를 떠난 공자를 이해할 수 있을 것이다.

"전쟁을 잘해서 이기는 방법을 들은 바 없어 아는 것이 없습니다." 라고 말한 다음 예(禮)로써 세상을 다스리는 방법을 배웠을 뿐이라고 밝힌 공자는 임금에게 면박을 준 다음 위 나라 궁궐을 떠나 진 나라로 가게 되었다. 공자가 밝힌 예교(禮敎)는 바로 덕치를 말한다. 덕치란 무엇인가? 백성이 편하게 세상을 다스리는 것이다. 그러나 전쟁으로 임금의 권위나 높이려는 임금은 덕치를 제일 싫어하게 마련이다. 백성을 호령하고 엄포를 놓아 목숨을 앗아가는 전쟁터로 내모는 임금은 백성을 자기를 위한 성벽의 벽돌쯤으로 여기는 자이다. 공자가 천하를 돌면서 만났던 임금들은 모조리 덕치는 멀리하면서 힘으로 세상을 주물러 대는 무리들이었다.

공자는 위 나라를 떠나 정 나라로 갔다. 그러나 정 나라 역시 다를 바가 없었다. 평화를 누리자고 말하는 공자와 더불어 모든 제자들이 따돌림을 당하고 말았다. 양식이 떨어져 굶게 되었고 병든 제자들은 일어날 수도 없는 지경에 이르렀다. 이에 분노한 자로가 선생께 군자란 이처럼 구차해야 하느냐고 투정을 퍼부었다. 그러자 공자는 본래 군자는 곤궁한 것이고 소인배는 곤궁하면 무슨 수를 써서라도 수작을 부린다고 타일러 주었다.

세상을 올바르게 하려면 배가 고픈 지경을 당하는 꼴이 언제나 있는 모양이다. 지금도 수수하고 겸허하면서 모나지 않은 사람은 항상 치이고, 약고 영악하며 술수에 능한 사람들은 제 세상을 만난 듯이 날뛰는 꼴들이 한두 가지가 아니다. 군자는 바른 길을 걷기 위해 걱정하지 밥을 두고 걱정하지 않는다. 공자가 말한 대목에 이르면 우리는 부끄러울 뿐이다.

공자가 말하는 바른 길은 먼저 나를 앞세우는 발길이 아니라 뒤에 서는 걸음으로 걸어야 한다. 참으로 이것은 어려운 일이다. 나를 앞세위야 속이 편하고 남이 앞서면 속상한 마음을 지닌 우리 모두가 바른 길을 걷기란 참으로 어렵다. 그러나 따지고 보면, 서로 이기려고 하면 모두 질 뿐이다. 서로 앞서려고 다투다 모두 상처만 입고 한발도 앞으로 나갈 수 없는 지경에서 서로 얽히고설켜 아파할 뿐이다. 이를 세상의 불행이라고 보아도 된다.

이러한 불행은 누구의 탓인가? 오로지 사람의 탓이다. 그 사람은 누구인가? 남이 아니라 바로 나인 것을 알아야 한다. 인간은 별의별 전쟁을 치르며 산다. 삶이 곧 경쟁이란 생각도 전투 심리에서 비롯되는 것이 아닌가. 공자는 이를 버리기 위해 덕을 가까이하라고 당부한다. 그러나 공자의 말씀은 항상 겉돌기만 하여 세상은 불행하고 불안하다.

(2) 공자의 도

공자의 도는 사람이 내고 닦고 넓히는 길이지 하늘이 내리는 신비한 길이 아니며 신이 내리는 길도 아니다. 〈위령공〉 편을 읽게 되면 이를 알 수 있고 이러한 길을 걷는 체험을 맛볼 수 있다. 참으로 사람은 위대한 존재의 주인이 될 수도 있고 천하고 더러운 존재의 노예가 될 수도 있음을 알 수 있고 느낄 수 있다. 주인의 길을 걸을 것인가, 종놈의 길을 걸을 것인가? 이렇게 묻는다면 어느 누가 종의 길을 걷겠다고 하겠는가. 그런 사람은 아무도 없을 것이다. 그러나 공자가 터놓은 사람의 길을 밟고 걸어가는 사람들을 찾기는 어렵다. 말로만 걷는다고 할 뿐 행동은 어긋나 있는 것이 인간사의 현실이다. 그래서 사람 사는 세상은 언제나 성난 벌떼처럼 윙윙거린다. '사람이 도를 넓히지 도가 사람을 넓히는 것은 아니다〔人能弘道 非道弘人〕'라고 밝힌 공자의 말씀을 대하면 공자의 도가 어떤 것인가를 헤아릴 수 있다. 공자의 도는 사람이 사람답게 사는 길임을 짚어 볼 수도 있게 한다. 이처럼 《논어》 전편은 공자가 닦아 놓은 사람의 길인 셈이다.

그러나 노자의 도는 사람의 도가 아니다. 노자의 것은 만물의 도이며 형이상학(形而上學)의 도이다. 이는 자연의 도라고 불러도 된다. 모든 것은 자연의 도에 의해 생성되고 소멸된다고 노자는 보았고 그 도는 변함이 없다고 밝힌다. 하지만 공자의 도는 사람의 도이므로 변화를 암시하고 있다. 사람은 다람쥐 쳇바퀴 돌듯이 살지 않는다. 삶의 변화를 항상 모색하면서 실천하고 성취하려고 한다. 이러한 변화를 문화로 이해해도 무방할 것이다.

공자의 도는 문화로 장식될 수도 있고 확대될 수도 있다는 점에서 도의 넓힘으로 보아도 된다. 그러나 물질로써 공자의 도를 넓힌다고 볼 것은 없다. 물질이 사람을 사납게 하면 공자의 도는 밟히고 만다는 것을 우리는 지금까지 수없이 보아 왔다. 그래서 공자의 도는 모든 사람들이 저마다의 욕망을 잘 절제하기를 바란다. 욕망은 잘못을 범하게 마련이다. 왜냐하면 내가 욕심을 부리면 남의 욕심을 그만큼 욕심을 덜어야 하기 때문이다.

가령 먹을 수 있는 밥이 한 그릇 있을 때 세 사람이 함께 그 밥을 먹어야 하는 경우를 가정해 보라. 서로 많이 먹으려고 덤비면 싸움이 일어나게 마련이 아닌가. 그렇게 먹으려고 다툼질을 하는 것은 욕망이고 차례차례 골고루 함께 다같이 먹으려고 하는 것은 이성인 셈이다.

공자의 말씀을 들으면 예악(禮樂)이란 것이 곧 이성의 바탕임을 알 수 있다. 차가운 이성이 아니라 따뜻한 이성임을 알 수 있다. 예악이란 무엇일까? 공자의 말씀을 들으면 그것이 곧 인의를 실천하는 생활의 방법이고 마음 씀씀이의 방법임을 알 수 있다. 이러한 방법으로 사람의 길을 넓힐 수 있음을 〈위령공〉 편을 읽으면 알 수 있다.

사람의 도를 넓힌다 함은 곧 인(仁)을 넓히고 의(義)를 넓힌다는 말씀으로 통한다. 공자가 밝히는 인의는 하늘에 있는 것도 아니고 땅에 있는 것도 아니다. 오로지 사람의 마음에 있고 사람의 행동으로 드러나게 마련이다. 악하고 험한 세상은 그러한 사람의 길이 막힌 세상이며 선하고 부드러운 세상은 인과 의의 길이 넓혀져 있는 세상이다.

인간의 평등, 인간의 자유라고 현대인은 말하지만 따지고 보면 그러한 평등과 자유는 인의라는 바탕을 떠나면 허수아비가 될 뿐이다. 히틀러의 입에서도 평등과 자유라는 말이 나왔고 스탈린의 입에서도 자유와 평등이란 말이 나왔다. 그러나 히틀러와 스탈린은 수백만 명의 목숨을 앗아간 전쟁의 동물이었을 뿐이다. 그러한 인간들의 마음에는 인의의 길이 막혀 있었다. 사람을 사랑해야 한다는 마음이 올바른 행동으로 이어지게 하는 사람은 수백만 명이 아니라 단 한 사람의 목숨도 그냥 죽게 하지 않는다. 사람의 길을 넓힌다는 말은 결국 사람들로 하여금 사랑하는 마음을 지니게 하고 올바르게 행하는 마음을 지니게 한다는 뜻이다. 만일 다스림이 이러한 길을 따라간다면 왜 백성들이 한을 지으며 한숨을 짓겠는가. 사람의 길을 막아 놓고 엉뚱한 길로 접어들도록 사람을 몰아가는 정치가 있는 한 공자가 밝힌 길은 더욱 훤하게 역사를 비추게 마련이다.

(3) 군자의 걸음걸이

〈위령공〉편을 읽게 되면 군자는 사람의 길을 어떻게 걷는지를 체험할 수 있다. 소인배는 어긋난 발걸음으로 제 몸 하나만 생각하면서 걷고, 군자는 어떻게 하면 행복한 삶의 길을 반듯하게 걸어갈까 하며 스스로를 다스리는 자임을 우리 모두는 알 수 있다.

'군자는 마음 씀씀이와 행동의 바탕을 옳은 것에 둔다〔君子義以爲質〕'고 공자는 밝힌다. 사랑함을 말로만 하면 의가 아니다. 남을 사랑함이 행동을 통해 구체적으로 실현될 때만 의는 살아난다. 군자는 그러한 의에 몸을 맡기고 소인은 그러한 의를 피해 간다. 그래서 군자는 부끄러워할 것이 없지만 소인배는 숨기고 감출 것이 많아서 어디서든 옹색하고 잔꾀와 잔수를 부리게 된다. 과연 나는 소인의 길을 밟고 있는지 군자의 길을 밟고 있는지 〈위령공〉 편은 짚어 보게 한다. 그래서 우리를 여물고 철들게 한다.

군자는 예로써 행한다〔君子禮以行之〕. 군자의 행동은 남을 편하게 한다는 말이다. 본래 예란 남을 편하게 하고 남을 사랑하는 것을 말한다. 그것은 사람을 구속하기 위해 있는 것이 아니라 사람과 사람 사이를 돈독하게 하기 위해 있는 것이다. 조선 시대의 삼강오륜(三綱五倫)은 공자가 밝힌 예에 병과 약을 주는 엄한 규범에 불과했다. 위선은 최대의 반례(反禮)이며 비례(非禮)일 뿐이다. 얼굴에는 웃음을 띠고 뒤로는 비수를 들이대는 짓은 예를 짓밟을 뿐이요, 남의 눈치가 무서워 얌전을 빼는 것은 예를 훔치고 속이는 짓일 뿐이다. 정직하고 공정한 마음과 그 행동이 예의 모습이다. 이러한 행동의 모습을 잃지 않으므로 군자의 말은 항상 겸허하고 공손하다고 공자는 밝히고 있다.

군자는 남을 아프게 하거나 등치고 속여서 성취하는 것을 참으로 멀리 한다〔孫以出之〕. 그래서 군자는 자신의 무능함을 걱정할 뿐 남들이 자기를 몰라준다고 속상해 하지 않는다〔君子病無能矣 不病人之不己知也〕. 잘되면 내 덕이고 잘 안되면 네 탓이라고 입질하는 사람은 분명 소인이다. 이득은 내 것이고 손해는 네 것이란 욕심이 목까지 찬 인간은 이 세상에서 가장 추하고 더러운 자가 아닌가.

그러나 군자는 잘못되면 자신의 탓으로 돌리고 잘되면 주변의 덕으로 옮긴다. 그래서 군자의 주변에는 벗이 모이고 소인의 주변에는 적들이 모이게 마련이다. 왜 그러한가를 공자는 〈위령공〉 편에서 다음처럼 밝혀 준다. '군자는 스스로를 책망하지만 소인은 남을 탓한다.'

왜 우리는 군자처럼 되지 못하고 소인처럼 삶을 이끌어 가는 것일까? 무엇보다도 우리 모두는 인생을 손익 계산서처럼 따지기 때문일 것이다. 무엇이 옳고 그른가를 따지기보다 어떻게 하면 이익이 되고 어떻게 하면 손해를 입는가에만 관심을 두고 하루하루 현실을 살아가는 우리들은 어쩔 수 없이 소인의 길을 밟게 되고 만다. 공자는 이를 안타까워했다.

이익은 사람들을 두 패로 갈라놓는다. 한쪽이 이익을 거두면 다른 쪽은 손해를 보기 때문이다. 그러나 우리는 손익을 따져 서로 이익의 몫을 조금이라도 더 많이 차지하려고 다투고 싸우고 시기하며 시샘한다. 그리고 매일 신경을 날카롭게 세우고 실눈을 뜨고 서로 경계하면서 손익의 저울질을 쉬지 않고 들이댄다.

그러나 군자는 손익의 저울대를 놓고 올바른 삶을 저울질한다. 이를 공자는 긍지라고 〈위령공〉 편에서 밝힌다. '군자는 긍지를 지니고 다투지 않고 어울리면서도 패거리를 짓지 않는다[君子矜而不爭 群而不黨]'고 공자는 밝힌다. 군자는 어울리고 소인은 무리를 짓는다[君子和而不同 小人不和而同]. 군자는 편을 가르지 않는다. 패를 가르게 되면 내 편과 네 편이 생기게 되고 편이 생기면 다툼질이 일어나게 마련이다. 편가름을 동(同)이라고 한다. 그러나 편이 따로 없고 모두다 한편이라고 여기면 패거리와 무리는 없어진다. 이를 화(和)라고 한다. 동료와 동향, 동문을 따지고 혈연과 지연을 따져서 사람을 모개로 묶어 파당을 짓는 것은 소인들이 모여 투전판에서 노름을 하는 것과 같아서 결국에는 싸움판에서 서로 멱살을 잡고 주먹질을 하는 꼴을 면하기가 어렵다. 박정희 대통령도 낙동강 중허리 오지에 구미시를 만들어 전자 단지를 만들고 고향을 따진 일이 있었다. 그러나 소인의 일을 대통령이 해서는 안 된다.

(4) 민중을 두려워하라

꽃은 열흘 가기 어렵고 권력은 십 년 가기 어렵다는 속담이 있다. 너무 선명한 빛깔을 지닌 꽃은 그 빛깔을 이울 때까지 지니지 못하고 너무 강력한 권력은 백성을 업신여기는 병에 걸리기 때문에 권력은 강하면 강할수록 일찍 종말의 문턱을 밟게 된다.

흥망성쇠를 거친 역사를 보면 알 것이다. 폭군의 마지막은 항상 험악했고 독재자의 말로는 항상 비참했다. 궁정동에서 박정희 대통령 시해 사건이 일어났을 때 권불십년(權不十年)이란 말이 새삼 떠올랐다. 권력의 정치를 과신했던 탓이고 백성의 사정을 미처 모르고 나 아니면 안 된다는 독단에 빠져 있었기에 당한 일이었다. 일국의 대통령이 요정의 술자리에서 시해되었다는 것은 참으로 부끄러운 일이다. 모두다 백성을 얕보고 우습게 본 결과라고 볼 수도 있는 일이다. 세상을 다스리려 하는 사람은 다음과 같은 공자의 말씀을 항상 귀담아 들어야 할 것이다. 또 이를 잊어서는 안 될 것이다. '민중이 싫어하는 것도 살필 것이요, 민중이 좋아하는 것 또한 살펴야 한다[衆惡之 必察焉 衆好之 必察焉].'

남명 조식 선생이 선조 임금에게 한 직언은 어느 시대에나 어떤 체제에나 사실이며 진실이다. 임금은 한낱 쪽배에 불과한 것이고 백성은 그 쪽배를 뜨게 하는 강물과 같다고 직언한 조식 선생의 말을 박 대통령이 기억했더라면 궁정동 요정의 술자리에서 측근의 총탄에 맞는 일은 일어나지 않았을 것이 아닌가. 경제 개발을 서둘러 보릿고개를 없앤 공은 있지만 세상을 너무 조인 박 대통령에게는 백성과 숨질을 같이 하려던 노력은 부족했었다. 백성은 폭군을 원치 않으며 독재자를 원치 않는다. 폭군과 독재자는 백성에게 항상 강요를 앞세워 백성을 길들이려고 한다.

그러나 백성은 길들여 다스려지는 것이 아니다. 백성을 등에 업어야지 측근을 등에 업고 버티는 체제는 오래 갈 수 없다. 물을 떠난 쪽배는 좌초당하게 마련인 까닭이다. 백성이 싫어하는 것이면 서둘러 고칠 것이고 백성이 좋아하는 것이면 더욱 좋아하게 마련해야 한다. 이것이 다스림이다.

백성이 싫어하는 것을 부정부패라 하고 백성이 좋아하는 것을 자유요. 평등이라고 한다. 자유와 평등은 언제나 인의를 바탕으로 삼아야 한다는 것에는 변함이 없다. 공자가 밝히는 예악은 사람과 사람 사이를 평등하게 하는 애정의 실천을 예로써 밝히는 것이고 사람과 사람 사이를 자유롭게 하는 애정의 실천을 악(樂)으로써 밝히는 것이다. 남을 편하게 하는 예와 남을 즐겁게 하는 악이 다스림의 바탕이 된다면 저절로 백성이 싫어하는 것은 다스림에서 걸러질 것이고 백성이 좋아하는 것은 저절로 늘어날 것이 아닌가.

임금과 대통령은 백성을 살펴야 하지만 개인은 누구나 저마다 주변의 사람을 살필 줄 알아야 한다. 남이 싫어하는 것이 무엇인가를 살펴야 하고 남이 좋아하는 것이 무엇인가를 살펴야 한다. 싫어하더라도 인의에 가까우면 행하도록 내 마음과 몸을 지녀야 하고 남이 좋아하는 것일지라도 인의와 먼 것이면 나마저 좋아할 것은 없다. 이러한 마음가짐과 행동거지를 취한다면 세상은 쉽게 다스려지는 법임을 〈위령공〉 편을 읽게 되면 체험할 수 있다. 사람이 사는 세상의 잘잘못은 사람의 손에 달려 있음을 그러한 체험으로 확인할 수 있는 것이다.

공자의 말씀은 언제나 우리의 생활 속에 있고 나아가 우리의 마음속에 있다. 사람은 무엇이 선이고 무엇이 악인 줄 알면서도 선을 행하기 어렵고 악을 범하기 쉽다는 것을 공자는 깨우치게 한다.

2. 공자의 어록

(1) 덕을 아는 사람

공자가 말한 덕행과 여래(如來)가 말한 보시(布施)는 같은 말이다. 배고픈 이에게 밥을 주는 것을 밥보시라고 하는데 이는 곧 덕행과 같다. 배고픈 설움을 알고 그 설움을 덜어 주는 것보다 더한 덕은 없다. 목마른 사람에게 한 사발의 물을 주는 물보시도 덕행이다. 목마름의 고통을 풀어 주는 것도 덕이다. 심심한 사람에게 말벗이 되어 주는 말보시도 덕이다. 행복은 나누면 두 곱이 되고 불행을 나누면 반으로 줄어든다는 생각에서 나오는 말은 사람의 아픔을 덜어 주는 덕이다.

이러한 덕을 아는 사람은 어디서나 겸허하고 공손하며 검소하다. 아래를 향하는 물처럼 남보다 앞서려고 잔꾀를 부린다거나 남보다 돋보이려고 수작을 부린다거나 제 몫을 늘리려고 남을 속인다거나 없는 일을 있는 것처럼 꾸며서 말짓을 하는 등의 턱없는 일을 저지르면 덕은 온데 간데 없이 사라진다. 그러면 세상은 험악하고 사납고 잔인한 사람들의 싸움터로 돌변해 버린다. 인간의 삶에서 용서할 줄 모르고 관대할 줄 모르며 이해할 줄 모르게 되면 세상은 덕을 잃어버린다. 누가 덕을 잃게 하는가? 오로지 사람들이 그렇게 한다. 덕을 행하는 마음인 선심을 사람들이 잃으면 세상은 싸움판이 되고 만다. 선심을 지닌 사람을 선량(善良)이라고 한다. 그러나 지금은 정치 후보생들을 선량이라고 부른다. 특히 국회의원 후보를 선량이라고 부른다. 선거철만 되면 운동화도 주고 술값도 주고 비누도 주고 밥도 주면서 선심 공세를 펴니까 그러한 별명이 붙은 모양이다. 그러나 후보자가 선심을 베푸는 것은 덕행이라고 말할 수 없다. 한 표를 찍어 달라는 빌미로 그러한 짓들을 하는 까닭이다. 무엇을 바라고 행하면 그것은 이미 덕이 아니다. 무슨 대가를 바라고 하는 행위도 덕이 아니다. 덕은 무엇을 사고파는 마음을 떠나야 하고 무엇을 주고받는 조건을 떠나야 한다. 그저 돕는 마음이 선심이고 그냥 이해하고 용서하면서 사랑하는 마음과 행동이 곧 선심일 뿐이다. 그러므로 국회의원 후보를 선량이라고 하는 것도 틀렸고 한 표를 바라고 돈을 쓰고 술을 사고 밥을 주는 짓을 선심이라 하는 것도 틀렸다. 덕은 어떠한 흥정도 할 줄 모른다. 그래서 공자는 자로(由)에게 이러한 덕을 아는 사람을 만날 수 없다고 했다. 인간 세상은 예나 지금이나 변함이 없는 모양이다.

🌿 공자의 말씀

"유야 덕을 아는 사람은 드물구나." 이렇게 공자께서 실토했다.

子曰 由 知德者鮮矣

계책을 부리지 않고도 잘 다스린 분이 순 임금이다. 순 임금이 어찌 했는가 하면 몸가짐을 공손히 바르게 하고 남쪽을 향해 앉아 있었을 뿐이다. 이렇게 공자께서 말씀하셨다.

子曰 無爲而治者 其舜也與 夫何爲哉 恭己正南面而已矣

"안타깝게도 나는 지금까지 여자를 밝히듯이 덕을 좋아하는 사람을 보지 못했구나!" 이렇게 공자께서는 한탄했다.

子曰 已矣乎 吾未見好德如好色者也

간교한 말은 덕을 어지럽히고 사소한 것을 참지 못하면 큰 일을 망친다. 이렇게 공자께서 밝혔다.

子曰 巧言亂德 小不忍 則亂大謀

(2) 아웅산 참사

1983년 10월 9일 미얀마 랭군에서 엄청난 일이 터졌다. 대통령의 공식 방문을 수행했던 수뇌들이 테러를 당해 거의 몰살을 당한 것이다. 북한의 소행임이 드러나 더더욱 세상을 놀라게 했다. 정부의 요인들이 한꺼번에 변을 당했으니 온 나라가 어두운 밤처럼 침울할 수밖에 없었다. 특히 세상은 한 사람의 죽음을 더욱 슬퍼했고 아까워했으며 안타까워했다. 백성이 그토록 아쉬워한 사람은 대통령을 보좌했던 김동익 경제 담당 수석이었다.

세상은 미처 김 수석을 몰랐다. 경제 정책 분야나 관계나 정계 등에 몸 담았던 사람들은 알았겠지만 일반 서민들은 김 수석이 그렇게 고마운 일을 일선에서 해낸 사람이란 것을 몰랐다. 하늘 높은 줄 모르고 치솟기만 하는 물가에 대해 우리들은 거의 체념하면서 살아왔다. 그러나 5공이 집권하면서 물가 안정을 이룩해 물가는 날마다 오르게 되어 있다는 상식을 씻어 주었다. 지금도 전두환 대통령에 대해 이런 저런 뒷말들이 꼬리를 물지만 누가 뭐라 해도 물가를 잡은 성과만은 알아주어야 한다. 백성들에게 제일 무서운 것은 오르는 물가이다. 버는 돈은 일정하고 얼마 되지 않는데 물가가 계속 올라가기만 하면 백성들은 날마다 허리띠를 졸라매고 살아야 한다. 이러한 불안을 물가를 잡아 느긋하게 해 준 사람이 아웅산 테러 때 순직한 김동익 경제 수석이란 것을 뒤늦게 알게 된 백성들은 너도나도 안타까워했다.

재벌들은 성장 위주의 경제 정책을 밀고 나가라고 갖은 압력을 넣었지만 김 수석은 안정 기조의 경제를 이끌어야 하며 물가를 안정시켜 백성들의 일상생활을 보호해야 한다고 맞섰다고 백성들은 고마워했다. 대통령은 김 수석의 편에서 백성들의 시장 바구니를 지켜 준 셈이니 나라를 다스리려면 올바른 사람을 옆에 두어야 한다는 말은 항상 살아 있는 셈이다. 곧고 정직한 사람이 다스리는 자리에 있으면 어떠한 압력에도 굴복하지 않는다.

떳떳하고 당당한 사람은 야합을 하지 않으며 구린내 나는 짓을 하고 나라의 녹을 받지 않는다. 김동익 경제 수석은 그런 관리였던 셈이다. 백성들의 장바구니를 보호하려고 곧게 살다 간 김 수석의 사무실에서 유품을 정리할 때 몇 개의 볼펜만 나왔다는 기사를 읽은 많은 사람들은 슬퍼하면서 물가를 잡아 준 그 사람의 명복을 빌었다. 김 수석은 전두환 대통령에게 있어 사어(史魚)와 같은 신하였던 셈이다.

사어는 위 나라의 대부로 곧고 정직해 옳은 일이면 굳게 실천했고 그른 것이면 굳게 금했던 명신(明臣)이었다. 김 수석의 아까운 절명이 한사코 사어라는 명신을 생각나게 하는 것은 부패한 권부에 김 수석과 같은 명신이 있어 물가를 잡아 백성들에게 물가에 대한 공포를 잊게 해 준 까닭이다.

🌱 공자의 말씀

참으로 곧은 사어로다. 그는 나라에 도가 있어도 화살처럼 곧고 나라에 도가 없어도 역시 화살처럼 곧았다. 거백옥은 군자로다. 그는 나라에 도가 있으면 벼슬을 하고 나라에 도가 없으면 그만두고 숨어살았다. 이렇게 공자는 술회했다.

子曰 直哉史魚 邦有道 如矢 邦無道 如矢 君子哉蘧伯玉 邦有道 則仕 邦

無道 則可卷而懷之

(3) 말재간과 말재롱

돌박이 어린아이가 말재롱을 떨면 예뻐 보이지만 어른이 말재간을
부리면 미움을 사게 된다. 말로써 미움을 사면 벗을 잃어버리고 외톨
이가 되어 버린다. 이처럼 말재간은 사람을 싱겁게 하거나 실없는 사
람이 되게 하여 추하게 만든다. 말재간을 일삼는 사람은 입을 닫고 있
으면 그만큼 덕이 된다는 것을 모르고 이 말 저 말을 겁 없이 주워대
서 말로써 말을 만든다.

아이가 말을 배우기 시작하면 흉내말을 곧잘 하게 마련이다. 말의
뜻이 무엇인지는 모르지만 입속의 혀를 굴려서 말소리를 내고 어른들
이 좋아라 하면 아이는 더욱 좋아라 말재롱을 떨게 된다. 왜 말재롱을
들으면 들을수록 반갑고 예쁜가? 재롱을 떠는 어린애의 말 속에는 아
무런 숨은 속뜻이 없는 까닭이다. 어린애가 떠는 말재롱의 말소리는
아름답게 들리는 새소리와 같지만 말재간을 부리는 어른들의 입질은
말을 더럽힐 뿐이다. 그래서 입이 싼 사람과는 더불어 말을 하지 말라
고 했다. 입이 험한 사람이나 입이 흉한 사람과 더불어 말을 하게 되
면 결국 좋은 말을 귀양보내는 꼴이 되는 까닭이다.

입씨름을 일삼는 사람은 무언가 트집을 잡거나 말꼬리를 물고 늘어
져 상대의 허점을 노리기도 하고 없는 말을 지어서 공연한 흠집을 내
서 사람을 화나게 하기도 한다. 그러한 사람과 더불어 말을 나누면 말
씨는 반드시 목에 걸린 생선 가시처럼 마음속에 걸려 시비를 낳는다.
말로써 시비를 걸면 결국 말을 잃어버리게 된다. 말을 잃게 되면 사람
의 길이 막혀 험하고 흉한 사람이 되어 버린다.

🌿 공자의 말씀

더불어 말할 수 있는 사람과 말을 나누지 않으면 사람을 잃어버리고 더불어 말할 수 없는 사람과 말을 나누면 말을 잃어버린다. 현명한 사람은 사람도 잃지 않고 말도 잃지 않는다. 이렇게 공자께서 밝혀 두었다.

子曰 可與言而不與之言 失人 不可與言而與之言 失言 知者不失人 亦不失言

(4) 두꺼비와 수탉

세상에는 두꺼비만도 못한 어머니들이 많고 수탉만도 못한 아버지들이 많아서 애들이 망나니처럼 굴고 버릇이 없다고 투덜대는 한 노인이 있었다. 그 노인의 말을 들으면 살신성인(殺身成仁)이란 것은 사람에게는 없을지 몰라도 닭이나 두꺼비에겐 있다는 생각이 든다.

암두꺼비는 만삭이 되면 능구렁이를 찾아가 싸움을 건다. 그러면 좀체 싸움을 하려 들지 않는 능구렁이도 화가 치밀어 그만 치근대는 암두꺼비를 꿀꺽 삼켜 버린다. 일부러 잡아먹히기 위해서 암두꺼비가 그렇게 하는 줄도 모르고 두꺼비를 삼킨 능구렁이는 그만 두꺼비 독에 죽고 만다. 잡아먹힌 암두꺼비는 구렁이 뱃속에서 함께 썩고 뱃속에 있던 새끼들은 구렁이의 썩은 살을 파먹으며 자라게 된다. 이 이야기가 생물학적으로 맞는지는 몰라도 제 몸을 버려 새끼를 낳아 목숨을 주는 암두꺼비는 분명 살신성인의 본보기임에 틀림없다.

암탉은 알을 품으면 먹이도 멀리하고 물도 멀리하면서 온몸의 온기로 알을 따뜻하게 하여 병아리가 나오게 한다. 알을 깨고 병아리가 나오면 수탉은 병아리들이 먹을 것을 찾아 나선다. 먹이가 있으면 꾸꾸꼭꼭 소리를 내면서 찾아다닌다. 그러면 암탉과 병아리들이 그리로 몰려가 먹이를 먹는다. 그러면 수탉은 또다른 곳으로 가서 먹이를 찾아 알려 준다. 알을 품을 때는 암탉이 굶고 병아리가 모이를 먹을 때는 수탉이 굶는다고 한다. 사람은 제 배가 고프면 남의 입속에 든 것이라도 빼앗아 먹지만 병아리를 거니는 암탉을 둔 수탉은 제 배가 고파도 참고 권속들의 배고픔을 먼저 해결한다. 이것은 사실이다. 암두꺼비 이야기는 노인이 지어낸 이야기일지는 몰라도 수탉 이야기는 사실이다. 가장 노릇을 의젓하게 하는 수탉은 애비 노릇을 제대로 못하는 사람을 부끄럽게 한다.

노인의 이야기에 나오는 암두꺼비와 수탉은 분명 인을 몸으로 실천하는 셈이다. 저 하나 잘살기 위해 남을 모함하는 일은 사람의 세상에만 있는 일이다. 그래서 공자가 아무리 인을 외쳐도 인간들은 못 들은 척하고 되돌아서고 만다.

🌱 공자의 말씀

뜻이 있는 사람과 사랑할 줄 아는 사람은 사랑을 해쳐서 제 목숨을 구하지 않으며 제 몸을 죽여 사랑함을 이룩한다. 이렇게 공자께서 밝혔다.

子曰 志士仁人 無求生以害仁 有殺身以成仁

(5) 할아버지의 가을걷이

푸짐하게 차린 밥상을 보면 할아버지 생각이 난다. 푸짐하게 먹을 때일수록 아껴 먹어야 한다던 할아버지께서는 가을이면 봄에 찾아올 보릿고개를 먼저 염려하셨다. 감나무에 감이 열리면 무르기 전에 따서 독에 넣어 두셨고 밤이 익을 때면 산밤을 주워다 말려서 독에 넣어 두셨으며 호두나무의 호두를 따서 독에 넣어 두셨고 가을 들녘에서 잡은 메뚜기는 쪄서 말려 독에 넣어 두셨다. 왜놈들이 쌀을 모조리 빼앗아 간다는 것을 알고 식구들의 베갯속을 쌀로 넣어 베고 자게 하셨고 삼월이 될 때까지는 누구도 베개를 헐어서 밥을 지어 먹지 못하게 하셨다.

한겨울이면 홍시를 한 사람마다 두 개씩 주어 시장기를 면하게 하셨는데 꼭 호두 한 개를 곁들여 홍시가 일으키는 변비를 막게 하셨다. 그리고 봄이 찾아와 보릿고개가 시작되면 베개를 풀어서 그 쌀로 쑥떡을 해먹고 거섶을 듬뿍 넣어 밥을 지어 배고픔을 이기게 하셨다. 부황이 들어서 몸이 붓고 굶어 죽기 싫어 고향을 등지고 어디론가 떠나는 사람들이 많았지만 할아버지의 가족은 푸짐하지는 않지만 적어도 배고파 쓰린 속을 움켜쥐고 보릿고개를 넘기지는 않았다. 이러한 복은 오로지 할아버지가 이미 다음 해에 닥쳐 올 보릿고개를 생각했던 까닭이다. 물론 지금은 보릿고개란 말조차 잊고 무엇이든 풍푼하게 먹고 있지만 내일이야 어떻게 되든 오늘만 배부르면 된다는 생각들이 팽배해 무섭다.

🌿 공자의 말씀

사람이 멀리 생각하지 않으면 반드시 가까운 근심이 일어나게 마련이다. 이렇게 공자께서 타일러 놓았다.

子曰 人無遠慮 必有近憂

어찌 할 것인가를 깊이깊이 생각하지 않는 사람은 나도 어떻게 할 수 없다고 공자께서 말했다.

子曰 不曰 如之何 如之何 者 吾未如之何也已矣

(6) 보신하는 사람

몸이 약하면 보약을 먹고 마음속이 빈약하면 책을 읽으라는 말이 있다. 무능한 줄 알면 무능하지 않고 유능한 줄 알면 무능하다는 말도 있다. 약은 사람은 제 꾀에 제가 넘어가는 법이고 무모한 사람은 제 도끼로 제 발등을 찍게 마련이다. 그러나 남이 저보다 유능하다고 생각하고 겁부터 내는 사람은 제일 약은 것 같지만 실은 제일 바보이며 아주 조심하는 사람은 제일 신중한 것 같지만 알고 보면 제일 무모한 사람이다.

하이에나는 저보다 키가 크면 덤비지 않고, 상어도 제 몸의 길이보다 길면 물지 않고 도망친다고 한다. 썩은 것만 찾아 먹는 하이에나와 피냄새만 맡으면 살생을 하는 상어는 강자에게는 약하고 약자에게는 강한 본능이 있는 셈이다.

인간들 중에서도 이러한 유형이 있다. 착한 사람을 멀리하고 시샘하는 사람은 저 자신이 착하지 못함이 부끄럽게 때문에 그렇게 하는 것이다. 무능한 사람이 높은 자리를 차고앉으면 유능한 부하는 시달림을 당하게 된다. 유능한 부하가 무능한 자기를 밀어내고 제 자리를 도둑질할까 봐 일 잘하는 부하를 시샘하고 혹사시키는 경우가 있다. 이러한 자가 높은 자리에 앉으면 결국 도둑을 자리에 앉혀 놓고 비싼 월급을 주는 꼴이 되어 버린다.

동향이니 동문이니를 따져 인맥을 만들어 외부에서 침투하지 못하게 성을 쌓고 기득권을 앞세우는 무리들은 결국 인간의 재능을 널리 구하여 쓰지 못하게 하고 제 욕심만 챙기는 도둑들이다. 이러한 도둑들을 공자는 지적하면서 정치에 그러한 인간이 있으면 정치가 잘될 리 없다고 밝혀 두었다. 우리는 아직까지도 지역 감정이란 병으로 신음하고 있다. 이러한 병은 백성이 만든 것이 아니라 골목대장 같은 정객들이 심은 것이다. 공자가 이러한 정객들을 본다면 장문중과 같은 패거리라고 질타할 것이 분명하다.

🌱 공자의 말씀

장문중은 자리를 도둑질하고 있는 사람이다. 유하혜가 어진 사람인 것을 알면서도 천거하여 같이 좋은 정치를 하려 하지 않았다. 이렇게 공자께서 일침을 놓았다.

子曰 臧文仲其竊位者與 知柳下惠之賢而不與立也

(7) 뉘우침과 부끄러움

나를 부끄러워하라. 그러나 남을 부끄럽게 하지 마라. 왜 나는 나를 부끄러워해야 하는가? 나를 뉘우치게 하려고 그렇게 해야 하는 까닭이다. 뉘우칠 줄 아는 사람은 어리석음을 두 번 반복하지 않는다. 어리석은 줄 모르고 어리석음을 범하는 사람은 불쌍한 인간에 불과하고 어리석은 줄 알면서도 어리석음을 범하는 사람은 무모하고 불행한 인간이다. 누가 불쌍하고 무모한 불행한 사람이 되고 싶어 할 것인가? 그런 사람은 아무도 없을 것이다. 그러므로 못난 인간, 멸시받는 인간이 되지 않으려면 나를 내가 부끄러워하라.

부끄러움이 뉘우침으로 이어지기 위해서는 내가 나를 엄하게 다스려야 한다. 남에게 반성하라고 말하기 전에 자신부터 먼저 반성하는 사람은 스스로를 엄하게 다스리는 사람이다. 자기를 책망하면서도 자기를 학대할 필요는 없다. 보다 나은 나로 거듭나기 위해 내가 나를 다스릴 뿐 소모해서는 안 된다. 자학하는 사람은 스스로 한을 쌓을 뿐이다. 한이 많은 사람일수록 극복하는 지혜를 잃는다. 나를 튼튼하게 하려면 먼저 부끄러워할 줄 알아야 한다. 나를 부끄러워한다는 것은 내가 나를 판단한 다음 기대에 미치지 못했음을 스스로 인정하는 마음의 모습이다. 그러한 모습을 간직한 마음은 항상 나를 보다 나은 세계로 이끌어 간다. 이것은 분명 자기 내면의 발전이다. 이를 위해 내가 나를 엄하게 다스려야 한다. 스스로를 엄하게 다스리는 사람은 남에게 관대하다. 관대한 마음이 곧 용서의 터이며 그러한 터에서 사랑이란 삶이 자란다. 그래서 공자는 자기를 엄하게 책망하라고 했다.

🌱 공자의 말씀

자기를 엄하게 책망하고 남의 잘못을 가볍게 책망하면 원망이 줄어든다. 이렇게 공자께서 말씀하셨다.
子曰 躬自厚而薄責於人 則遠怨矣

군자는 자신을 책망하고 소인은 남을 책망한다. 이렇게 공자께서 밝혔다.
子曰 君子求諸己 小人求諸人

군자는 자잘한 일은 몰라도 큰 일을 맡을 수 있다. 그러나 소인은 큰 일을 맡을 수는 없어도 작은 일은 잘 안다. 이렇게 공자께서 말했다.
子曰 君子不可小知而可大受也 小人不可大受而可小知也

(8) 고스톱 판의 개그맨들

우리는 화투 놀이를 고스톱이라고 한다. 고스톱은 돈내기 놀이다.

돈내기 놀이에서는 돈을 따는 사람도 있고 돈을 잃는 사람도 있다. 손 끝만 놀려서 돈을 딸 수도 있고 잃을 수도 있어서 딴 쪽은 희희낙락하고 잃은 쪽은 분해한다. 우리는 희비가 엇갈리는 것을 놓고 스릴이 있다고 한다. 말하자면 짜릿한 재미가 있다는 것이다. 그러나 노름의 재미는 마약과 같다.

고스톱 판에 앉아 있으면 별의별 말재간들이 앞을 다투는 모습을 볼 수 있다. 고스톱꾼들이 주고받는 말은 일상의 말과는 다르다. 싱거운 말들이 오가고 너스레를 떨고 상대를 속여서 원하는 패를 내놓게 수작을 부리면서 남을 이겨 보려고 갖은 꾀를 부린다. 화투짝을 넘겨서 돈 따는 재미를 맛본다고 하지만 그러는 사이에 마음은 잠들어 버린다는 생각을 버릴 수가 없다. 고스톱 판은 조용히 이루어지지 않는다. 싱거운 말들이 서슴없이 오가고 왁자지껄하게 마련이다. 세상이 경솔해지면서 애 어른 할 것 없이 세 사람만 모였다 하면 너도나도 고스톱을 친다. 친한 사람들이 만나서 우정을 나눈다기보다는 돈내기 승부를 통해 친목을 다진다니 이해하기가 어렵다. 그만큼 세상은 붕 떠서 진지하지 못하다는 현상이 바람처럼 부는 고스톱 풍속에서도 드러나고 있는 것이다. 왜 우리는 고스톱에 흔들리는가? 고무풍선처럼 들뜬 세상의 얼굴이 고스톱의 화투장과 싱거운 말재주를 부리는 고스톱꾼들의 개그에서 저절로 드러난다.

🌿 공자의 말씀

온종일 모여 있으면서 주고받는 말들이 의롭지 못하고 자잘한 말재주만 부리기 좋아하는 인간들은 딱할 뿐이다. 공자께서 이렇게 나무랐다.

子曰 群居終日 言不及義 好行小慧 難矣哉

(9) 군자 같은 택시 기사

서울에서 택시를 타려면 여러 가지로 힘이 든다. 몸놀림이 빨라야 택시를 잡아 탈 수 있고 눈놀림이 빨라야 빈 차를 먼저 발견할 수 있다. 서울 거리의 빈 택시는 산속에 있는 산삼보다 귀하다고 사람들은 투덜댄다.

무엇이든 귀하면 값이 오르게 마련이다. 택시 요금은 협정가이지만 웃돈을 얹어 주어야 하는 경우도 빈번하다. 그러니 소비자가 왕이라는 말은 통하지 않는다. 오히려 기사가 왕이다. 어디를 갈 수 있느냐고 승객들은 굽실거리면서 묻고 기사는 여러 가지를 계산한 다음 이득이 되는 곳이면 가고 귀찮은 곳이면 못 간다고 단호하게 거절한다. 세상에 이러한 서비스업은 없을 것이다. 특히 기사들의 갖가지 행패는 어이가 없다. 서울 택시의 악명은 전 세계가 다 안다. "서울에 가면 택시를 타지 마라. 바가지 요금을 요구하거나 아무데나 내려놓고 간다." 외국인들은 이러한 충고를 듣고 공항에 내리는 경우가 허다하다는 것이다.

그런 와중에 반가운 뉴스가 들려 왔다. 한 택시 기사가 현금과 여권을 차 안에 놓고 내린 외국인을 숙소로 찾아가 돌려주었다는 뉴스였다. 그 외국인이 하도 고마워 사례금을 주려고 했지만 그 기사는 당연한 일을 했으므로 사례금을 받을 수 없다 하고는 돌아갔다고 했다. 이러한 뉴스를 들은 사람들의 입에서는 칭찬이 쏟아져 나왔다. 좀처럼 하기 힘든 일을 했다는 것이다.

무례하고 도도한 기사들 사이에서 분명 그 기사는 군자와 같다. 올바른 일을 했고 겸손했으며 성의를 다해 손님을 기쁘게 했기 때문에 택시 기사로서 군자인 셈이다. 그러나 남의 물건을 주인에게 돌려준 것이 미담으로 통한다면 참으로 곤란하다. 그것이 미담이 되면 남의 물건을 주인에게 돌려주지 않고 그냥 갖는 것이 보통이란 말이 되는 까닭이다. 당연히 해야 할 일을 했는데도 미담으로 통하는 세상이 되었다는 것은 당연한 일들이 행해지지 않음을 말해 준다. 올바른 세상이라면 군자 같은 사람이 많아 모든 일이 당연하게 돌아갈 것이다.

그러나 뒤틀린 세상에서는 당연한 일이 칭송의 대상이 된다. 뒤틀린 세상이란 의를 떠나 이득을 앞세우는 세상이어서 군자 같은 사람은 오히려 바보가 되기 쉽다. 우리가 사는 세상은 의를 버린 지 이미 오래다. 그래서 의로운 행위가 일어나면 세상이 칭송하게 된다. 참으로 부끄러운 일이다.

🌱 공자의 말씀

군자는 의로써 바탕을 삼고 예로써 행하며 공손하게 처신하고 성의를 다하여 일을 이룩하므로 참다운 군자인 것이다. 이렇게 공자께서 밝혔다.
子曰 君子義以爲質 禮以行之 孫以出之 信以成之 君子哉

군자는 자기의 무능을 걱정할 뿐 자기를 몰라줄까 봐 걱정하지 않는다. 이렇게 공자께서 밝혔다.
子曰 君子病無能焉 不病人之不己知也

군자는 한평생 이룬 이름이 칭송되지 않는 것을 꺼린다.
子曰 君子疾沒世而名不稱焉

(10) 사람 잡는 입

벼슬자리는 썩은 고깃덩어리와 같아서 개미 떼가 모이게 마련이라고 장자가 빈정댄 일이 있다. 그러면서 장자는 공문(孔門)의 무리들은 그러한 개미 떼에 불과하다고 비아냥거렸다. 그러나 장자는 공자가 권부에 모여드는 개미 떼를 쫓을 수 있는 처방을 내리고 있다는 사실은 모른 척했다. 공자가 설파한 군자는 누구인가? 썩은 고깃덩어리 같은 권부를 싱싱한 고깃덩어리가 되게 하여 백성들이 맛있게 먹을 수 있도록 요리하는 자이고 싱싱한 것을 썩게 하여 물고늘어지는 개미 떼와 같은 간사한 무리들을 퇴치하는 방패 구실을 하는 자가 바로 군자이다. 장자는 공자의 이러한 심정을 몰랐던 것일까? 시비를 말라던 장자도 공문에 대해서는 시비를 걸고 나왔으니 파당을 지은 셈이다. 파당을 지으면 비방하고 모함하는 입들이 기승을 부리게 마련이다. 그래서 군자는 어울리되 파당은 짓지 않는다고 공자는 말했다.

조선의 궁궐이 썩은 고깃덩어리의 곳간임을 서서히 드러내기 시작한 것은 당파 싸움의 조짐을 보였던 선조 때라고 보아도 틀릴 것은 없다. 동인과 서인으로 나뉘어 권부의 썩은 고깃덩어리를 좀더 많이 차지하려고 아귀다툼을 벌였던 시절 송응개(宋應漑)의 입은 험하기로 단연 돋보였다. 송응개의 입질에 오르내리는 사람은 누구든 개망신을 당하게 마련이었다. 독하기는 독사보다 더하고 험하기는 태산보다 더했던 송응개의 입질은 반대편의 거두를 물고늘어지곤 했다. 율곡을 물고늘어지는 송응개의 입질은 미국의 매카시(McCarthy)도 따를 수 없을 정도였다. 동인인 송응개가 서인의 거두였던 율곡을 물고늘어진 상소문에 율곡 선생도 개망신을 당한 적이 있었다. 미친개를 무서워하는 것은 닥치는 대로 목숨을 걸고 물기 때문이다.

남의 약점을 잡아 꼬투리를 삼고 하라는 대로 하지 않으면 폭로하겠다고 으름장을 놓는 사람의 입은 도둑의 손발과 같다. 털어서 먼지 안 나는 놈이 어디 있느냐고 떵떵거리는 사람치고 뒤가 구리지 않은 사람은 없다. 입심이 좋아 사나운 말을 마구 떠벌리는 입에는 먹거리만 적당히 던져 주면 어느 누구든 그 입의 주인이 되어 개처럼 부려먹을 수가 있다. 그래서 당파가 생기면 입심 좋은 미친개가 각 당파의 문턱을 지키게 되는 것이다. 내 편이면 무조건 칭송하고 남의 편이면 무조건 물고 헐뜯으며 욕질을 퍼붓는 입은 언제나 있게 마련이다.

　　선조 때에만 송응개의 입이 있었던 것은 아니다. 항상 그러한 입들이 있어서 세상을 어지럽히고 소란스럽게 한다. 정치판의 입질이 험악하여 백성들 스스로 무엇이 옳고 그른지를 판단할 수 없게 하면 진실도 거짓이 되고 거짓도 진실로 둔갑한다. 이러한 입질을 하는 입은 사람을 잡는 칼과 같다. 그러나 군자는 이러한 칼을 갈지도 않고 쓰지도 않는다고 공자는 말했다.

🌿 공자의 말씀

군자는 긍지를 지니고 다투지 않고 어울려도 패를 짓지 않는다.
子曰 君子矜而不爭 群而不黨

군자는 말만으로 사람을 높이지 않고 사람 때문에 말을 버리는 일도 없다.
子曰 君子不以言擧人 不以人廢言

군자는 굳고 바르지만 막힌 외고집은 아니다.
子曰 君子貞而不諒

내 남을 두고 누구를 허물하고 누구를 찬양하겠는가. 만일 찬양할 만한 사람이 있다면 그럴 만한 까닭이 있음이다. 내가 함부로 찬양이나 비방을 하지 않는 까닭은 지금의 사람들이 하 나라, 은 나라, 주 나라의 삼 대 이후의 바른 길을 지켜온 사람들이기 때문이다. 이렇게 공자께서는 실토했다.

子曰 吾之於人也 誰毁誰譽 如有所譽者 其有所試矣 斯民也 三代之所以
直道而行也

그래도 예전에는 역사를 적는 이가 의아한 일은 적지 않았고, 말을 가진 이가 말을 빌려주어 말 없는 사람이 탈 수 있게 하는 좋은 풍습이 있었지만 지금은 그러한 것이 없다. 이렇게 공자께서 술회했다.

子曰 吾猶及史之闕文也 有馬者借人乘之 今亡已夫

(11) 권부와 시민의 사이

시민의 사랑을 받는 권부는 보기 드물지만 시민들로부터 불신을 당하거나 미움을 받고 배척당하는 권부들은 많다. 권부는 강하고 시민은 약하다는 말을 그대로 믿고 덤비는 권부는 언젠가 쓰러지게 마련이다. 물방울은 바위에 구멍을 내고 철탑은 강풍에 넘어지지만 수양버들 가지는 태풍에도 부러지지 않는 이유를 모르는 권부는 결국 망하고 만다. 사람이 사는 세상에서 제일 끈질기고 강한 것이 있다면 그것은 바로 약해 보이는 국민들일 것이다.

임금의 시대를 없애고 권문세도의 시대를 없애고 마지막까지나마 사람의 세상을 이어 온 시민은 변함 없는 백성이다. 이런 사람 저런 사람 아주 다양한 사람들이 모여 있는 백성은 오합지졸 같지만 서로 통하는 정을 지니고 있기 때문에 무엇을 좋아하고 무엇을 싫어하는지를 서로의 가슴과 눈짓과 손짓으로 나누어 간직하면서 세상을 살아간다. 그래서 시민들의 마음은 부는 바람처럼 서로 통한다. 옛날에는 이를 민심이라 했고 지금은 여론이라고 한다. 여론에 어긋난 인간은 어디를 가도 환영받을 수 없다.

그러나 꾀 많은 치자들은 이러한 여론을 조작하려고 덤빈다. 순박한 시민들은 그런 줄도 모르고 속아넘어간다. 그러나 그런 속임수는 되풀이되지 않는다. 한 번 속은 시민은 속임수를 쓴 자를 잊지 않기 때문이다. 그렇게 되면 꾀 많은 치자는 다른 수법을 쓴다. 시민을 달래면서 선심을 부리기도 하고 선동을 하면서 겁을 주기도 한다. 그렇게 되면 순진한 시민은 다시 한 번 넘어간다.

그러나 결국 시민은 눈을 뜨고 무엇이 옳고 그르며 무엇이 좋고 싫은가를 깨닫게 된다. 바람은 아무리 방벽이 있어도 불게 마련이다. 백성의 마음도 이와 같아서 무엇으로도 막을 수가 없다. 이러한 연유로 세상을 다스릴 생각이 있다면 백성이 무엇을 좋아하고 무엇을 싫어하는가를 살필 줄 알아야 한다고 공자께서는 말씀해 두셨다.

🌿 공자의 말씀

시민이 미워하는 것을 반드시 살펴 두어야 하고 시민이 좋아하는 것도 반드시 살펴 두어야 한다. 이렇게 공자께서는 밝혔다.

子曰 衆惡之 必察焉 衆好之 必察焉

(12) 공자의 도(道)

노자가 밝힌 도는 우주의 길이지만 공자가 밝힌 도는 사람의 길이다. 노자의 도는 만물을 있게 한 불변의 길이지만 공자의 도는 변모하는 도이다. 노자는 도를 자연이라고 했지만 공자는 도를 인의라고 했다. 그래서 노자의 길은 트여 있는 그대로이고 공자의 길은 부단히 닦아야 하는 길이다.

길이 평탄하면 걷기가 쉽다. 그런 길을 만들려면 길을 잘 보살펴야 한다. 사람의 삶 또한 이와 같다. 삶의 길을 평탄하게 하는 것을 인의라 하고 험악하게 하는 것을 불인 또는 불의라고 한다. 그러나 사람은 저마다 편한 길을 걷고 싶어하면서도 저마다 결과적으로는 험악한 길을 스스로 내서 걸어가는 어리석음을 범한다. 이러한 연유로 공자는 삶을 배우라고 했다. 공자가 밝히는 학문(學文)이란 삶의 길을 평탄하게 하는 방법을 배우는 일이다. 이러한 방법으로 사람의 길은 넓어진다고 공자는 확신한다.

인의란 길은 사람에 의해서 넓어지기도 하고 좁아지기도 한다. 사랑하는 것이 인이다. 나를 내가 사랑하는 길은 좁은 길이고 내가 남을 사랑하는 길은 넓은 길이다. 왜냐하면 남을 사랑하는 마음은 나 홀로 세상을 살 수 없음을 아는 길을 걷는 것이고 나만을 사랑하는 마음은 나만 잘살면 된다고 고집하면서 삶의 길을 걷는 것이기 때문이다. 홀로 걷는 길보다는 함께 걷는 길이 넓고 큰길이 아닌가. 공자는 이러한 길을 우리 모두가 걷기를 바란다. 군자는 샛길을 탐하지 않고 큰길을 걷는다고 한 것은 이를 두고 한 말이다.

나를 먼저 사랑하면 남으로부터 미움을 산다는 것을 알게 되고 남을 사랑해야 하는 까닭을 배우게 된다. 그러면 인은 넓어진다. 인을 잘못 알았던 과실을 고집하지 않고 그 잘못을 고치는 것이 공자가 말하는 배움이다. 사람의 길은 사람이 넓혀야 하고 그 길이 잘못되어 있으면 그 또한 사람이 고쳐야 한다. 이것을 두고 공자는 수기(修己)하라, 극기(克己)라고 했다. 그렇게 해서 복례(復禮)하고 안인(安人)하라고 말한 것이다. 그러므로 공자의 학문은 결국 사람이 사람을 사랑하고 삶의 길을 올바르게 하라는 배움이다. 이러한 배움으로 사람의 길은 넓어지는 것이다.

여기서 문화라는 것이 비롯되고 문화가 사람을 주인이 되게 한다. 노자가 밝힌 도에는 그러한 문화가 없다. 노자는 그냥 그대로 사람은 자연에 안겨야 한다고 했다. 그러나 사람들은 누구의 길을 걸을까? 공자의 길을 걷게 마련이다. 돼지 같은 행복을 택할 바에야 차라리 불행을 택하겠다는 생각을 사람은 버릴 수 없는 까닭이다.

🌱 공자의 말씀

사람이 도를 넓히지 도가 사람을 넓히는 것은 아니다.
子曰 人能弘道 非道弘人

잘못한 것을 고치지 않으면 그것이 곧 잘못이다.
子曰 過而不改 是謂過矣

내가 전에 온종일 먹지 않고 밤새도록 자지 않고 곰곰이 생각해 보았지만 유익함이 없고 배우는 것만 못했노라고 공자께서 술회하셨다.
子曰 吾嘗終日不食 終夜不寢 以思 無益 不如學也

(13) 아는 것과 사랑하는 것

앎은 사람을 강하게 한다. 칼을 만들 줄 알아 칼을 만들어 손에 들면 맨손으로 있는 것보다 강해진다. 요리를 하기 위해 부엌에서 어머니가 든 식칼은 사랑의 칼이지만 담을 넘어 들어온 강도의 손에 들린 칼은 무서운 칼이다. 같은 칼이라도 어머니의 손에 들린 칼은 사람을 이롭게 하지만 강도의 손안에 있는 칼은 사람을 무섭게 하고 해치고 심하면 죽이기까지 한다. 이처럼 칼은 해롭기도 하고 이롭기도 하다. 무수한 지식은 이러한 양면성을 갖는다. 힘이 되는 지식은 선할 수도 있고 악할 수도 있다.

밤에 마음놓고 걸어다닐 수 있다면 괜찮은 세상이다. 시카고의 밤거리는 걸어다닐 수 없다고 하던 말을 예전에는 먼 나라의 일로만 생각했었다. 그러나 지금은 서울의 밤거리도 시카고의 밤거리처럼 마음놓고 걸어다닐 수 없게 되었다. 특히 치한들이 많아서 처녀들이 마음놓고 밤길을 나갈 수 없게 되어 버렸다. 또 밤손님들이 많아서 방범에 신경을 쓰느라고 별의별 장치를 다 해 놓고도 마음을 놓기가 어려워졌다. 훔치고 빼앗고 짓밟히는 세상을 사랑이 없는 세상이라고 한다.

인간의 지능은 날로 높아지지만 살기는 그만큼 빡빡해지고 살벌해지고 메말라 가는 이유는 무엇일까? 알려고 하는 마음만 앞설 뿐 사랑하는 마음은 뒤처져 따라가지 못하는 데서 비롯되었다고 보아도 된다. 지능이란 사람에게 사는 꾀를 터줄 뿐 제대로 사는 방법까지 가르쳐 주지는 않는다.

가끔씩 범죄를 방지하려고 만든 가스총이 범죄를 저지르는 치들의 손에 들어가 도둑질을 편하게 해 주는 꼴이 일어난다. 악한을 막으려고 만든 총이 악한의 손에 들려져 선한 사람의 목숨을 노린다. 핵의 비밀을 밝혀 핵무기를 만든 인간들은 이 세상을 통째로 파괴할 수 있는 힘을 빌미로 압력을 넣고 서로 힘자랑을 하고 있다. 원자력의 평화적 이용이란 구호야말로 지식의 끝이 어떠한 것인가를 말해 준다.

인간의 비극은 단지 아는 것만 앞세우고 남을 사랑할 줄 모르는 데서 비롯된다. 아무리 알아도 사랑할 줄 모르면 소용이 없다는 공자의 말씀은 지금 우리에게 절실한 충고가 아닌가. 누가 공자의 말씀을 늙었다고 할 것이며 낡았다고 할 것인가.

5·16 군사 쿠테타 이후로 세상은 힘으로 다스리면 된다고 여기는 판이 되었다. '하면 된다'는 구호를 내걸고 새마을 운동을 한다면서 골목의 담을 헐고 길을 넓히는 일을 재촉했고 마을마다 한 해 동안 얼마를 벌었느냐를 따져서 점수를 매기는 경진 대회를 열어 온 국민을 돈벌이꾼으로 몰아가기도 했다. 물론 경제 개혁을 해서 보릿고개를 넘으려는 생각은 너무나 당연했다.

그러나 버는 돈은 강도의 손에 들린 칼과 같이 되어서도 안 되고 악한의 손에 들린 가스총처럼 되어서도 안 된다는 것을 미리 알고 잘살기 운동을 벌였어야 했던 것이 아닌가 생각된다. 돈 있는 졸부보다는 떳떳하고 당당하고 가난한 사람이 더 보기 좋은 것을 왜 사람들은 모를까? 하면 된다. 무엇이든 할 수 있다. 벌면 된다. 모로 가도 서울만 가면 된다. 이러한 한탕주의는 우리의 앞날을 분명 두렵게 한다. 결코 한탕주의식 삶은 잘사는 것이 아님을 언제쯤에야 우리 모두가 알아차릴 수 있을까? 우리가 처신을 의젓하게 하면서 명분도 살리고 실속도 차리는 여문 국민이 되기 위해서는 앎으로 얻은 것을 사랑으로 지키고 그 사랑을 장엄하게 할 줄 알아야 잘사는 것임을 어느 날에나 알아들을까.

🌱 공자의 말씀

앎을 통해 얻었다 해도 사랑으로써 지키지 않으면 반드시 얻은 것을 잃고 만다. 앎을 통해 얻어서 사랑으로 지킨다 해도 장엄한 태도로 임하지 않으면 백성은 존경하지 않는다. 앎을 통해 얻고 사랑으로 지키고 장엄하게 임하면서도 백성을 부리는 데 예로써 하지 않으면 완전하지 못하다. 이렇게 공자께서 밝혔다.

子曰 知及之 仁不能守之 雖得之 必失之 知及之 仁能守之 不莊以泣之 則民不敬 知及之 仁能守之 莊以泣之 動之不以禮 未善也

(14) 삶은 고구마의 사랑

배고픔을 참지 못해 산을 내려온 빨치산이 외딴 집에 들어왔다. 그 외딴 집에는 올 데 갈 데 없는 노부부가 살고 있었다. 맥없이 굴러 들어온 빨치산은 먹을 것을 달라고 애원했다. 삶아 먹고 남은 고구마가 윗목 바가지 속에 있었다. 할멈이 그 고구마를 갖다 주었을 때 빨치산은 그것을 가지고 산으로 가려고 했다. 할아버지는 그 젊은이를 말리면서 이왕에 왔으니 따뜻한 방에서 더운물을 마시면서 쉬엄쉬엄 고구마를 먹고 가라고 했다. 노부부는 공산당이 무엇이고 자유당이 무엇인지 모르고 살아왔기에 세상이 어떻게 돌아가는지 알 까닭이 없었다. 그렇지만 부부도 피눈물나는 전쟁이 일어나 사람이 사람을 죽이는 참혹한 세상을 모르지는 않았다. 6·25 동란에 아들을 잃고 이제는 죽음만을 기다리며 죽지 못해 사는 외로운 노부부였다. 그러나 아무리 세상을 한탄한들 아무런 소용이 없음을 알았다. 그저 명이 다하여 죽기만을 기다리면서 그럭저럭 죽지 못해 살고 있었던 것이다.

그런 노부부였기에 산에서 내려온 빨치산을 적으로 생각할 리가 없었다. 그저 '알 수 없는 남의 집 귀한 자식이겠거니'라고 생각할 뿐이었다. 내 자식이 귀한 것처럼 남의 집 자식도 귀한 것을 그 노부부는 알았다. 그래서 할멈은 고구마를 주었고 할아버지는 뜨거운 물을 마시면서 먹으라고 했던 것이다.

그 젊은 빨치산은 그날 밤 산을 버리고 자수했다. 왜 자수를 했느냐고 물었을 때 뜨거운 고구마를 먹게 해 주고 뜨거운 물을 마시게 해준 노부부 때문에 자수했다고 대답했다. 빨갱이 짓을 후회하지 않느냐고 다시 묻자 입을 다물면서 부모가 보고 싶고 사람들과 어울려 새로운 삶을 살고 싶을 뿐이라고 답했다. 왜 그런 생각을 했느냐고 물었다. 그는 노부부 때문이라고 답했다. 이처럼 사람을 사랑할 줄 알았던 노부부는 이념을 앞세워 산에서 투쟁하던 한 젊은이를 자신을 기다리는 부모의 품으로 돌아가게 했다. 그 힘은 무엇일까? 사랑함이 바로 그 힘이다.

🌱 공자의 말씀

백성에게 사랑함이란 물과 불보다 더 중요하다. 지금껏 물과 불에 뛰어들어 죽은 사람은 보았지만 인을 쫓다 죽었다는 사람은 보지 못했다고 공자께서 술회했다.
子曰 民之於仁也 甚於水火 水火 吾見蹈而死者矣 未見蹈仁而死者也

사랑함을 실천하는 데 있어서는 스승에게도 양보하지 않는다.
子曰 當仁 不讓於師

(15) 관리의 봉급

국가 공무원들의 봉급은 쥐꼬리만 하다고 한다. 그러나 근근하게 사는 관리가 있는가 하면 아주 잘사는 관리도 있다. 근근히 사는 관리는 무능하다 하고 잘사는 관리는 유능하다고 해서는 안 된다. 받는 봉급이 적은 데도 턱없이 잘산다면 필경 숨은 연유가 있게 마련이다.

중이 고기 맛을 알면 절에 파리가 남아나지 못한다. 관리가 돈맛을 알게 되면 부정을 저지르고 만다. 관리의 부정이란 벼슬자리를 빙자해 도둑질을 하는 것에 불과하다. 관리들이 뒷돈 거래를 트는 것을 뇌물이라고 하고 급행료라고 한다. 그냥 해 줄 일을 별의별 구실을 붙여서 질질 끌어 백성의 호주머니를 터는 관리는 급행료의 액수에 따라 좀도둑이 될 수도 있고 날도둑이 될 수도 있다. 그러나 관리의 세계에서도 큰 도둑은 의젓하게 돈을 받는다. 이권이 걸린 업자들이 돈을 들고 와서 머리를 조아리고 잘 부탁한다고 엄살을 떨면서 봉투를 두고 간다. 이러한 관리는 큰 도둑이며 나아가 나라를 훔치는 도둑이 될 수도 있다. 본래 좀도둑은 남의 집 돈궤를 훔치고 큰 도둑은 나라를 훔친다고 한다. 뇌물을 받아 치부하는 관리는 나라를 훔치는 도둑이다.

그럼에도 법은 남의 집 돈궤나 훔친 도둑만을 잡아 감옥에 넣어 늙게 할 뿐 나라를 훔친 큰 도둑은 몇 달이나 몇 년만 살다가 감옥의 문을 열어 내보낸다. 그래서 법을 가리켜 벌레만 걸리고 나는 새는 차고 나가는 그물이라고 하는 것이다. 조선 시대의 탐관오리는 임금을 잘못 섬기는 무리들이었고 지금의 탐관오리는 나라를 잘못 섬기는 무리들이다. 조선의 관리는 임금의 신하이지만 지금의 관리는 나라의 주인인 백성의 신하이다. 그러한 관리가 백성의 등을 치고 군림한다는 것은 틀려먹어도 엄청 틀려먹은 것이다.

우리는 구조적인 부정부패란 말에 신물이 나 있다. 이러한 신물은 관리들이 나라를 섬기는 데 당당하지 못함을 말한다. 뒷돈과 급행료와 뇌물을 받아 잘사는 관리는 언젠가는 반드시 그 손목에 쇠고랑을 차거나 밤잠을 설치는 불행을 벗어나지 못하게 된다. 뒤가 구리면 코를 막게 되어 숨이 막히는 법이고 꼬리가 길면 밟히는 법이다.

🌿 **공자의 말씀**

임금을 섬김에 있어서 맡은 직책을 정성껏 다한 다음 봉급을 받는 것이다. 이렇게 공자께서 밝혔다.

子曰 事君 敬其事而後其食

(16) 유신 사상의 두려움

70년대 초 자유의 유보라는 말이 슬금슬금 고개를 든 적이 있었다. 얼마나 자유를 누리게 했다고 자유를 유보하자는 군소리가 들렸는지 모를 일이었지만 밑동부터 새롭게 개혁하지 않으면 우리의 미래는 밝지 않다고 여기저기서 유신의 깃발을 들고 부르짖었다. 그러나 어디를 밑동이라 하는지 알 길이 없었다. 그저 권력의 지시대로 하기만 하면 그대로 둔다는 말이었는지도 몰랐다. 아마도 유신과 자유의 유보를 이런 초점에서 헤아리면 되었을 것이다. 그러나 유신과 자유의 유보가 합쳐서 유일 사상으로 둔갑할까 두렵기도 했다.

지성은 맑을수록 밝다. 이는 지성은 어떤 편견에 빠져서도 안 된다는 것을 뜻한다. 지성이 옹고집을 부리게 되면 유일 사상은 터를 잡는다. 순수한 지성이란 단일 지성을 말하는 것이 아니다. 아무런 편견없이 두루 지성의 세계를 자유롭게 넘나들 수 있는 사고의 자유에서 지성의 순수는 유지된다. 지성의 순수는 흐르는 물처럼 다양한 사고를 해야 한다. 물길을 막으면 물은 고이고 고인 물은 썩는다. 이처럼 유신 사상이 유일 사상으로 굳어지게 하고 유신 헌법을 언덕 삼아 박정희 대통령은 권좌를 누리려고 했는지도 모른다.

백성들의 사고를 단일 순종으로 이끌어야 한다는 치자의 발상은 독재의 성채를 짓는 주춧돌과 같다. 그러나 이러한 발상은 천하에 못난 발상에 불과하다. 사람이 생각하는 능력도 자연의 법칙을 닮는다. 순종은 항상 약하고 잡종이 항상 강한 것처럼 인간의 사고도 다양하게 교배하고 접목해야 강하고 튼튼한 사고를 전개할 수 있다. 이러한 전개에서 부단히 새로운 생각이 싹트고 꽃을 피워 열매를 맺을 수 있다. 쌀밥과 배추김치만 계속 먹는다면 영양실조에 걸리고 쇠고기와 버터만 계속 먹어도 영양실조에 걸려 몸은 병을 앓는다. 이처럼 몸은 한 가지 음식만을 먹게 되면 병에 걸린다.

백성을 가르치되 다양하게 가르쳐야 한다는 공자의 말씀은 학문을 넓히라는 말이고 나아가 백성의 사고 행위를 넓히라는 말이다. 그러면 세상은 옹고집처럼 옹이를 맺지 않고 서로 이해하는 폭을 넓힐 수 있을 것이다. 한때 유신 사상이 유일 사상으로 굳혀지게 하려고 입질을 하는 무리들이 기성을 부려 무서웠고, 박 대통령의 권력에 대한 의지가 무서웠던 시절이 있었다.

🌿 공자의 말씀

가르치되 분류하지 마라. 이렇게 공자께서는 충고했다.

子曰 有敎無類

말과 글은 뜻을 통달하면 그만이다. 이렇게 공자께서는 밝혔다.

子曰 辭達而已矣

(17) 개와 여우의 다툼

들쥐의 맛을 아는 마을의 개는 들판을 쏘다닌다. 닭장 안에 든 닭의 고기 맛을 아는 여우는 밤마다 마을로 내려온다. 해질 무렵까지 논두령의 쥐구멍을 훑다가 허탕을 치고 마을로 돌아오는 개를 여우가 만났다. 겉모양을 보아서는 산에 사는 여우나 마을에 사는 개나 다를 바가 거의 없다. 그래서 마을의 주인집으로 가는 개는 여우를 개로 보았고 산에서 마을로 내려오던 여우는 개를 마을로 닭사냥 가는 여우로 알았다.

한 마리의 마을 개와 한 마리의 산 여우는 앞서거니 뒤서거니 하면서 어두울 무렵 마을 어귀에 이르렀다. 돌아갈 집이 있는 마을 개는 저만치 사람들이 보여도 겁 없이 마을로 들어갔다. 그러나 여우는 멀리 뒤떨어져 망만 보았다. 앞에 가던 마을 개가 사람들 옆을 유유히 지나는 것을 보고 여우도 용기를 얻어 어슬렁어슬렁 마을 안으로 접어들었다. 앞서 갔던 그놈은 이미 집안으로 들어가 개밥통에 담긴 개밥을 먹고 있었다. 그제야 산에서 내려온 여우는 그놈이 여우가 아니라 개였다는 사실을 알았다.

들에 나가면 비록 들쥐를 잡아 생으로 먹는 개일지라도 주인집에 오면 개밥을 먹는다. 그러나 산에서 내려온 여우에게는 밥통이 없다. 남의 집 닭장 속에 들어 있는 닭을 몰래 잡아먹어야 여우는 시장기를 면하게 된다. 여우가 닭장을 덮치려는 순간 아까 보았던 그놈이 필사적으로 여우에게 덤벼들었다. 마치 두 마리의 개가 싸우는 것 같아 보였지만 한 마리의 개와 한 마리의 여우가 싸우는 것이었다. 닭장을 훔치려는 도둑을 지켜야만 밥을 얻어먹는 개와 훔쳐야만 먹고사는 여우의 처지는 서로 달랐던 것이다. 이는 기름과 물이 서로 어울릴 수 없는 것과 같다. 여우를 개로 보았던 것은 마을 개가 잘못을 범했던 것이고 개를 여우로 보았던 것은 산에서 내려오던 여우의 잘못이었던 셈이다. 이처럼 서로 다르면 만나서 함께 일을 할 수 없게 마련이다.

그런데 사람의 세상에서는 서로 속셈은 다르면서 겉으로 함께 일하는 척하는 시늉들이 많다. 차라리 여우와 개가 서로 다른 줄 알고 으르렁거리며 싸움을 거는 것이 정직하다 하겠다. 서로 다르면서 같은 척하고 손을 잡고 있다가 등에 칼을 들이대는 짓은 사람만이 한다. 인간의 이러한 습성을 간파하고 공자는 가는 길이 같지 않거든 동행하지 말라고 당부했다.

🌱 공자의 말씀

지킬 도가 같지 않으면 서로 함께 일을 도모하지 마라. 이렇게 공자께서는 충고했다.

子曰 道不同 不相爲謀

3. 문답의 담론

(1) 몰라도 되는 일

역사는 전쟁으로 이루어지고 문화는 전쟁으로 파괴되고 다시 일어
난다고 주장하는 사람들을 공자는 멀리한다. 사람이 알아야 할 것은
사랑하는 것이며 몰라야 할 것은 미움이다. 사랑하는 것은 인(仁)이고
미워하는 것은 불인이다. 또한 사람이 알아야 할 것은 옳은 것이며 몰
라야 할 것은 그른 것이다. 옳은 것은 의이고 그른 것은 불의이다. 공
자는 인의와는 타협하지만 불인과 불의에 대해서는 단호했다. 사랑하
는 것과 올바른 것은 서로 어울리는 것[和]이지 패를 갈라 도모하는
것[同]이 아니다.

공자가 위 나라의 임금인 영공(靈公)을 만났다. 위 나라에 와서 임금
을 만나 덕을 이야기하고 싶었던 공자는 임금을 만났지만 임금은 엉
뚱한 것을 알고 싶어했다. 임금은 공자에게 전쟁하는 법을 물었던 것
이다.

타국인 위 나라에서 임금의 눈에 나면 곧 고생을 사서 해야 한다는
것을 공자가 어찌 몰랐겠는가. 임금의 비위나 맞추어 주고 임금이 바
라는 바대로 행한다면 공자는 위 나라에서 대접을 받을 수도 있었다.
그러나 불인과 불의의 절정이라 할 수 있는 전쟁을 화제로 삼아서 싸
움하는 법을 임금이 물으니 공자는 이에 대해 단호하게 면박을 주었
다. 백성을 다스린다는 임금의 입에서 어찌 싸움질하는 말이 나올 수
있느냐고 면박을 주었던 것이다. 공자가 직언한 면박은 다음과 같다.

"나는 백성에게 예를 가르친다는 말은 들어 왔지만 전쟁하는 법은 배우지 않았다."

이렇게 임금에게 면박을 주고 이튿날 공자는 위 나라를 떠났다.

싸움질하는 데만 관심이 있는 자는 아군 아니면 적군으로 사람을 가른다. 내 편이면 좋고 다른 편이면 싫다는 생각을 전쟁에서는 지니게 한다. 위 나라의 임금이 공자를 괘씸죄로 몰아 고초를 겪게 했을 것은 당연하다. 싸움하는 법에 관심이 있는 자는 패거리를 만들어 무리 짓는 것〔同〕으로 일을 삼기 때문에 소인배의 기질을 버리지 못한다. 분명 공자의 눈에 보이는 영공이라는 위 나라의 임금은 소인배였다. 군자는 어울릴 줄 알지만 소인은 무리만 지을 줄 아는 법이다. 소인배 임금이 있는 위 나라를 서둘러 떠나 공자는 진 나라로 갔다. 진 나라에서도 심한 고초를 겪자 성질이 급한 자로가 공자께 군자도 이렇게 쪼들림을 당해야 하느냐고 투정했다. 이에 공자는 옳지 못한 세상에서 옳은 일을 하려면 쪼들리게 마련이라고 타일러 주었다. 다시 말해 옳지 못한 임금에게 굽실거리면서 옳다고 하면서 아부하고 아첨하며 아양을 떨면 호강할 수 있지만 그렇게는 할 수 없다고 잘라 말해 준 것이다. 소인배는 쪼들리면 제 속을 다 버리고, 개가 되라 하면 개가 되고 소가 되라 하면 소가 되는 법이다. 그래서 어느 세상에서나 간신배들이 있게 마련이고 백성의 눈에 나는 벼슬아치들이 있게 마련이다. 오늘날에도 대통령의 눈에 날까 노심초사하는 무리들이 있고 백성의 뜻보다 윗분의 뜻에 따라 천지를 재는 무뢰한도 있지 않은가. 자로여, 위 나라 임금에게 굽실거려서라도 호강하자고 선생께 투정했던 것은 아니라고 믿지만 만에 하나라도 그러한 생각이 있었다면 선생을 슬프게 하는 것이고 백성을 등지는 것이 아닌가.

위 나라의 임금 영공이 공자께 전쟁하는 법을 물었다. 이 말을 들은 공자는 다음처럼 면박을 주었다. "예로써 세상을 다스리는 일이라면 들어왔으나 전쟁하는 것에 대해서는 배운 바가 없습니다." 그리고 공자는 이튿날로 위 나라를 서둘러 떠났다. 진 나라에서 양식이 떨어지고 같이 갔던 제자들이 병들어 눕게 되었다. 이에 자로는 화가 나서 공자를 뵈옵고 이렇게 투정을 했다. "군자도 이렇게 쪼들림을 당해야 하는 것입니까?" 자로의 투정을 들은 공자께서는 다음처럼 타일러 주셨다. "군자는 쪼들리게 마련이다. 소인배는 쪼들리면 벗어나는 짓을 한다."

衛靈公問陳於孔子 孔子對曰 俎豆之事 則嘗聞之矣 軍旅之事 未之學也 明日遂行 在陳絶糧 從者病 莫能興 子路慍見曰 君子亦有窮乎 子曰 君子 固窮 小人窮斯濫矣

군자는 도를 구할 뿐 밥을 구하지 않는다. 농사를 지어도 굶주릴 수 있지만 배우면 그 배움 속에 녹이 있다. 군자는 도를 염려하지만 가난을 염려하지 않는다. 이렇게 공자께서는 밝혀 두었다.

子曰 君子謀道不謀食 耕也 餒在其中矣 學也 祿在其中矣 君子憂道不憂貧

(2) 알아야 할 일

제2차 세계 대전 때 독일인은 유태인을 산채로 실험대 위에 올려놓고 생체 실험을 했다고 한다. 2차 대전 때 일본인도 조선인과 중국인을 그렇게 했다고 한다. 그러나 그렇게 생체 실험을 해서 알게 된 지식은 차라리 모르고 지내는 법이 더 낫다는 생각이 든다.

《동의보감》을 지어 만인의 질병을 다스리려고 했던 허준(許浚)에게는 훌륭한 선생이 있었다. 사람의 속을 눈으로 보아야 병을 고치는 비밀을 알아낼 수 있음을 알고 있었지만 그렇다고 산 사람의 속을 들여다볼 수는 없는 일이었다. 이미 죽은 사람을 해부해서 알아낼 수도 있었겠지만 조선 시대에는 시신에 칼을 대면 큰 벌을 받게 되어 있었다. 허준의 선생은 숨이 다했음을 알고 자신이 죽고 나면 자신의 몸을 칼질하여 가르라는 유언을 남겼다. 허준은 그렇게 했다. 죽은 몸을 통해 살아 있는 몸에 약을 어떻게 쓸 것인가를 알아내기 위함이었다. 허준의 손에 들린 칼은 인을 실천하는 칼이었고 생체 실험을 했던 독일인과 일본인 학자의 손에 들린 칼은 불인의 칼이었다.

공자는 인의 지식은 많을수록 좋으나 불인의 지식은 적을수록 좋다고 보았다. 원자력의 비밀을 밝힌 아인슈타인이 원자탄이 수백만의 사람을 죽이는 괴력을 낼 수 있음을 알고는 한없는 고뇌를 했다는 일화는 바로 공자의 말씀과 통한다. 모든 지식은 사랑으로 통해야 한다는 것이 공자의 가르침이다. 모든 가르침이 힘으로 통하는 지금 공자의 가르침은 우리의 부끄러운 폐부를 찌른다. 그러나 잔인하고 매정한 현대의 인간은 공자의 말씀을 먼 옛날에나 통했던 낡은 말이라며 등을 돌린다. 영악하면서도 어리석은 것이 현대인인 모양이다.

🫖 자공과의 담론

공자께서 자로[賜]를 불러 그대는 내가 많이 배우고 그 모든 배움을 외우고 있으므로 이치를 다 아는 것으로 알고 있는 것으로 생각하느냐고 물었다. 그러자 자로는 그렇지 않느냐고 되물었다. "아니다. 나는 인 하나로 관철할 따름이다." 공자께서는 이렇게 잘라 밝혀 주었다.

子曰 賜也 女以予爲多學而識之者與 對曰 然 非與 曰 非也 予一以貫之

(3) 경망스러운 세상

눈만 뜨면 하루가 걱정이다. 또 오늘은 무슨 일이 터져서 가슴을 두근거리게 할 것이며 무슨 날벼락이 떨어져 속을 상하게 할 것인지 몰라 아침마다 가시 방석에 앉은 기분으로 집을 나온다. 서울 장안은 온통 고함소리들로 가득하다. 시궁창에서 굶주린 개들이 먹이를 놓고 으르렁대듯 정치라는 말을 놓고 서로 시비를 걸고 돈을 놓고 서로 주먹다짐을 한다.

그러나 그들의 모습이나 행동들을 보면 혼란스러울 뿐이다. 정치인들과 경영인들은 세상에서 제일 좋은 말만 골라서 입에 올리지만 엉뚱한 행동으로 우리를 답답하게 하니 혼란스럽지 않을 수가 없다.

거짓말에 거짓말을 보태면 참말처럼 들리게 된다. 세뇌하고 설득시켜 검은색을 흰색으로 생각하게 하는 술수는 우리를 환장하게 한다. 말마다 속임수로 통하고 행동마다 거짓으로 이어지니 무엇을 믿고 삶을 영위할까 싶을 정도로 세상은 잣대를 잃고 힘을 부리는 꼴이 되었다. 이제는 위아래도 없고 앞뒤도 없다. 권모술수를 잘 휘둘러 먼저 차지하는 자가 바로 주인이라는 행패가 공공연하게 일어나는 현실이니 마치 천하가 도둑의 소굴처럼 착각될 만큼 살벌하고 어수선하다.

왜 세상이 고삐 풀린 망아지처럼 치달아야 하는가? 치자들이여, 말의 신용을 되찾게 할 것이며 행동의 진실을 되찾게 할 수는 없는가? 공자가 진(陳) 나라에서 심한 고초를 당할 때 자장이란 제자가 행동에 관해 물은 적이 있었다. 이러한 물음을 받은 공자는 세상이 아무리 난장판일지라도 말에 거짓이 있어서는 안 되고 행동이 불손해서도 안 된다고 말해 준 적이 있었다. 아마도 공자가 지금 서울에 온다면 자장에게 들려주었던 그 말을 그대로 우리 모두에게 쏘아 줄 것이란 생각을 버릴 수가 없다.

🫖 **자장과의 담론**

자장이 행에 관하여 물었다. 이에 공자께서는 다음처럼 밝혀 주었다. "말을 성실하게 할 것이며 믿게 해야 한다. 행동이 두터우면서도 빈틈이 없고 공손하다면 야만인의 나라에 가서도 통할 것이다. 말이 가볍고 경망스러워 믿음직하지 못하고 행동이 경망스럽고 거칠다면 고향에서인들 통하겠느냐? 서서도 앞에 성실함과 믿음이 있는지 살펴 실천할 것이며 돈독함과 공손함이 있는지 살펴서 실천해야 한다. 수레에 앉아 있을지라도 수레를 끄는 멍에에 성실함과 믿음, 돈독과 공손이 걸려 있는지 살펴라." 이 말을 들은 자장은 자신의 허리띠에 말씀을 적었다.

子張問行 子曰 言忠信 行篤敬 雖蠻貊之邦 行矣 言不忠信 行不篤敬 雖州里 行乎哉 立則見其參於前也 在輿則見其倚於衡也 夫然後行 子張書諸紳

(4) 사랑을 배우는 길

의사는 아들이 의사가 되기를 바라고 법관은 아들이 법관이 되기를 바란다고 한다. 그러나 도둑은 아들에게 도둑이 되라고 하지 않는다. 의사는 사람의 병을 고치는 일을 하므로 아들이 그 길을 걷기를 바라는 것이고 법관은 약하고 억울한 사람을 구하는 일을 하므로 아들이 법관이 되기를 바란다. 이러한 바람으로 아들이 의사나 법관이 되기를 원한다면 아버지는 아들에게 사랑하는 방법을 가르쳐 주는 셈이다.

그러나 의사를 하면 돈을 많이 벌 수 있고 법관이 되면 권력을 손에 쥔 것과 같기에 남에게 천대를 받지 않는다고 여겨서 아들이 의사나

법관이 되기를 바란다면 이는 아들에게 돈벌이의 도둑이 되거나 권력의 종이 되라고 하는 것과 같다. 아들에게 도둑이 되라고 가르치는 부모가 어디 있을 것이냐고 반문하겠지만 따지고 보면 자녀들에게 출세의 도둑이 되기를 채근하는 부모가 많다.

한 사람이 한평생을 살기 위해서는 무수한 일을 해야 하고 당해야 한다. 기쁜 일, 슬픈 일, 즐거운 일, 괴로운 일, 상쾌한 일, 불쾌한 일 등등 수많은 일들을 헤쳐 나가면서 살아야 한다. 이러한 틈바구니에서 가장 떳떳하고 당당하게 살아갈 수 있는 길은 무엇일까? 이러한 물음에 대하여 공자는 사랑을 실천하는 길이라고 잘라 말한다.

사랑하는 길을 걷기 위해서는 사랑할 줄 아는 사람과 동행하라고 한다. 도둑의 무리 속에서는 자신이 도둑인 줄 모르고 간신의 무리 속에서는 자신이 간신인 줄 모른다. 그러나 현명한 사람과 어울리면 무엇이 현명하고 무엇이 어리석은 것인지를 알 수 있다. 미워하는 패거리 속에 걸려들면 무엇이 사랑이고 무엇이 증오인가를 알 길이 막히지만 인자한 사람과 어울리면 무엇이 사랑이며 무엇이 증오인지를 알 수 있게 된다.

현명한 사람이란 누구인가? 선악을 알고 선을 좇고 악을 멀리하는 것을 몸으로 보여 주는 사람이며 올바른 생각은 올바른 행동으로 이어짐을 또한 몸으로 보여 주는 사람이 현명한 사람이다. 사랑을 이룩하려면 현명하고 어진 사람을 찾아 사귀라는 공자의 당부는 바로 이러한 연유에서 간절하다.

자공과의 담론

자공이 사랑을 이룩하는 방법을 물었다. 이에 공자께서는 다음처럼 밝혀 주었다. "기술자가 일을 잘하기 위해 연장을 잘 갈무리하듯이 사랑함을 이룩하기 위해서는 좋은 선생과 벗을 사귀어야 한다. 따라서 어떠한 나라에 살든지 우선 현명한 사람을 섬기고 어진 선비를 벗으로 삼아야 한다."

子貢問爲仁 子曰 工欲善其事 必先利其器 居是邦也 事其大夫之賢者 友其士之仁者

(5) 나라를 잘 다스리는 일

세계가 아무리 좁아져도 나라마다 그 나름의 얼굴을 지니게 마련이다. 지구는 하나이고 세계도 하나라고 하지만 사는 고을에 따라 사람들은 이웃을 이루며 살고 있다. 이웃사촌이란 말이 있듯 더불어 사는 인간들은 가까이에 사는 사람들끼리 서로 정을 주고받으며 살아간다. 그래야 민족도 생기고 동족도 생기고 나라도 생기는 법이다.

한마을에서도 잘사는 사람이 있고 못사는 사람이 있는 것처럼 세상에는 잘사는 나라도 있고 못사는 나라도 있다. 잘사는 나라는 다스림이 잘되는 나라일 것이고 못사는 나라는 다스림이 잘 안 되는 나라일 뿐이다. 운명적으로 가난한 나라도 없고 부유한 나라도 없다. 다스림의 여하에 따라 나라 살림이 잘될 수도 있고 잘 안 될 수도 있는 일이다. 그래서 못난 치자를 만나면 백성들은 배를 곯거나 매를 맞는 불행을 맞게 된다.

안연이 공자에게 나라를 다스리는 방법을 물은 적이 있었다. 이에 공자는 백성들이 농사를 잘 지을 수 있도록 해야 한다고 말했다. 이를 위해서는 농사에 알맞은 하 나라의 역법(曆法)을 써야 한다고 했다. 하 나라의 역법은 음력으로 농사를 짓기에 알맞은 절기를 따르고 있었던 까닭이다. 공자가 살았던 시대는 농업이 위주였기 때문에 그렇게 말했을 뿐이다. 지금이었더라면 공자는 첨단 기술을 창조적으로 이끌 수 있도록 기초 학문에 관심을 더 두라고 했을 것이다.

또 공자는 수레는 은 나라의 것을 타라고 했다. 다른 나라의 수레는 갖가지 보물로 치장을 해서 사치의 극을 달리고 있었다. 그러나 은 나라의 수레는 나무로 만들어져 검소하고 투박하기는 했어도 튼튼해서 운송 수단으로는 안성맞춤이었고 값도 싸서 나라의 경제에 흠을 내지 않았다. 나라의 힘은 생산력과 더불어 수송력에 달려 있음을 안연에게 공자가 알려 준 셈이다. 우리는 지금 비싼 외제차를 타야 사람 대접을 받는다고 호언하면서 허세와 허영을 일삼고 있다. 이 또한 다스림이 잘못되어 있는 것이다.

그리고 공자는 주 나라의 예(禮)를 따르라고 했다. 사람과 사람 사이의 질서를 지키게 해 주는 예를 따르면 나라의 다스림이 기형을 이루지 않는다. 윗물이 맑으면 아랫물도 맑다는 것이 곧 예의 흐름이다. 물이 맑으면 갓끈을 씻지만 물이 더러우면 발을 씻는다는 것 또한 예의 성질을 말한다. 이처럼 위에서 잘하면 아래도 잘하게 되지만 위에서 잘못하면 아래도 잘못할 수밖에 없다. 현대는 위아래가 없는 세상이 되어 가고 있다. 이를 군사 문명의 병폐라고 꼬집기도 하지만 모두들 버르장머리 없이 세상을 살아가려고 하기 때문에 이러한 일이 벌어진 것이다. 우리가 왜 이렇게 사나워지고 있는가? 위에서 예를 잃은 탓이다. 예는 편리한 대로만 되는 것이 아니다. 힘으로 밀어붙인다고 이루어지는 것도 아니다. 순리로 이루어진 삶의 규범이고 양심일 뿐이다. 이러한 예를 짓밟는 일들이 많아서 모두들 흙탕물 속에서 발을 씻는 것이 아닌가.

공자는 다시 정 나라의 음란한 음악을 몰아내고 나라를 위태롭게 하는 간신배를 멀리하라고 했다. 정 나라의 음악은 아마도 오늘날의 재즈와 같은 음악이었던 모양이다. 사람을 자극하고 충동하며 선정적으로 사람을 흥분시키고 절제의 순수성을 잃었던 음악이라고 알려져 있는 정 나라의 음악을 몰아내라고 공자가 안연에게 타일렀던 것은 우리에게 많은 것을 생각하게 한다. 간신배를 몰아내라고 하는 것은 측근을 가까이하지 말라 함이다. 특권층을 만들지 말 것이며 측근의 말을 걸러 들을 줄 알아야 나라를 다스리는 자리에 있을 수 있음을 공자가 밝힌 셈이다. 우리는 간신을 멀리하는 방향에서 나라 살림을 꾸려 가지 못하고 있다. 특권층이 정권에 따라 계속해서 생기고 척족들은 기승을 부리고 인맥에 따라 패를 짓는 일들이 정치판에 만연되어 있지 않은가.

다들 나라를 잘 다스린다고 큰소리치지만 백성들은 그렇게 여기지 않는다. 윗물도 흐리고 아랫물도 흐려져 세상이 막가는 것처럼 어수선해 백성들은 불안해한다. 정치는 싸움질로 밤낮 시끄럽고 경제는 허세의 전시로 치닫고 있는 형편을 백성들은 안다. 임금은 속여도 백성들은 속일 수 없다고 하지 않는가. 백성들이 나라가 잘 다스려지는지 잘못 다스려지는지 모른다고 생각하면 험한 꼴을 당하게 마련이다. 아마도 공자는 나라를 잘 다스리는 방법을 묻는 안연에게 그러한 암시를 주고 싶었던 모양이다.

안연과의 담론

안연이 나라를 잘 다스릴 수 있는 방법을 물었다. 이에 공자께서 다음처럼 밝혀 주었다. "하 나라의 역법을 쓰고 은 나라의 수레를 타고 주 나라의 예를 따르고 음악은 소무를 쓰고 정 나라의 음악을 몰아낼 것이며 간신배를 멀리하라. 정 나라의 음악은 음란하고 간신배는 위태롭다."

顏淵問爲邦 子曰 行夏之時 乘殷之輅 服周之冕 樂則韶舞 放鄭聲 遠佞人
鄭聲淫 佞人殆

(6) 용서하는 마음

태풍이 쓸고 간 들판에 나가 보면 나뭇가지는 꺾여지고 잎들은 시달
려 늘어지고 풀줄기들은 허리를 잘려 시달리고 있는 모습을 보게 된
다. 사람은 전쟁을 해서 산하를 황폐하게 하고 자연은 태풍을 불게 해
서 산하를 힘들게 한다. 그러나 자연은 태풍이 지나간 다음에는 맑고
밝은 날씨를 주고 투명한 허공에 산들바람이 불게 하여 산천초목의
아픔을 쓰다듬어 준다. 태풍으로 받은 상처를 달래 주는 듯한 산들바
람을 맞게 되면 마치 용서할 줄 아는 사람의 마음 같아 보인다.

무엇을 사랑한다는 것은 산들바람처럼 사람을 행복하게 하고 편하
게 하는 것이 아닌가 싶다. 내가 행복하기를 바라면 남도 그렇게 되기
를 바라고 내가 편하기를 바라면 남도 그렇기를 바란다는 것을 아는
마음이 앞서야 사랑은 이루어지고 꽃을 피고 열매를 맺는다. 나를 사
랑해 달라고 누구에게 요구한단 말인가? 그렇게 하는 것보다 먼저 남
을 사랑하라고 공자는 말한다. 남을 먼저 사랑할 줄 아는 마음은 용서
를 할 줄 안다.

내가 남을 미워하거나 의심하지 말 것이며 남이 나를 의심하고 미워
하는 경우가 있으면 그러한 남을 매도하거나 배척할 것이 아니라 남
의 입장으로 돌아가 한번 살펴라. 왜 남이 나를 미워하는가? 이렇게
물어보라. 왜 남이 나를 싫어하면서 의심하는가? 이렇게 물어보라. 그
러면 용서한다는 것이 어떠한 마음씨인를 알게 되리라.

용서하려면 내가 남이 되어 보아야 하고 나도 남과 같다는 생각을

스스로 간직해야 한다. 용서하는 마음은 아픔의 매듭을 풀고 요구하는 마음은 매듭을 맺는다. 사람과 사람이 서로 등지고 살 것이 무엇이며 원한을 쌓고 뒤돌아 설 이유가 어디 있단 말인가? 나와 남은 서로 다르다는 편견에서 비롯되는 고통이 곧 원한이며 증오이고 오해이다. 그래서 공자도 자공에게 평생 잊지 말고 실천해야 하는 것은 용서하는 것이라고 타일러 주었던 것이 아닌가.

지금 우리들은 요구할 줄은 알아도 용서할 줄은 모른다. 그래서 우리 모두는 서로 경계하면서 의심하고 다투면서 이기려고만 한다. 노자도 왜 사람들이 매일 마음 싸움만 하느냐〔日以心鬪〕고 물었다. 이 또한 용서하면서 살라 함이다.

자공과의 담론

평생토록 지니면서 지킬 한 말씀이 있다면 무엇이냐고 자공이 선생께 물었다. 그러자 공자께서는 그것은 바로 용서하는 것이며 내가 원하지 않는 바를 남에게 강요하지 않는 것이 용서라고 타일러 주었다.

子貢問曰 有一言而可以終身行之者乎 子曰 其恕乎 己所不欲 勿施於人

(7) 서로 함께 사는 길

산짐승은 끼리끼리 터를 잡고 산다. 그래서 다른 짐승이 남의 터에 들어가면 낭패를 당하고 쫓겨난다. 짐승들은 먹이를 놓고 한 치도 양보하지 않는다. 수컷이 암컷과 교미를 할 때도 힘으로 겨룬다. 힘이 강하면 암컷을 차지하고 약하면 빼앗긴다. 강한 사슴은 암컷을 독차지하고 약한 수사슴은 아무리 암컷들이 많아도 홀아비로 늙어야 한다. 이러함이 짐승들의 짓이다. 그러나 이러한 짐승들과 사람은 다르다. 지적 능력에서만 인간과 짐승의 차이가 나는 것이 아니라 예가 있기 때문에 사람과 짐승은 다르다.

비둘기의 금실이 좋다는 것은 누구나 다 아는 일이다. 비둘기는 암수가 부부로 살면서 서로 부리를 비비고 수시로 교미를 하면서 사랑을 나눈다. 암비둘기가 제 짝을 잃고 남의 짝 수비둘기와 몰래 교미를 하여 알을 배고 그 알을 품어서 깐 다음 그 새끼를 길러서 수놈 구실을 하면 그 자기 새끼와 짝을 지어 사는 것이 비둘기의 금실이라면 금실이다.

그러나 사람은 홀로 살망정 그렇게 하지는 못한다. 오이디푸스(Oidipous) 비극의 맨 마지막 장면을 상상해 보라. 오이디푸스는 라이오스 왕이 자기의 아버지인 줄도 모르고 왕을 죽이고 왕비와 결혼하게 된다. 모르고 제 어머니와 결혼을 한 셈이다. 그리고는 딸을 하나 낳는다. 이렇게 기구한 팔자를 저질러 놓은 다음에야 모든 사실을 알게 된 오이디푸스는 왕궁을 나와 황야를 헤매면서 자신의 손으로 두 눈알을 뽑고 하늘을 향해 "아아, 이제야 빛이 보인다."며 절규한다. 두 눈을 뜨고도 보지 못했던 빛을 장님이 되어서야 보게 되었다는 그 빛은 무엇일까? 바로 사람으로서의 도리일 것이다.

사람으로써 사람의 길을 걷게 하는 방법을 예라고 보아도 된다. 사람이 개처럼 굴면 개 같은 길을 걷는 것이 아닌가. 예로써 걷는 걸음 걸음은 항상 겸허해야 하고 남의 걸음에 걸림이 되어서는 안 되며 도움이 되어야 한다. 서로 의지하면서 돕고 믿으며 살면 누구나 예의 길을 따라 사람다운 길을 걸을 수 있다. 음악을 하는 소경이었던 면이라는 사람이 공자를 찾아왔을 때 공자는 그 소경에게 친절을 성심껏 베풀었다. 마음이 친절하고 그에 따라서 그 행동이 친절하면 예가 서며 나아가 공손하면서 겸양을 곁들여 정직하면 예는 참된 살맛을 이 세

상에 준다. 예를 매질이나 깐깐한 노인들의 간섭 따위로 생각할 것은
없다.

🫖 자장과의 담론

음악을 하는 면이란 소경이 공자를 찾아왔다. 그가 층계에 이르자 공
자께서는 층계라고 말해 주었고 그가 앉을 자리에 이르면 앉을 자리
라고 말해 주었고 그가 자리를 잡고 앉자 공자께서는 누가 여기에 있
고 누가 저기에 있다고 말해 주었다. 악사 면이 물러갔을 때 소경인
악사에게 말해 주는 것이 이러해야 하느냐고 자장이 물었다. 이에 공
자께서는 그렇다고 말한 다음 바로 그러한 것이 소경인 악사를 돕는
일이라고 밝혀 주었다.

師冕見　及階　子曰　階也　及席　子曰　席也　皆坐　子告之曰　某在斯　某在斯
師冕出　子張問曰　與師言之道與　子曰　然　固相師之道也

제4장
〈계씨(季氏)〉편

1. 〈계씨(季氏)〉편의 체험

(1) 좋은 벗과 해로운 벗

벗 따라 강남 간다고 한다. 이 속담에는 벗이 좋으면 나도 좋고 벗이 싫어하면 나도 싫어하고 벗이 불행하면 나도 불행하고 벗이 행복하면 나도 행복하다는 속뜻이 담겨져 있다. 벗이란 누구인가? 내 속마음을 서로 털어놓을 수 있는 사람을 벗이라고 한다. 〈계씨〉편을 읽게 되면 벗으로 삼을 사람과 벗으로 삼아서는 안 될 사람이 누구인가를 체험할 수 있다.

공자는 곧은 사람을 벗으로 삼으라고 한다. 이는 삶을 제대로 사는 사람을 벗으로 삼아 사귀라는 말이다. 인간이 사는 삶이란 본래 곧다〔直〕고 했다. 사람이 곧다는 것은 마음이 곧고 행동이 곧음을 말한다. 곧은 사람은 무엇을 감추거나 숨기지 않는다. 그는 밝게 보고 밝게 듣는다. 이러한 사람을 벗으로 삼고 있다면 누구보다 행복할 것이다.

성실한 사람을 벗으로 사귀라고 한다. 성실함이란 철이 들어 익고 여문 열매와 같은 사람을 말한다. 허튼짓을 하지 않으며 턱없는 짓을 범하지 않는 사람은 자기의 분수에 맞추어 최선을 다하는 사람이다. 이러한 사람은 자기를 과시하거나 허세를 부릴 줄 모른다. 성실은 거짓과 허세를 제일 무서워하는 마음씨이다. 이러한 마음씨로 사랑할 수 있는 마음은 무성하게 자라게 된다. 그래서 공자는 성실함〔忠〕과 믿음〔信〕을 항상 앞세웠다. 성실한 사람을 벗으로 두고 있는 사람은 누구보다 행복하다.

널리 아는 사람을 벗으로 삼으라고 한다. 우물 안의 개구리나 골목 안의 개들은 세상이 넓은 줄을 모른다. 장자의 말을 빌리면 매미는 가을과 겨울이 있음을 모르고 하루살이는 밤과 새벽이 있음을 모른다고 했다. 공자는 널리 알아야 한다고 밝힌다. 작은 것을 알면 큰 것을 알고 큰 것을 알면 작은 것을 알아야 하며 밝음을 알면 어둠을 알고 불행을 당하면 행복을 알아야 헤어나는 지혜를 터득할 수 있는 법이다.

꽉 막혀 벽창호 같은 사람은 사람을 막막하게 하고 답답하게 하면서 자기밖에 모른다. 세상 물정을 알아야 세상을 볼 줄 알고 세상을 볼 줄 알아야 서로 이해하고 서로 돕고 의지하면서 어려운 인생을 헤엄쳐 나갈 수 있다. 이러한 세상 물정을 살피면서 사람이 되는 길을 많이 밟은 사람을 많이 아는 사람이라고 보면 된다. 이러한 사람을 벗으로 두고 있는 사람은 행복하다.

이처럼 〈계씨〉 편을 읽으면 이로운 벗이 누구인가를 헤아릴 수 있다. 정직한 사람, 성실한 사람, 그리고 속이 트인 사람 이 세 사람이 이로운 벗이 되는 요소임을 알 수 있다. 이를 공자는 '이로운 벗이 셋 있다〔益者三友〕'라고 했다. 또한 해로운 벗도 있는데 그에 대해 공자는 '해로운 벗이 셋 있다〔損者三友〕'라고 밝혀 두고 있다.

친구를 잘못 얻으면 평생 망신을 당한다. 못된 사람을 벗으로 사귀고 싶어하는 사람은 아무도 없을 것이다. 그러나 열길 물속은 알 수 있어도 한 길 사람 속은 알 수 없는 법이다. 벗이란 먼저 정하고 사귈 수 있는 것이 아니라 사귀면서 벗이 되기도 하고 벗이 되지 않을 수도 있는 것이다.

사람의 속을 알 수 없다고 하지만 여러 번 만나서 지내다 보면 그 사람의 속을 짚을 수 있다. 속이 꽉 막혀 고집스럽고 편벽한 사람은 벗으로 삼지 말아야 한다. 저만 앞세우는 고집쟁이는 벗이란 것을 모른다. 편벽한 사람은 결국 해로운 벗이 되고 만다. 굽실거리고 아첨질하는 사람을 벗으로 삼거나 싱겁고 빈말을 일삼는 사람을 벗으로 삼으면 해를 당한다는 것은 누구나 삶을 통해서 겪어 보았을 것이다. 벗을 사귀고 나서 후회하는 사람처럼 어리석은 이는 없다. 후회할 벗을 왜 사귀었느냐고 물으면 누가 그럴 줄 알았느냐며 푸념한다. 그러나 〈계씨〉 편을 읽은 사람은 그러한 푸념을 하지 않아도 된다. 치우치고 약삭빠르고 말 잘하는 사람은 멀리하라는 공자의 말씀을 들을 수 있기 때문이다. 벗을 사귀는 것은 삶을 행복하게 하려는 것이지 불행하게 하려고 벗을 사귀는 것은 아니다. 그러므로 멀리서 벗이 찾아오니 이 또한 기쁘지 않느냐고 공자께서는 말한 것이다.

(2) 이로운 즐거움 해로운 즐거움

즐거움(樂)에도 선악이 있다. 양귀비꽃은 아름다워서 우리를 즐겁게 하지만 그 열매는 아편이 되어 아편쟁이를 만들어 낸다. 아편쟁이는 아편을 맞아야 즐거워하는데 아편이 주는 즐거움은 결국 사람을 시들게 하는 즐거움일 뿐이다. 사람을 시들게 하는 즐거움은 악한 낙(樂)이다. 그러나 사람을 새롭고 싱싱하게 하는 즐거움이 있다. 이를 선한 낙이라고 볼 수 있다. 〈계씨〉 편을 읽으면 낙의 선악이 무엇인지를 헤아릴 수 있다.

예악(禮樂)에 맞추려는 즐거움은 이롭다. 예는 사람의 밖을 다스리는 것이고 악(樂)은 사람의 안을 다스리는 것이다. 사람의 밖이란 사람의 행동이요, 사람의 안이란 사람의 마음속을 말함이다. 남을 높이고 자기를 낮추는 행동이 예이며 그러한 행동을 스스로 하는 이는 즐거움을 누리게 된다. 또한 스스로 만족하는 마음이 곧 악이므로 섣부른 욕심으로 속을 태우지 않고 만족하는 마음도 낙을 누리게 된다.

남이 행한 선한 일을 말하는 것은 즐거운 일이다. 사촌이 논을 사면 배가 아프고 남이 잘되면 속상해하는 사람은 즐거움을 맛볼 수 없다. 잘한 일이면 남김없이 칭찬하면서 환영할 것이요, 잘못한 일이면 용서해 줄 마음을 먼저 지니면서 잘못을 뉘우칠 때까지 기다리는 아량이 있어야 남을 칭찬할 수 있는 사람이다. 좋으면 해해하고 싫으면 끙끙거리는 사람은 남을 칭찬할 줄 모른다. 모든 것을 제 입장만 가려서 챙기는 사람인 까닭이다. 이처럼 자기 중심으로 세상을 저울질하는 사람은 즐거움을 누리지 못한다.

현명한 벗이 많으면 즐겁다. 현명한 벗이란 이로운 벗이다. 현명함이 이롭다 함은 바로 옳은 것이 이로움을 말한다. 왜 옳은 것〔義〕은 이로움〔益〕과 통하는가? 남을 즐겁게 하는 까닭이다. 왜 이로움〔利〕은 옳은 것과 동떨어져 있는가? 남을 해롭게 하고 자기를 즐겁게 하는 까닭이다. 남을 해쳐서 슬프게 하고 자기만 희희낙락하는 것만큼 악한 즐거움은 없다.

예악(禮樂)의 즐거움, 남을 칭찬하는 즐거움 그리고 현명한 벗을 두는 즐거움 이 세 가지의 낙을 이로운 낙이라고 공자는 밝히면서 해로운 낙 또한 세 가지가 있다고 〈계씨〉편에서 밝힌다.

교만한 쾌락〔驕樂〕을 일삼는 것은 악한 즐거움이다. 방종과 타락 등이 교만한 쾌락이다. 노름꾼이나 춤꾼들을 보라. 노름을 일삼는 자들은 앉아서 천금을 벌 수 있다고 떠벌린다. 이 얼마나 교만한가. 힘든 일은 팽개쳐 버리고 짝을 골라 빙빙 춤을 추면 세상 근심을 다 잊을 수 있다면서 춤판에 놀아나는 사람을 보면 얼마나 얼빠진 교만을 피우는가를 느낄 수 있다. 이처럼 쾌락은 결국 사람을 탕진시키며 소모시켜 시들시들하게 만들어 버린다. 악한 즐거움은 사람을 쓸모없는 쓰레기 따위로 만들 뿐이다.

일은 마다하고 편안함만 좇는 즐거움은 해로운 낙이다. 노름꾼을 보면 노름질이 얼마나 사람을 몹쓸 존재로 만들어 버리는가를 알 수 있다. 노름질은 곧 도둑질로 이어지게 마련이다. 놀면서 몫을 노리는 것은 곧 훔치는 것과 같고 가만히 앉아서 힘들여 번 돈을 노리는 것은 날도둑질을 하는 것과 다름이 없다. 이처럼 놀아나는 버릇에 빠지면 헤어나기 어렵다.

사람을 소모하는 즐거움이란 쾌락이며 쾌락은 전염병보다 더 무섭게 전염되어 사람을 흥분하게 만든다. 흥분은 결국 마음을 앓게 한다. 병이 들면 몸이 끓는 것처럼 흥분하면 마음이 끓게 마련이다. 그러면 마음이 봉사처럼 되고 눈이 멀고 귀가 멀어 미쳐 버리고 만다. 이처럼 쾌락은 사람을 미치게 한다. 사람을 흥분시켜서 미치게 하고 놀이에 정신이 나가 게으르고 꾀만 남은 망나니로 인간을 타락시키는 악한 즐거움을 공자는 일유(佚遊)라고 했다. 술은 사람을 취하게 하고 또한 여색을 밝히게 한다. 술과 여자에 놀아나는 인간은 사람 구실을 하기가 어렵다. 사람을 노리갯감으로 여기고 노는 것처럼 흉한 짓은 없다. 이를 공자는 연락(宴樂)이라고 했다.

악한 즐거움이란 교락(驕樂)이고 일유이며 연락이라는 것을 공자는 잊지 말라 한다. 즐겁다고 다 좋은 것이 아님을 안다면 세상은 덜 탕진되고 인간은 그만큼 덜 타락할 것이 아닌가. 쾌락이 아편인 것을 아는 사람은 즐거움을 제대로 누릴 수 있다.

(3) 듬직한 사람이 되는 길

난사람보다 든사람이 되라는 말이 있다. 난사람은 속이 텅 빈 강정과 같이 가벼워서 무엇을 두려워할 줄 모른다. 저 잘난 줄만 알고 까불어 대고 행패를 부리다 망신을 당하는 꼴불견들을 우리는 얼마든지 만날 수 있다. 경망스럽고 촐랑대는 인간들을 보면 부침 맛이 싹 사라져 버린다. 겁 없이 날뛰는 인간은 미친 사람의 손에 들려진 칼과 같이 느껴져 가까이할수록 탈이 생긴다는 걱정이 앞서기 때문이다. 이처럼 난사람은 세상의 두려움을 모르는 인간이다. 그래서 공자는 난사람이 되지 말라 한다.

든사람은 입이 무겁고 행동이 엄격하면서도 민첩하다. 할 말이면 하고 하지 않을 말이면 입을 다물어 버리므로 든사람의 말은 무겁다. 말과 행동이 달라서는 아니 됨을 알기에 든사람은 말하기를 두려워한다. 하늘이 두려움을 아는 사람은 거짓을 범하지 않는다. 하늘을 속일 수 없음을 아는 까닭이다. 그래서 공자는 천명(天命)을 두려워할 줄 아느냐고 묻는다. 그러면서 든사람은 큰 사람을 두려워할 줄 안다고 공자는 밝힌다.

큰사람이란 누구인가? 마음이 넓고 깊어 속에 든 것이 많은 사람이다. 속에 무엇이 들어 있단 말인가? 마음이 인의(仁義)에 여물어 있고 행동이 예악(禮樂)에 익어 있음을 말한다. 큰사람[大人]은 남을 사랑하고 소인은 자기를 사랑한다. 든사람은 대인을 두려워할 줄 알지만 난사람은 대인을 두려워할 줄 모르고 얕보면서 업신여기려고 덤빈다. 본래 하룻강아지가 범 무서운 줄 모르고 덤비는 법이다.

든사람은 성인의 말씀을 두려워하지만 난사람은 성인의 말을 멸시하고 코웃음을 친다. 난사람에게는 제가 제일이라고 믿는 오만과 고집만이 있다. 그래서 지혜로운 말을 들으면 자신과 어긋난 내용들이 있기 때문에 속이 켕긴다. 그들을 마음 편하게 대할 수 없기에 허세를 부려 성인의 말씀을 무시하려고 덤비게 된다. 이처럼 무엇을 두려워할 줄 모르면 세상을 겁 없이 맞이하고 마주하면서 천방지축으로 날뛰는 인간이 생긴다. 그러나 무엇을 무서워할 줄 알고 나아가 두려워할 줄 아는 인간은 삶을 방정맞게 꾸리지 않고 귀하게 여기면서 소중하게 삶을 맞이한다. 이렇게 삶을 맞이하는 사람은 군자답다고 공자는 밝힌다. 〈계씨〉 편을 읽게 되면 든사람이 누구이고 난사람이 누구인가를 체험으로 터득할 수 있다.

난사람은 무엇을 지켜야 하고 무엇을 버려야 할지를 모른다. 그래서 삶을 경박하게 이어간다. 삶을 경박하게 이어가는 사람은 자신의 기질을 앞세운다. 사람은 저마다의 기질에 따라 버릇이 붙게 마련이다. 그래서 든사람은 자신의 기질을 다스리려고 노력하고 난사람은 자신의 기질을 자랑하려고 한다. 이러한 연유로 공자는 〈계씨〉 편에서 사람의 혈기를 살아가면서 조심하라고 타일러 주었다.

청년기는 혈기가 왕성해 성욕을 남용하기 쉬운 시기이다. 이러한 성욕을 절제하는 다스림을 게을리하지 말 것을 공자는 당부한다. 십대들의 성범죄가 날로 늘어가는 것은 성욕을 절제할 줄 몰라 스스로를 더럽히고 망치기 때문이다. 이러한 빗나간 십대들은 난사람의 패거리에 든다.

장년기가 되면 혈기가 무르익어 무서운 줄 모르고 시비와 싸움 걸기를 두려워하지 않게 된다. 그래서 무슨 일이 일어나면 먼저 싸움을 하려는 마음으로 사람과 사람을 만나고 경계한다.

노년기가 되면 혈기가 쇠해지고 탐욕이 돋아난다. 이른바 노욕(老慾)이라는 추하고 더러운 것이 생긴다. 죽음을 앞두고 있다는 천명도 모르고 영원히 살 것처럼 탐욕을 부리는 노인을 보면 덜 익은 풋과일처럼 삶의 비린내가 난다. 늙었다고 철이 든 인간인 것은 아니다. 어린애 같은 노인도 있고 철없는 노인도 있다. 난사람은 이처럼 두려워

할 줄을 모르고 부끄러워할 줄을 몰라 절제할 줄을 모른다. 두려움을
아는 사람은 자기를 돌이켜볼 줄 알지만 두려워할 줄 모르는 사람은
무모한 짓을 겁 없이 저질러 삶을 고달프게 만든다. 이것이 난사람들
이 범하는 탈이다.

(4) 군자가 생각하는 것들

군자는 어떤 것을 보면 먼저 밝은 것을 생각한다. 이를 공자는 시사
명(視思明)이라고 밝힌다. 군자는 어떤 것을 들으면 맑은 것을 생각한
다. 이를 공자는 청사총(聽思聰)이라고 밝힌다.

생각하는 것은 사물을 떠나 존재할 수 없다. 마음 밖에 있는 것만 사
물이 아니라 마음 안에 있는 것 또한 사물이다. 사물을 있는 그대로
보고 들으면 생각은 아무것에도 치우침이 없이 반듯하게 펼쳐진다.
오해나 편견 독단 등은 밝게 보지 못하고 맑게 듣지 못한 탓이다.

얼굴은 천만 갈래의 표정을 짓는다. 마음속의 흐름은 얼굴에 나타난
다. 그래서 속은 숨겨도 얼굴은 숨기지 못한다고 한다. 군자의 얼굴은
항상 온화함을 생각한다고 공자는 말한다. 얼굴이 온화하다는 것은
마음속도 그러하다는 것을 뜻한다. 온화한 마음은 어울림[和]을 떠나
지 않는다. 어울림이란 패를 갈라서 무리 지어 함께 하는 것[同]을 멀
리한다. 그래서 군자는 친한 사람 앞에서는 미소를 짓고 낯선 사람 앞
에서는 냉정한 표정을 짓는 편가름을 하지 않는다. 모든 사람을 편하
게 하는 얼굴이 곧 온화한 얼굴이다. 손자를 바라보는 할아버지의 얼
굴을 기억하면 된다. 이를 공자는 색사온(色思溫)이라고 밝힌다. 군자
는 몸가짐이 항상 공손한가를 생각한다. 소인은 거만을 떨어야 자기
가 높아진다고 여기지만 군자는 그 반대이다. 몸가짐을 억지로 낮추

는 것이 아니라 남을 존경하는 징표로 마음에서 우러나오는 공손한 몸가짐을 취한다. 겉치레를 군자는 가장 멀리한다. 속임수를 쓰려고 짓는 공손함은 속이 들여다보이기 쉽고 뒤가 구려서 연극을 하는 수작일 뿐이다. 그러나 군자는 공손하되 굽실거리지 않는다. 이를 공자는 모사공(貌思恭)이라고 밝힌다.

군자는 거짓말을 하지 않는다. 군자는 말 그 자체를 성실함(忠)으로 여기는 까닭이다. 거짓말이란 걸 다르고 속 다른 말이다. 마음속을 감추고 입술로만 번듯한 말을 하면 거짓말이 된다. 남을 속이는 입술과 혀는 마음속을 돌려놓고 사람을 훔치는 짓이다. 돈을 훔치는 것만 도둑질이 아니다. 사람의 마음을 훔치는 도둑이 더 무서운 도둑이다. 군자는 말도둑을 가장 무서워한다. 이를 공자는 언사충(言思忠)이라고 밝힌다.

군자는 건성으로만 보기 좋게 일을 꾸미지 않는다. 해야 할 일이면 어김없이 하고 하지 말아야 할 일이면 결단코 하지 않는다. 사람이 하는 일은 모두 엄숙해야 한다고 군자는 믿는다. 일을 착실하게 하고 신중하게 하는 사람은 돌다리도 두들겨 본 다음에야 건너간다. 군자는 그렇게 일한다. 그러므로 일의 뒤끝이 어떻게 될지를 걱정하지 않는다. 일을 걱정한다는 것은 힘을 다 쏟지 않았거나 못한 다음에 마음에 걸리는 아픔이 오기 때문이다. 군자는 그러한 아픔을 어리석은 앓음으로 여긴다. 그래서 군자는 맡은 일을 철저하게 완수한다. 이를 공자는 사사경(事思敬)이라고 했다.

군자는 의문이 나면 의심하지 않고 물어본다. 의심은 풀어야 하는 매듭이지 묶어 두어야 하는 매듭이 아니다. 의심을 하면 할수록 하는 일마다 캄캄해지고 믿을 것을 송두리째 잃게 된다. 남을 의심하는 사람은 결국 남을 의심하게 하는 사람이다. 도둑들은 서로를 믿지 못해 밤잠을 선잠으로 설치는 법이다. 서로를 못 믿는 까닭이다. 그러나 군자는 무엇이든 믿는 쪽을 택한다. 공자는 이를 의사문(疑思聞)이라고 밝힌다.

군자는 화가 났을 때에도 되돌아올 고난을 생각한다. 분노를 새기려면 스스로를 절제할 줄 알아야 한다. 성난 마음은 성난 행동을 부른다. 성난 행동은 물불을 가리지 않아 화를 자초한다. 그렇게 되면 삶이 어렵게 되고 고달파지고 옹색해지게 마련이다. 분노가 마음과 몸을 유린하지 않게 하려면 분을 참고 이겨내야 한다. 이를 공자는 분사난(忿思難)이라고 밝힌다.

군자는 이득을 만나면 옳음을 생각한다. 땀흘린 만큼 보답을 받으면 그만이다. 더 받으려고 하는 것은 빼앗는 것과 같다. 군자는 베풀 줄은 알아도 빼앗을 줄은 모른다. 뇌물을 받거나 뒷돈을 받는 것은 소인의 짓이다. 군자는 이를 무서워한다. 그래서 공자는 견득사의(見得思義)라고 밝힌다.

2. 공자의 어록

(1) 등 뒤에 칼을 대고

날만 새면 데모로 시작해서 데모로 낮을 넘겼던 우리나라의 과거는 불난 벌집과 같았다. 그때는 민중 봉기로 성립된 정부이니 좀 기다려 주지 않고 조급하고 성급하게 무얼 해내라, 이걸 달라 하며 거리와 골목을 누비면서 장면 총리의 목을 졸랐다. 자유당 시절에는 정권을 부수려고 데모를 했다. 막판에는 유치원 학생들까지 '물러가라'를 외치며 데모를 했다. 유치원 아이들을 동원한 어른들이 한심했지만 빛이 보이지 않을 만큼 나라의 앞날은 암담했었다. 자유당 정권을 물리치면 세상이 조용할 줄 알았지만 오히려 민중 데모는 더 기승을 부렸고 살기는 더욱 어렵게 되었다. 목구멍이 포도청이라고 힘없는 백성들의 입에서는 구관이 명관이란 말이 서서히 나오기 시작했다.

데모에 진절머리가 날 무렵 급기야 총을 든 장군이 한강을 건너 탱크를 앞세우고 정부를 접수했다. 이렇게 해서 민중 봉기로 성립된 민주당 시절은 일 년 남짓 데모에 시달리다 쿠데타의 밥이 되고 말았다. 그러자 백성들의 입에서는 밥 지어 개 주고 말았다는 속말들이 남몰래 바람처럼 불었다. 그리고 근 일 년 동안이나 전국에는 계엄령이 내려져 백성들은 숨 한번 제대로 못 쉬고 힘에 의해 다스려지게 되었다.

자유당 시절에는 치자들이 경찰의 힘으로 세상을 주물렀지만 민주당 시절에는 시민의 힘으로 민주 정치를 하겠노라고 했다. 그러나 백성의 힘을 얻으려면 치자들이 몸가짐을 잘해야 함에도 불구하고 민주당은 한 통의 밥을 놓고 서로 먹겠다고 싸우는 두 마리의 개처럼 신파 구파가 나누어져 정치 싸움만 벌였다. 정치를 밥통으로 아는 정객들은 말만 치자일 뿐 백성의 힘을 얻어내지 못하는 법이다. 진정으로 백성을 위하는 치자들은 정치를 밥통쯤으로 여기지 않는다. 백성을 위하는 정치를 펴야만 백성의 힘을 얻을 수 있음을 알기 때문이다. 그러나 민주당은 이러한 진리를 어겼다. 믿었던 백성의 힘을 잃어버리자 나라를 훔치는 도둑마저 생겼다.

공화당 시절에는 군대의 힘이 통치권을 잡았다. 군대의 힘으로 나라를 훔치게 되면 밀림의 법칙이 통하는 법이다. 힘이면 무엇이든 다 된다는 생각이 판을 치게 되면 천하에 도는 없어진다고 공자는 말했다. 힘으로 통치하는 정치는 백성의 등에 칼을 대고 다스리는 것과 같다. 칼을 쥐고 있는 자는 인형극의 실끈을 쥐고 있는 사람처럼 권력을 휘두를 수 있다. 박정희 육군 소장이 두 달도 못 가서 대장으로 승진되고 최고회의 의장이 되고 공화당을 만들어 대통령에 취임한 뒤 도탄에 빠진 나라를 건지겠다고 천하를 호령했을 때 이미 지칠대로 지친 백성들은 이러면 어떻고 저러면 어떠냐는 심정의 꼭두각시 인형이 되어 있었다. 그리고 박 대통령은 보릿고개란 가난과 굶주림을 없애 주는 공을 세워 백성의 환심을 살 수 있었다.

그러나 박 대통령은 왼손에는 정보부를, 오른손에는 보안사란 칼을 쥐고 사정없이 무단 정치를 몰아쳤고 종신 대통령을 하기 위해 별의 별 수단을 다 부리기 시작했다. 그것도 모자라 백성들에게는 굶주림을 없애 주었으니 잔말 말고 시키는 대로만 하라고 으름장을 놓았다. 그러는 과정에서 박 대통령은 민심을 잃어 갔다. 이처럼 나라를 훔친 도둑은 항상 그 뒤가 험한 법이다. 박정희 대통령도 예외는 아니었다.

어디 사람이 배만 부르다고 해서 살 수 있는 짐승인가. 공화당 정권은 이를 몰랐다. 천하에 도가 있으면 권문세도의 손에 정치가 주어지지 않고 천하에 도가 있으면 백성들이 소란을 피우지 않는다고 밝혀 놓은 공자의 말씀은 현실로 나타났다. 이처럼 공화당 정권은 망신스럽게 막을 내리고 말았다. 정치에서 천하의 도란 무엇일까? 백성의 힘이 바로 그 도이다. 그렇다면 정치에서 천하의 도를 없애는 것은 무엇일까? 경찰의 힘으로 다스리는 것이며 나아가 군대의 힘으로 세상을 통솔하는 것이다.

🌱 공자의 말씀

세상에 진실이 통하면 특권층의 손에 정치가 쥐어지지 않으며 천하에 도가 있으면 백성들이 소란을 피우지 않는다. 이렇게 공자께서는 밝혔다.

孔子曰 天下有道 則政不在大夫 天下有道 則庶人不議

(2) 장충 체육관

체육관은 운동 경기를 하는 곳이다. 그러나 장충 체육관은 여느 다른 체육관과는 다르다. 어쩌면 그러한 체육관은 천하에 단 하나밖에 없을 것이 분명하다. 왜냐하면 장충 체육관은 대통령을 만들어 낸 인형들의 집 노릇을 한 체육관이기 때문이다. 공화당 시절 말기에는 대통령을 만들어 내는 인형을 통대(統代)라고 불렀다.

장충단 공원 체육관에 통대들이 모여 박수를 치니 대통령이 탄생했다. 이 얼마나 편리하고 쉬운 정치의 쇼인가. 힘없는 백성들은 불 구경을 하듯 저만치 서서 아무런 표정 없이 차(車)치고 포(包)치는 장기판 같은 권력의 세상을 운동 경기처럼 보고 있을 뿐이었다. 정치라는 운동 경기에는 이른바 페어플레이(Fair Play)란 것이 없다. 상대를 묶어 놓고 달리는 경기 같은 것이 유신 헌법의 정치 운동 경기였을 뿐이다. 말로는 민주 정치를 한다고 했지만 정치가 백성의 손을 떠난 지는 이미 수십 년이 넘었다.

임금의 시대에는 정치가 임금의 손에서 나왔고 민주의 시대에는 그것이 백성의 손에서 나와야 한다. 공화당의 유신 헌법은 통대를 백성의 대변자라고 칭했지만 따지고 보면 그들은 권력자의 꼭두각시 인형에 불과할 뿐이었다. 인형이 대통령을 뽑았으니 백성들은 인형극 놀이를 구경하는 구경꾼 신세에 불과했던 셈이다. 공자가 나라의 정치가 권문의 손에 들어간 지 오래 되었으니 권문이 무너져 내릴 날도 머지 않았다고 말한 일이 있다. 권불십년(權不十年)이란 말이 여기서 나왔을 법하다. 결국 장충단 공원 체육관에서 연출된 유신 헌법의 통대 인형극도 십 년 남짓밖에 가지 못했다. 언제나 무인(武人)의 정치는 거칠고 사나운 법이며 썩은 정객들의 정치는 더럽고 추해서 냄새가 나는 모양이다. 그래서 백성들은 공자가 말한 밝고 맑은 덕치는 언제쯤에나 올까? 라는 물음 앞에 그때 매우 지쳐 있었던 것이다.

🌱 공자의 말씀

벼슬을 내리는 권한이 임금의 손을 떠난 지 오 대가 지났고 중손(仲孫), 숙손(叔孫), 계손(季孫)으로 짜여진 삼환(三桓)이라는 권문세도의 손안으로 정권이 들어간 지도 사 대가 지났다. 따라서 삼환의 자손들이 미약해지는 것은 당연하다. 이렇게 공자께서 말했다.

孔子曰 祿之去公室五世矣 政逮於大夫四世矣 故夫三桓之子孫微矣

(3) 도둑 교실의 교장

요즈음은 감옥을 교도소라고 부른다. 돼먹지 못한 인간이 감옥에 들어갔다 나올 때는 바람직한 사람이 되어 나온다는 뜻으로 그렇게 부른다. 그러나 좀도둑이 감옥에 갔다 나오면 더 큰도둑이 된다는 말이 있다.

좀도둑은 족보가 없지만 큰도둑은 족보가 있다고 한다. 도둑의 족보는 무엇일까? 성씨로 도둑의 족보를 세우는 것이 아니라 도둑질하는 기술로 족보를 세우는 것이다. "남의 목에 칼을 대고 도둑질하는 놈은 못난 도둑놈이고 권력을 팔아서 남의 것을 터는 놈은 더러운 도둑놈이다. 가짜 서류나 세 치 혀를 앞세워 남을 속이고 등치는 사기꾼은 날도둑놈이고 남의 호주머니를 칼로 찢어 돈지갑을 슬쩍하는 놈은 얄미운 도둑이다. 가난한 집을 터는 놈은 천벌을 받을 도둑이고 인심을 잃은 부잣집을 터는 자는 훔친 것을 다시 훔치는 것이므로 떳떳한 도둑이다. 은행의 금고를 터는 사람은 베토벤도 부러워하는 귀를 가진 부러운 도둑이다." 도둑들의 감방장이 이렇게 연설을 했다.

감방에는 죄인이란 말이 없다. 거기서는 죄를 짓지 않은 자는 없으므로 죄질이 문제가 된다. 감옥 밖에서 보면 가장 악한 범죄가 감옥 안의 감방에서는 가장 선한 행위로 칭송을 받게 된다. 은행의 금고를 털다가 붙잡혀 무기 징역을 살아야 하는 한 감방장이 위와 같은 연설로 좀도둑을 훈련시켜서 큰도둑이 되는 기술을 가르쳐 주고 있었다. 그러자 엄청난 사기죄로 오 년 형을 받은 놈이 종이 몇 장에 가짜 도장을 찍어 주고 수십 억씩 생기는 도둑질보다 나은 돈벌이가 어디 있느냐고 감방장에게 대들었다. 이에 감방장은 남을 속여서 돈을 챙기는 도둑질은 쌓아 둔 돈을 그냥 가지고 나오는 도둑질에 비할 수 없다고 하면서 사기꾼의 따귀를 때렸다.

"사기꾼은 사람을 속여야 하므로 얼굴이 팔려 도둑질을 직업적으로 할 수 없다. 그러나 금고털이는 밤에만 해야 하므로 얼굴이 팔릴 염려가 없기 때문에 재수만 좋다면 평생을 할 수 있다. 또한 늙어서 귀가 흐려지면 후배에게 넘겨주고 늙어서도 호강을 할 수 있다. 금고털이는 사람을 속여서 등치는 사기꾼은 사람으로 보지 않는다. 사기꾼은 사람을 훔치는 놈이어서 천벌을 받을 것이고 은행털이는 주인 없는 돈을 좀 가져다 쓰는 것일 뿐이다. 돈은 땀흘려 벌어야 한다고들 하지만 네놈들이 아무리 땀을 흘려도 도둑질 맛을 본 놈들이 도둑질을 버릴 수 있겠느냐?" 이렇게 감방장이 두 번째 연설을 끝내자 감방의 도둑들은 일제히 "없소."라고 대답했다.

이 이야기는 과거 한 서너 달 동안 은행 강도의 감방장 밑에서 옥살이를 했던 한 잡범이 감방을 나와 털어놓은 옥살이 경험이다. 도둑들과 어울리면 아주 자연스럽게 도둑이 되는 법이다. 도둑들 사이에서는 도둑질이 하나도 부끄럽지 않다. 나름대로 도둑질을 하나의 직업으로 여기기도 한다. 이처럼 사람은 어떤 사람과 만나서 사느냐에 따라 인간이 되기도 하고 그렇지 않기도 하는 법이다. 맹자의 어머니가 맹자를 위해 세 번 이사를 하지 않았더라면 맹자는 도둑이 되었거나 장터의 건달이 되었을는지도 모를 일이 아닌가.

🌱 공자의 말씀

이로운 벗에는 세 가지가 있고 해로운 벗 또한 세 가지가 있다. 정직한 사람과 벗하고 성실한 사람과 벗하며 아는 것이 많은 사람과 벗하면 유익하다. 그러나 편벽한 사람과 벗하고 아첨을 일삼는 자와 벗하고 싱겁고 빈말을 잘하는 사람과 벗하는 것은 손해다. 이렇게 공자께서는 충고했다.

子曰 益者三友 損者三友 友直 友諒 友多聞 益矣 友便辟 友善柔 友便
損矣

(4) 도박 부인의 끗발

판돈이 수억에 이르는 사기 도박꾼들의 이야기가 가끔씩 세상을 놀
라게 한다. 할 일은 없고 돈은 많고 생각은 없는 유한 부인들이 사기
도박꾼들의 고객이라고 한다. 얌전하던 가정 부인도 사기 도박꾼에게
한번 걸려들면 빠져나오기가 불가능하다고 한다.

노름을 하게 되면 결국 도둑질을 배우게 된다. 노름은 결국 도둑질
인 까닭이다. 사기 도박꾼은 화투장이나 마작패를 속여서 남의 돈을
훔쳐내므로 결국 속임수로 도둑질을 하는 셈이다. 던진 미끼를 물면
물고기는 걸려 나오게 마련이고 도둑이 던진 고깃덩어리를 물면 집을
지키던 개도 도둑의 종이 되고 만다. 도박꾼에 걸려든 주부들은 낚시
에 걸린 물고기 같은 꼴이 되거나 제 집을 도둑에게 내맡기는 개꼴이
되고 만다.

화투에 병이 든 사람은 온 세상이 딱지처럼 보이고 보름달만 보아도
팔광으로 겹치고 무슨 꽃이든 삼광으로 보인다고 칭얼댄다. 돈을 걸
어 놓고 패를 돌리는 순간은 세상이 엎어져도 모를 만큼 오금이 저리
고 패를 쥐고 치기 시작하면 따든 잃든 온몸이 날아갈 만큼 붕 떠서
성교를 하는 것보다 더 흥분된다고 맞장구를 친다. 노름꾼들은 노름
보다 더 즐거운 것이 어디 있느냐며 덤빈다. 아편쟁이는 아편을 맞아
야 흥얼거리고 노름꾼은 패를 쥐어야 살맛이 난다고 한다. 그러나 아
편을 핏속에 넣는 놈은 아편 때문에 죽고 패를 손에 쥐어야 살맛이 난

다는 놈은 결국 패 때문에 집안을 거덜나게 하고 만다.

심심찮게 뉴스 시간대에 도박에 물든 부인들이 끌려들어오는 장면을 만나게 된다. 세상이 건방지고 경망스러워지면서 춤바람과 계로 여인천하를 이루더니 이제는 도박이란 바람을 여인들이 차고 일어나는 모양이다. 옷가지로 얼굴을 가리고 질질 끌려들어오는 도박꾼 여인들도 부끄러운 줄은 아는지 뉴스 카메라에 제 얼굴이 잡힐 것이 두려워 말린 새우처럼 거동을 하면서 추태를 부린다. 처음에는 돈을 잃었고 그 다음에는 몸을 팔았고 그 다음에는 남편을 잃었고 마지막에는 자식마저 잃었다고 한탄하는 한 도박꾼 여인이 자살하고 싶은 심정이라고 한들 인생은 그녀에게서 사라진 다음이다.

어느 누가 즐거운 인생을 원하지 않겠는가. 그러나 인생의 즐거움이란 놀이판에서 이루어지는 것이 아니다. 아편으로 즐거움을 살 수 없고 돈으로 즐거움을 살 수 없는데 하물며 화투짝으로 인생의 즐거움을 살 수 있겠는가. 그래서 공자는 즐거움에도 이로운 것이 있고 해로운 것이 있다고 이미 일찍 충고해 두었다.

공자의 말씀

이로운 즐거움이 셋있고 해로운 즐거움 또한 셋있다. 마음속을 편안하게 하고 절제하기를 좋아하는 것을 즐기는 것과 남의 좋은 점을 말해 주기를 즐거워하는 것과 현명한 벗을 많이 사귀려는 즐거움은 이로운 즐거움이다. 그러나 교만한 쾌락을 일삼거나 일하지 않고 편하기만을 바라거나 술과 계집으로 낙을 삼는 것 따위는 해로운 즐거움이라고 공자께서 분별해 놓았다.

孔子曰 益者三樂 損者三樂 樂節禮樂 樂道人之善 樂多賢友 益矣 樂驕樂 樂佚遊 樂宴樂 損矣

(5) 장군 각하 검사 영감

　검사 친구가 검사에게 전화를 걸면 비서가 전화를 받아서는 누구냐고 묻고 별 볼 일 없다 싶으면 영감님이 계시지 않는다고 잘라 말한다. 장군 친구가 장군에게 전화를 걸면 부관이 전화를 받아 누구냐고 묻고는 별찮다 싶으면 각하께서 출타 중이라고 응한 다음 전화를 끊어 버린다. 아무리 젊은 검사라도 영감이라고 불러 주어야 윗사람을 모시는 예의가 되고 별 하나만 달아도 대통령에게나 어울리는 각하라는 존칭을 달아 상사를 모셔야 부관 노릇을 다하는 줄 아는 모양이다.

　하기야 세상이 우습게 되어 너도나도 선생이라 불리고 너도나도 사장이라 불리고 있다. 다방에서는 누구든 사장이 되거나 선생이 된다. 크든 작든 사업을 하는 이를 사장이라 칭한들 너무 흔해서 별 탈은 없다. 그러나 선생이란 호칭이 흔할수록 세상이 비뚤어져 있거나 거덜나 있다는 징조를 말해 주는 셈이다. 선생은 성인에게나 붙일 수 있는 호칭인 까닭이다. 아무나 선생이라는 호칭으로 불러도 괜찮은 세상이 되면 한 선비의 무덤 앞에 세울 비석에 뭐라고 호칭을 쓸 것인가를 놓고 논쟁을 벌이는 일을 쉽사리 이해하지 못할 것이다.

　경상도 산청 고을에서 덕 있는 분으로 추앙 받던 김황이란 선비가 죽었을 때 그 고인의 함자 밑에 선생이란 칭호를 붙일 것인가 말 것인가를 두고 긴 시간 동안 토의를 한 적이 있었다. 결국 이 시대에 인간의 됨됨이를 몸으로 가르쳤고 인간이 걸어가야 할 길을 몸소 가르쳐 준 분이므로 선생이란 호칭을 붙이자는 결론이 났다. 이처럼 선생은 사람되는 법을 가르치는 분에게나 붙이는 존칭이다. 그래서 옛날에는 임금의 스승에게나 선생이란 칭호를 달았다. 그러나 이제는 학교에서 일하는 교사들을 모조리 선생이라 하고 낯선 사람을 만나도 성씨를 물은 다음에는 곧장 선생이라고 부르면서 이야기를 나눈다. 이쯤 되고 보면 삼십 대의 검사를 영감이라 부르고 장군을 각하라고 불러 주는 일도 별것 아니다. 그러나 윗사람을 모시는 데 있어 과한 것은 모자람만 못한 법이고 젊은 검사가 영감이란 호칭을 좋아하고 군대 안의 한 장군이면서 각하라는 칭호를 선호한다면 이 또한 과해서 탈을 내는 경우를 벗어날 수 없을 것이다. 아무개 장군 아무개 검사라고 하면 그만인 것을 턱없는 호칭을 달아 장식하고 꾸민다고 이름 값이 더 올라갈 것이라고 생각한다면 세상은 껍질만 남고 속은 텅텅 비어 빈 바람만 스치게 될 뿐이다.

🌱 공자의 말씀

덕이 있는 윗사람을 모시는 데 범하기 쉬운 허물이 셋 있다. 윗사람이 말을 하지 않았음에도 먼저 입을 여는 것은 조급한 허물이고 윗사람이 말을 했음에도 대꾸하지 않는 것은 속을 감추는 꼴이며 윗사람의 얼굴을 살피지 않고 함부로 떠드는 것은 맹목적인 허물이다. 이렇게 공자께서 분별했다.

孔子曰 侍於君子有三愆 言未及之而言謂之躁 言及之而不言謂之隱 未見顔色而言謂之瞽

(6) 십대들의 성범죄

옛날부터 수송아지는 암송아지보다 먼저 코를 뚫린다는 말이 있다. 두 돌도 지나지 않아 수송아지는 암내를 맡으면 발광하는 버릇을 보인다. 그러면 농부는 어금니도 나지 않은 녀석이 암소 엉덩이에 코를 댄다면서 수송아지의 코를 뚫어야 한다고 투덜댄다. 본래 돌이 지난

송아지라도 암송아지는 몇 달 동안 코를 뚫지 않고 목에 고삐를 걸어 끌고 다니지만 수송아지는 혈기를 일찍 보여서 앞질러 코를 뚫려 질질 끌려 다니게 된다. 그래서 너무 일찍 여자를 밝히는 아이들을 두고 목매기에 코가 뚫린다고 빈정대는 것이다.

요사이는 중학생 또래의 사내놈들을 두고 무섭다고 한다. 송아지로 치면 아직 이갈이도 채 마치지 못한 놈들이 떼를 지어 야밤에 남의 집 담을 넘어 들어가 강도 짓을 하고 그러고 난 다음에는 신고하지 말라면서 가족들이 보는 앞에서 여자들을 욕보인다고 한다. 붙들린 놈들에게 왜 강도 짓을 했느냐고 물으면 유흥비를 마련하려고 그렇게 했다니 할 말이 없다.

커 가는 사내에게 정력이 넘치는 것은 목숨의 순리이다. 그러므로 넘치는 정력을 어떻게 다스려야 하는지를 어른들이 가르쳐 주어야 한다. 그러나 그렇게 하지 않고 내팽개쳐 버리면 골목에 돌아다니는 수캐처럼 되기 쉽다. 밤길에 납치를 당해 성폭행을 당하고 부끄러워서 자살을 한 소녀를 수캐 같은 못난 십대들의 희생물로만 생각해서는 안 된다. 못난 어른들의 희생물로 차라리 돌이켜 생각해야 한다. 십대란 본래 겁 없는 송아지처럼 날뛰는 나이이므로 어른들이 사람답게 길을 들이는 데 게을리 해서는 안 된다.

그러나 지금 어른들은 아이들에게 사람되는 법을 가르칠 생각은 밀어 두고 공부만 잘하기를 바라니 아이들은 이래저래 폭발하는 망나니로 돌변해 가는 형편이다. 성폭행을 당해 자살한 소녀도 불쌍하고 성폭행을 범해서 감옥으로 가야 하는 십대 사내 녀석들 또한 불쌍하다.

십대에 성욕을 절제하는 가르침을 받아야 한다고 공자가 밝힌 것은 성욕은 혈기와 더불어 폭발하는 본능의 욕구인 까닭이다. 인간이 다른 짐승과 왜 다른가? 인간은 본능의 욕망을 다스릴 줄 아는 머리를 지닌 까닭이다. 십대들에게 이러한 머리를 틀 수 있도록 어른들이 노력하지 않는 한 해가 갈수록 십대들의 성범죄는 늘어날 것이고 밤길은 더욱 무서워질 것이다.

🌱 공자의 말씀

군자가 지켜야 할 계율이 셋 있다. 소년기에는 혈기가 왕성할 뿐 안정되지 못하므로 성욕을 경계해야 하는 것이고 장년기가 되면 혈기가 굳으므로 싸움질을 경계해야 하는 것이고 노년기가 되면 혈기가 쇠약해지므로 탐욕을 경계해야 하는 것이다. 이렇게 공자께서 밝혔다.

孔子曰 君子有三戒 少之時 血氣未定 戒之在色 及其壯也 血氣方剛 戒之在鬪 及其老也 血氣旣衰 戒之在得

(7) 두려움과 무서움

멧돼지를 만나면 무섭지만 두렵지 않고 금실 좋은 한 쌍의 노루를 만나면 두렵지만 무섭지는 않다고 옛날 포수들은 말했다. 멧돼지에게 불질을 할 때는 애목이나 정수리를 명중시켜야 탈이 없다. 그것도 모르고 섣불리 불질을 했다가는 멧돼지의 습격을 받아 몰이꾼들과 사냥개들이 위험하게 된다. 그래서 목을 잡고 있던 포수는 쫓겨오는 멧돼지의 급소에 한 방의 불질을 해서 쓰러뜨려야 명포수란 말을 들었다. 힘만 믿고 겁 없이 달려오는 멧돼지에게 불질을 할 때는 잡아야 한다는 생각만 앞설 뿐 살생한다는 생각은 들지 않는다. 하지만 서로 입을 맞추고 엉덩이를 비비대며 풀을 뜯는 암수 노루를 만나면 잡을 생각은 들지 않고 살생한다는 생각이 들어 불질을 그만둔다고 명포수들은 말한다.

왜 힘센 멧돼지를 향한 불질은 두렵지 않지만 힘없는 노루를 향한 불질은 두려운 것일까? 선하고 아름다운 모습은 두렵지만 악하고 추한 모습은 무섭기 때문이다. 두려움 앞에서는 무릎을 꿇지만 무서움 앞에서는 일어나 물리쳐야 한다는 마음이 생긴다. 이처럼 소망하고 그리워하는 것은 사람에게 두려움을 준다. 무엇을 두려워하고 무엇을 무서워할 줄 알면 그만큼 철이 든 것이다. 두려운 것과는 싸울 수 없다. 웅장한 산속이나 망망한 바다 가운데 있으면 두려움을 느낀다. 그러나 벼랑 끝이나 높은 사다리 끝에서는 무서움만 느껴질 뿐 두려움은 느껴지지 않는다. 두려움을 주는 것은 신선해 보여서 그 품에 안기고 싶고 신앙심을 불러일으키지만 무서운 것은 피하고 싶고 물리치고 싶을 뿐이다. 두려움을 멀리하고 무서움을 앞세워 겁 주는 것들을 우리는 공포의 무리들이라고 한다. 도둑이나 졸부와 같이 권력을 남용하는 독재자들은 두려운 존재가 아니라 무서운 존재일 뿐이다.

듬직한 사람은 두려워할 줄은 알지만 무서워하지는 않는다. 그러나 못나고 싱거운 사람은 두려움을 깔보고 무서운 것 앞에 굴복한다. 명포수가 금실 좋은 노루를 만나면 왜 불질을 멈추는가? 비록 산짐승이지만 부부가 서로 사랑하며 사는 모습 앞에 존경하는 마음이 생겨 저절로 불질을 못하게 되는 것이다. 이처럼 두려움을 아는 사람은 무엇을 존경해야 하고 무엇을 물리쳐야 하는지를 안다. 그래서 군자는 두려움을 따르고 소인은 두려움을 멀리하면서 무서운 것에 무릎을 꿇는다고 공자는 말했다. 비굴하고 너절한 인간은 두려움을 모른다. 다만 소인배는 무서움만 알 뿐이다.

🌱 공자의 말씀

군자에게는 세 가지 두려움이 있다. 천명을 두려워하고 마음이 깊고 넓은 사람을 두려워하며 성인의 말씀을 두려워한다. 그러나 소인은 천명이란 것을 알지 못하기 때문에 두려워하지 않고 속이 깊고 넓은 사람을 몰라보고 얕보며 성인의 말씀을 업신여긴다. 이렇게 공자께서 말했다.

孔子曰 君子有三畏 畏天命 畏大人 畏聖人之言 小人不知天命而不畏也 狎大人 侮聖人之言

(8) 아이들을 가르치는 사람

초등학교 일 학년 담임은 나이 든 분이 해야 한다. 그러나 어찌된 일인지 일 학년을 맡을 선생은 젊어야 한다는 풍조가 생겼다. 일곱 살 또래의 인간을 사람의 길로 접어들게 하기 위해서는 풍부한 연륜이 필요하다. 꼬마에게는 무엇을 가르치는 일보다 눈을 뜨게 하고 귀를 트게 하며 입을 열게 하는 일이 더 귀중하다. 이러한 일은 무슨 지식보다도 인생을 노래할 줄 알아야 가능하다. 그러기 위해서는 삶의 단맛 쓴맛을 어느 정도 거친 다음에야 가능하다. 어린아이가 왜 할아버지나 할머니의 무릎 위에 앉기를 좋아하겠는가? 노인의 품에 안기면 구수한 이야기와 더불어 따뜻한 온기를 맛볼 수 있는 까닭이다. 초등학교 일 학년에게는 학교의 교실이 할아버지나 할머니의 품안처럼 되어야 한다.

젊은 선생이 나이 든 선생보다 새로운 것을 더 알 수는 있다. 그러나 인생을 잘 안다고 볼 수는 없다. 꼬마에게 국어나 산수를 잘 가르친다고 모든 것이 다 되는 것은 아니다. 그보다는 세상에 갓 나온 꼬마들을 마음 편하게 안을 수 있는 사랑이 얼마나 있느냐의 문제가 더 중하다. 나이 든 선생은 교단에서 쌓은 오랜 경험을 통해 공부 잘하는 것만으로는 학생을 잴 수 없다는 것을 안다. 그보다 총명한 어린이도 있고 둔한 아이도 있고 느려서 아직 어눌한 아이도 있다는 것을 안다.

초등학교 일 학년 교실에는 천재도 없고 준재도 없고 수재도 없고 범재도 없다. 사람을 지능으로 분별하는 것은 고등학교나 대학에서는 필요할지 모른다. 그러나 초등학교에는 사랑스러운 꼬마들만 있을 뿐이고 그 꼬마들이 명랑하고 상냥하고 부지런한 아이들로 자라게 부추겨 주면 일 학년 꼬마들의 선생으로 충분하다. 우리는 배우는 일을 앞둔 꼬마들에게 부지런함을 길들여 주어야 한다. 부지런하면 범재도 수재에 버금가는 길을 택하여 걸을 수 있게 된다. 꼬마들에게 부지런한 버릇을 길들여 주는 것을 사탕을 사 주는 것이 아니라 사탕을 만들어 먹는 법을 가르치는 격이라고 보아도 된다.

초등학교 교단을 사십여 년 만에 떠난 한 노교사가 위와 같은 말을 어느 자리에서 들려준 일이 있었다. 공부를 잘하는 아이보다 공부를 못하는 아이를 더 예쁘게 보는 선생의 눈은 사랑을 볼 줄 아는 눈이다. 세상에는 천재도 있고 준재도 있고 수재도 있으며 범재도 있고 바보도 있고 천치도 있다. 바보나 천치는 남들의 도움을 받아야 살아간다. 그러나 범재 이상은 스스로 일을 하여 삶을 펼쳐야 한다. 그러기 위해서는 배움에 부지런해야 한다. 준재가 부지런하면 천재에 버금가고 수재가 부지런하면 준재에 버금가고 범재가 부지런하면 수재에 버금가게 된다. 머리가 좋다는 말만 앞세우면서 게으른 자는 부지런히 배우는 범재만도 못하다. 자라와 토끼의 경주에서 자라가 이긴다는 이야기는 꼬마들보다 어른들이 더 들어야 하는 이야기가 아닌가 생각된다.

사람의 세상에는 범재들이 절대 다수를 이룬다. 말하자면 보통 사람들이 주류를 이루며 세상을 이룩해 간다. 범재가 부지런히 배우는 몸가짐을 지닌다면 세상은 밝아진다. 그러나 범재이면서 수재인 양 착각을 하고 게으름을 피우면 삶의 앞날은 어두워진다. 공자는 이를 걱정하여 꽉 막혔으면서도 트려는 노력을 하지 않는 자는 멸시받아도 된다고 했다. 세상은 초등학교 일 학년 교실이 아닌 까닭이다.

🌱 공자의 말씀

나면서 저절로 아는 사람은 으뜸이다. 배워서 아는 사람은 다음이며 배워도 잘 몰라서 다시 배워 알려는 사람은 그 다음이다. 모른다고 팽개치고 배우지 않는 자는 꼴찌에 불과하다. 이렇게 공자께서 말했다.

孔子曰 生而知之者 常也 學而知之者 次也 困而學之 又其次也 困而不學
民斯爲下矣

(9) 누구든 군자가 되려면

공자가 말하는 군자는 타고나지 않는다. 군자는 하늘에서 내려온 신과 같은 존재가 아니며 높은 산 바위 아래에서 깊은 도를 닦고 신비를 깨우치는 도인 같은 존재도 아니다. 공자가 말하는 군자는 사람이 되는 길을 찾아 쉼 없이 걷는 실천자일 뿐이다. 그러한 군자의 걸음걸이에는 아홉 가지 방법이 있다고 공자는 밝혀 준다. 그러한 방법은 책속에 기록되어 있는 것이 아니라 하루하루를 살아가면서 생활 속에서 실천해야 하는 방법이다.

밝고 맑은 눈은 군자가 되게 한다. 그런 눈은 무엇을 볼 때 어둡거나 비뚤어 보지 않는다. 선악을 분별하는 눈과 인의를 놓치지 않는 눈은 덕을 바라보는 눈이다. 무엇을 보더라도 군자는 밝게 본다. 군자는 막히면 트는 방법을 보고 트이면 앞을 내다볼 줄 안다. 그러한 눈을 가진 사람은 마음도 밝고 행동도 밝다. 어떤 것을 보면 밝음을 생각하라. 이것은 삶을 긍정하고 진취적으로 맞이하라는 말과 같다.

귀가 총명하면 군자가 된다. 들을 말이면 하나도 놓치지 않는다. 그러나 듣지 말아야 할 말이라면 한 귀로 스쳐 지나가게 한다. 꼬투리를 잡아 물고늘어질 여유가 없다. 총명한 귀는 어리석음을 범하지 않는다. 귀가 얇은 사람은 남의 말에 잘 넘어가 한패가 되고 달콤한 말에 넘어가 어처구니없는 짓을 범하여 망신을 당한다. 그러나 군자의 귀는 들을 말과 듣지 말아야 할 말을 가릴 줄 안다. 그래서 군자의 귀는 총명하다.

따뜻하고 담담한 얼굴은 군자가 되게 한다. 찡그리는 얼굴은 남의 마음을 찡그리게 하고 성난 얼굴은 남의 마음을 무섭게 한다. 그리고 엉큼하고 티를 내는 얼굴은 사람을 불안하게 한다. 이러한 얼굴들은 모두 무슨 저의가 있기 때문에 드러나는 것이다. 그러나 군자의 마음속에는 아무런 저의가 없다. 마음속에 무엇 하나 감춘 것이 없다. 그러니 무엇 때문에 얼굴을 긴장시키겠는가. 군자는 항상 담담하고 따뜻한 얼굴로 사람을 편안케 한다.

몸가짐이 공손하면 군자가 된다. 어진 것을 지극한 선이라고 한다. 지극한 선은 물과 같다고도 한다. 물은 높은 자리를 탐할 줄 모른다. 항상 아래를 택하여 한 방울의 물이 바다를 이루게 한다. 바다는 크기 때문에 넘치지도 않고 처지지도 않는다. 이것은 겸허의 극치이다. 공손한 마음은 겸허를 존경할 줄 안다. 남을 높이고 나를 낮추면 저절로 남이 나를 높여 주어 나를 당당하게 한다. 오만한 몸가짐은 나를 모멸받게 하고 공손한 몸가짐은 나를 귀하게 한다. 군자는 남을 사랑하므로 남이 자기를 믿고 사랑함을 확신한다. 내가 공손하면 남도 공손하고 내가 오만하면 남도 오만해져 세상이 비틀거림을 안다. 군자의 몸가짐은 수수하고 꾸민 데 없이 공손할 뿐이다.

참말을 하면 군자가 된다. 거짓말을 하는 사람은 눈총을 받고 신용을 잃게 마련이다. 싱거운 말을 일삼는 사람은 스스로 자신을 경멸하는 사람이므로 자기를 천하게 할 뿐이다. 함부로 말하는 사람은 설익어 떨어진 풋과일과 같고 험담을 좋아하는 사람은 심술쟁이에 불과하며 말꼬리를 물고늘어지는 사람은 고깃덩어리를 물고 있는 개에 불과하다. 그러나 군자는 참말이 아니면 입을 다문다. 그래서 군자는 말이 어눌하고 말수가 적다. 말놀림으로 입술이 바쁘고 혀를 쉬게 할 줄 모르는 사람의 속은 얕은 개울물에 불과하지만 군자의 입은 천근처럼 무겁고 할 말이 있을 때만 할 말을 한다. 말을 가장 귀하게 여기고 존경하는 사람이 곧 군자이다.

일을 신중하게 하면 군자가 된다. 일을 성급하게 하거나 일을 게으르게 하면 탈이 나는 것은 마찬가지다. 조급하게 한 일은 거칠어 탈이 나고 게으름을 피우며 한 일은 때를 놓쳐 탈을 낸다. 돌다리도 두드려 건너간다는 것은 빈틈없이 일을 세심하게 처리한다는 말이다. 군자는 일에 임할 때 전력을 다한다. 신중하다는 것은 이를 두고 한 말이다. 그래서 군자는 일을 한 다음 공치사를 않는다. 최선을 다하는 것을 너무나 당연한 것으로 생각할 뿐 공으로 치지 않는다. 군자의 일솜씨는 부지런하고 세심할 뿐이다.

의심나는 것을 곧 물어서 풀어 버리면 군자가 된다. 의심나는 것을 숨겨 두고 꽁하게 눈치를 보는 짓은 염탐꾼이나 하는 짓이다. 먹을 것이 들어 있는 부엌의 찬장을 흘겨보는 고양이는 발소리를 죽이고 기회를 기다린다. 그러나 군자는 숨어서 꿍꿍이를 부리지 않는다. 의심스러우면 곧장 물어서 의심을 풀고 의심을 없애 버린다. 의심하는 것은 만 갈래의 탈을 내는 근원이 됨을 군자는 안다. 그래서 군자는 의

심하지 않는다. 다만 사람을 믿을 뿐이다.

분노의 순간에 뒤탈을 생각하면 군자가 된다. 분노한 사람은 성난 짐승처럼 날뛰게 된다. 그러면 다툼이 일어나고 다툼은 서로를 다치게 한다. 몸을 상하게 하고 마음을 상하게 하는 일보다 더 아픈 일은 없다. 그러나 항상 마음속에 부모의 마음을 편히 해 주겠다는 다짐을 하고 있는 사람은 분을 슬기롭게 참고 이겨낸다. 분노의 주먹이 남으면 그 아픔이 부모의 가슴에 못이 되어 박히는 것을 분노하는 마음은 모른다. 분노한 마음은 미친개 같은 인간에 불과하다. 군자는 미친개의 이빨을 뽑을 줄 안다.

이득을 탐하지 않으면 군자가 된다. 음식을 게걸스럽게 먹으면 토해야 하고 물도 단숨에 마시면 목이 막힌다. 앞뒤 없는 욕심은 항상 인간을 천하게 한다. 올바른 이득은 당당하지만 옳지 못한 이득은 도둑질과 같다. 군자는 도둑질을 제일 무서워한다. 남의 것을 훔치는 자보다 사람을 더 불행하게 하는 자는 없는 까닭이다. 군자란 누구인가? 도둑질을 마음에서부터 쓸어 내는 사람이다. 부정부패를 범하는 관리와 특권층은 군자를 모독하는 원흉들이다.

🌱 공자의 말씀

군자에게는 아홉 가지의 생각이 있다. 볼 때는 밝음을 생각하고, 들을 때는 총명한 것을 생각하며, 표정에는 온화함을 생각하고, 몸가짐에는 공손함을 생각하며, 말할 때는 충실함을 생각하고, 일할 때는 신중함을 생각하며, 의심이 날 때는 물어서 풀 것을 생각하고, 화가 날 때는 뒤탈을 생각하며, 이득을 볼 때는 옳은 것을 생각한다. 이렇게 공자께서는 군자가 생각하는 것을 밝혀 두었다.

孔子曰 君子有九思 視思明 聽思聰 色思溫 貌思恭 言思忠 事思敬 疑思問

(10) 황금띠가 탐난 김돈(金墩)

김돈은 세종의 도승지였다. 요새로 치자면 대통령 비서실장과 같은 직위였다. 임금을 가장 가까이에서 모시는 직책이므로 무엇보다 임금에게 숨기는 짓을 하지 말아야 하는 것이 도승지의 마음가짐이다. 이러한 마음가짐을 믿고 임금은 도승지에게 별의별 일을 맡긴다.

오만 방자한 버릇 탓에 태종 때부터 눈총을 받았던 이숙번(李叔蕃)이 세종에 이를 때까지 함양 땅에서 귀양살이를 하고 있었다. 행인들의 통행이 시끄럽다고 돈화문을 막아 놓고 호화를 누렸던 그 숙번이 도승지를 이용해 귀양살이에서 풀려날 잔꾀를 부려 세종의 도승지인 김돈에게 낚싯밥을 던지게 되었다.

이숙번이 김돈에게 던진 낚싯밥은 바로 황금으로 만든 띠였다. 임금에게 말씀을 잘 드려서 함양 골에서 풀려나 다시 서울에 와서 살게만 해 주면 그 황금띠를 가져도 좋다고 이숙번은 토를 달았다. 금띠에 군침이 돈 김돈은 무슨 수를 써서 숙번을 한양으로 다시 불러 올릴까 수를 내지 못해 안달을 피우고 있었다.

황금띠는 김돈의 방에 있지만 일이 잘 성사되지 못한다면 다시 숙번의 손안에 넘겨주어야 했다. 도승지의 힘만 믿고 그냥 삼켰다가는 이숙번의 노기가 임금의 귀에 상소문으로 들어가지 않을 리가 없다. 그렇다고 오만 방자했던 서울의 숙번이 귀양을 갔다고 해서 풀이 죽었을 리는 없고 오히려 심술만 늘어서 황금띠보다 더 독한 모함으로 김돈 자신을 매장할 수도 있음을 모를 김돈도 아니었다. 아침마다 황금띠를 만지며 이숙번을 불러 올릴 기회를 찾고 있던 김돈에게 기회가

왔다. 세종이 《용비어천가》를 짓기 위해 옛일을 많이 아는 옛 신하를 찾고 있었던 것이다. 도승지에게 세종이 물었을 때 김돈은 이숙번이 있다고 아뢰었고 결국 이숙번은 서울로 올라오게 되었다.

그러나 서울로 올라온 이숙번은 옛 버릇을 버리지 못했다. 여전히 방자했고 찾아오는 손들을 옛날처럼 대할 때는 안하무인이었다. 결국 숙번은 다시 함양 귀양지로 쫓겨가 거기서 죽고 말았다. 그러나 숙번이 김돈에게 주었던 황금띠는 어떻게 되었는지 모른다. 김돈의 허리에 황금띠가 걸쳐졌는지 아니면 다시 이숙번에게 돌아갔는지 모른다. 김돈이란 도승지가 이숙번이 던진 황금띠가 옳은 것인지 옳지 못한 것인지를 헤아렸더라면 아마도 이숙번을 서울로 불러 올리자고 세종에게 진언을 하지 않았을 것은 분명하다. 그 황금띠는 뇌물임이 분명했던 까닭이다. 그러나 김돈은 옳은 것을 보면 끝없이 좇고 옳지 못한 것을 보면 끓는 물에서 손을 빼듯이 하라던 공자의 말씀을 어겼던 셈이다. 어느 날에나 관직의 요로에 있는 사람들 모두가 뇌물이란 끓는 물과 같고 그것을 받은 마음은 끓는 물에서 삶아질 수밖에 없다는 사실을 알게 될까?

공자의 말씀

좋은 일을 보면 좇아가도 따르지 못할 듯이 끝까지 따를 것이고 좋지 않은 일을 보면 끓는 줄 모르고 끓는 물에 넣었던 손을 빼내듯이 할 것이다. 이렇게 공자께서 말했다.

孔子曰 見善如不及 見不善如探湯

3. 문답의 담론

(1) 청문회의 광주 사건

공치사를 하는 것도 못난 짓이고 잘못에서 빠져나오려고 눙치는 짓 또한 못난 짓이다. 못난 목수는 연장을 탓하고 못난 마부는 말을 탓한다. 그러나 연장이란 쓰는 자의 솜씨에 달린 것이고 수레를 끄는 말은 마부의 고삐질에 따라 걷기도 하고 달리기도 한다. 연장의 날이 무디어졌으면 날을 세우는 것이 목수가 할 일이고 말이 발을 절어 절룩대면 마부가 돌보아야 한다. 그러므로 목수는 연장을 탓할 수 없는 것이고 마부는 말을 탓할 수 없음이다.

핑계를 대거나 변명을 일삼는 사람은 잘되면 공을 삼아 이득을 보려는 치이고 안 되면 빠져나갈 구멍을 만들어 놓고 남에게 피해를 입히려는 치이다. 핑계꾼이나 변명꾼은 책임을 질 줄 모른다. 약고 영악한 무리들은 호랑이를 잡아먹는 담비보다 못한 추하고 더러운 패거리들이다. 산짐승인 담비도 떼를 지어 사냥을 한 뒤에는 똑같이 나누어 먹을 줄 안다. 함께 한 사냥이 잘못되었다고 누구를 탓할 줄 모르고 다시 새로운 사냥감을 찾아 배고픔을 참으면서 이산 저산을 찾아 헤맬 뿐이다. 그러나 약은 사람은 자기 빠져나갈 구멍부터 열어 놓은 다음 누가 잘못했다면서 입질을 한다. 이러한 인간은 항상 배반을 밥먹듯 하는 자들이다.

공자가 태어난 나라인 노 나라는 권문세도의 수중에 들어가 있었다. 계씨(季氏) 일족이 나라의 정치를 독식하고 있었고 임금은 단지 허수아비였다.

노 나라 안에는 전유라는 작은 고을이 있었다. 어느 날 전유의 책임
자가 계씨 권문의 눈에 나는 일을 했다. 그러자 힘이 센 계씨파들이
전유를 공격하기로 전략을 세웠다. 이러한 사실을 염유와 계로가 공
자에게 일러바쳤다. 이러한 말을 들은 공자는 전유는 노 나라 안에 있
는 고을인데 어찌 친단 말이냐며 반문했다. 그러자 염유가 다만 계씨
가 치고 싶을 뿐 저희들이 원하는 것은 아니라며 변명을 늘어놓았다.
이러한 변명을 들은 공자는 너희들의 잘못이라고 사정없이 힐난했다.
공자의 제자들인 염유와 계로(자로)는 계씨 권문의 신하들이었던 까
닭이다. 모시고 있는 상전이 옳지 못한 일을 하면 막는 것이 신하의
도리이지 막지 않고 뒤에서 이러쿵저러쿵 발뺌을 하는 것은 책임을
모면하려는 약은 짓에 불과하다며 공자는 엄하게 꾸짖었다.

"주인의 그릇된 짓을 막지 못한다면 깨끗이 물러나야지 군말을 붙
여 책임을 면할 궁리만 해서는 안 된다. 그런데 주인이 위태로워도 붙
잡지 못하고 주인이 넘어지고 엎어져도 일으키지 못한다면 그 따위
신하가 무슨 소용이 있느냐."며 공자는 면박을 주었다. 공자의 이러한
면박은 광주 사건의 청문회를 생각나게 한다. 청문회에 나온 사람들
마다 자기는 아무런 책임이 없노라고 잘라 말했다. 그러나 광주 사건
이 일어났을 때 권력의 핵심에 몸담고 있었던 사람은 누구든 책임을
느껴야 한다. 나라 안에서 일어나지 않았어야 될 불행한 사건이 일어
났으므로 측근들은 그것을 막지 못한 책임을 면할 수 없는 일이다.

광주 사건의 청문회를 공자가 들었더라면 염유와 계로에게 했던 말
을 그대로 되풀이했을 것이다. 서울이 계씨의 고을이었다면 광주는
전유와 같은 고을인 셈이다. 서울에 있는 권문에게 반기를 들었다고
광주를 친 뒤에 일어난 아픔들의 상처만 건드렸을 뿐 그 상처의 흠집

은 누가 냈는지 모른다고 하는 그들의 모습은 나라의 녹을 받아먹으면서도 변명을 하고 빠져나갈 구멍을 찾는 행위에 불과할 뿐이다. 공자여, 당신의 제자들만 나무랄 것이 아니라 권력의 칠면조 노릇을 하는 치들도 질타해 주었으면 한다.

🫖 염유와의 담론

계씨가 전유를 치고 싶어할 뿐 저희가 원하는 바는 아니라고 염유가 말했다. 이 말을 들은 공자는 다음처럼 단언했다. "구야, 옛 사관의 말에 이런 내용이 있다. 자기의 재능을 펴고 벼슬에 오르되 제 능력으로 감당하지 못하면 물러난다. 그런데 주인이 위태로워도 붙잡지 못하고 주인이 넘어져도 일으켜 세울 수 없는 신하가 무슨 소용이 있겠느냐? 또한 그대들의 말도 잘못이다. 범이나 들소가 우리 밖으로 나오거나 궤 속에 넣어 둔 보석이 깨졌다면 그 누구의 잘못이겠는가."

冉有曰 夫子欲之 吾二臣者 皆不欲也 孔子曰 求 周任有言曰 陳力就列 不能者止 危而不持 顚而不扶 則將焉用彼相矣 且爾言過矣 虎兕出於柙 龜玉毀於櫝中 是誰之過與

지금 전유라는 고을은 성이 견고하고 계씨 고을인 비에 근접해 있으므로 전유를 쳐서 빼앗지 않으면 장차 자손들에게 걱정거리가 될 것이라고 염유가 말했다. 이 말을 들은 공자는 다음처럼 힐난했다. "구야, 군자는 겉으로 탐을 내지 않는 척하고 말을 둘러대는 것을 미워한다. 내가 들은 바로는 나라를 다스리는 사람은 백성이 적다고 걱정하는 것이 아니라 백성이 고르게 살지 못함을 걱정하며 가난을 걱정하지 않고 불안을 걱정한다고 했다. 대개 고르면 가난하지 않고 편안하면 백성이 적지 않을 것이고 평화로우면 기울지 않을 것이다. 그러므로 먼저 사람들이 복종하지 않으면 덕으로 교화시켜 절로 오게 할 것이고 그들이 오면 편안하게 해 주어야 한다. 이제 유와 구는 계씨를 돕는데 먼 데 사람들이 복종하여 스스로 따라오게 하지 못했을 뿐만 아니라 민심이 떨어져 나가고 나라가 쪼개지는데도 이를 막고 지키지 못하면서 오히려 한 나라 안에서 전쟁을 일으키려고 하니 나는 계씨의 걱정거리가 전유라는 고을에 있는 것이 아니라 바로 내 집 안에 있음을 두려워한다."

冉有曰 今夫顓臾 固而近於費 今不取 後世必爲子孫憂 孔子曰 求 君子疾夫舍曰欲之而必爲之辭 丘也聞有國有家者 不患寡而患不均 不患貧而患不安 蓋均無貧 和無寡 安無傾 夫如是 故遠人不服 則修文德以來之 旣來之則安之 今由與求也 相夫子 遠人不服 而不能來也 邦分崩離析 而不能守也 而謀動干戈於邦內 吾恐季孫之憂 不在顓臾而在蕭牆之內也

(2) 임방울의 국장(國葬)

1974년 8월 15일 광복절 기념식에 참석했던 육영수(陸英修) 여사가 조총련계 문세광(文世光)에게 저격을 당해 비명에 갔다. 장례를 치르던 날 대통령으로서가 아니라 한 남편으로서 박정희 대통령이 고혼을 보내는 마지막 장면이 방송되었다. 청와대 철문을 나서는 영구차를 본 사람들은 육 여사에 대한 덕담을 나누었다. 청와대의 야당이었다는 말도 하고 불쌍한 사람의 사정을 들을 줄 알았던 영부인이었다고 하면서 비명에 간 육 여사를 애도했었다.

사람은 살기를 잘해야 한다. 사는 동안 모질었거나 못할 짓을 범한 사람은 죽어서도 사람들의 험담을 벗어날 수 없다. 육 여사는 사후에 많은 덕담을 남긴 것으로 보아 보통 사람들에게는 오히려 남편보다 더 인기가 있었다는 짐작을 가능하게 한다. 그러나 광화문을 거쳐서 한강으로 가는 영구차의 연도에는 생각보다 많은 사람들이 운집하지 않았다. 김구 선생이나 유석 조병옥 선생의 운구차가 지나갔을 때보다도 훨씬 적은 수의 사람들이 모였다는 생각이 스쳤다.

영부인의 장례치고는 애도의 인파가 적었다는 사실은 많은 것을 헤아리게 했다. 우는 시민도 보이지 않았다. 백범의 운구차가 지나갔을 때 연도의 시민들은 모두 울었다. 대통령 후보로서 유세를 하러 가던 중 호남선 열차 속에서 아깝게 절명했던 해공의 운구차가 지나갔을 때도 서울 시민들은 울었고 대통령 후보로 출마했었지만 암으로 명을 달리한 유석의 유해가 지나갔을 때도 눈물을 흘리는 시민들이 많았다. 그러나 육 여사의 운구차를 묵묵히 바라볼 뿐 눈물을 흘리는 시민은 보이지 않았다. 백성들이 눈물을 흘리면 그만한 뜻이 있음이다.

그런데 국장이 아닌데도 국장 같은 장례식이 하나 있었다. 한낱 가객(歌客)의 죽음을 놓고 마치 국장 같다고 했다. 바로 임방울의 장례식을 두고 모두들 그렇게 말했다. 돈화문의 앞뒤 골목을 가득 메운 시민들이 판소리 명창 임방울의 마지막을 모두 슬퍼했다. 높은 벼슬을 거친 사람이 아니었음에도 많은 사람들이 임방울의 죽음을 애도했던 것은 그가 가슴에 담긴 한(恨)을 푸는 소리를 평생 불러 주었던 까닭이다. 임방울의 〈쑥대머리〉를 들은 사람들, 임방울의 〈적벽가〉를 들은 사람들만 그의 죽음을 애도한 것이 아니라 한을 풀지 못하고 살던 모든 백성들이 임방울의 죽음을 슬퍼하고 안타까워했다.

사람이 죽었을 때 모든 산 사람들이 그의 죽음을 안타까워하면 그만큼 잘살았다고 보아도 된다. 가난을 물먹듯이 하면서 한평생 노래패로 살았던 임방울에 대해서는 이승만 대통령 앞에 불려가 소리를 했다는 소문도 있고 구한말에는 슬픈 가락을 불러서 빼앗겼던 아내를 사대부로부터 되찾았다는 소문도 있었다. 그랬기에 많은 사람들이 임방울의 죽음을 두고 눈물을 흘리면서 슬퍼했던 것이다. 천하의 명창이 가는구나. 고종의 인산 때보다 더 많은 사람들이 모였구나. 이렇게 촌로들은 중얼대기도 했었다.

한평생을 분수에 맞게 잘살거나 백성을 위해 헌신한 사람은 죽은 다음에도 잊혀지지 않는다고 했던 공자의 말을 되살아나게 했던 임방울. 그 임방울은 비록 백이(伯夷)나 숙제(叔齊)와 같은 현자(賢者)는 아니었을지라도 한 많은 사람들의 가슴을 풀어 주는 일로 한평생을 보냈기에 많은 사람들이 영결식에서 눈물을 흘린 것이 아니겠는가? 돈이 많거나 권세가 하늘을 찔러 장례식을 성대하게 꾸밀 수는 있어도 죽음 앞에서 인간은 억지로 눈물을 흘리지는 않는다.

🫖 모씨(某氏)와의 담론

제 나라 경공이란 임금에게는 말이 사천 필이나 있었다. 그러나 그 임금이 죽었을 때 백성들은 그의 덕을 칭송하지 않았다. 백이 숙제는 수양산 밑에서 굶어 죽었지만 오늘날까지도 백성들이 칭송한다.
齊景公有馬千駟 死之日 民無德而稱焉 伯夷叔齊餓干首陽之下 民到于今
稱之

(3) 아버지와 아들

아들에게 무엇을 가르치는 아버지보다 무엇을 배우게 하는 아버지가 아들을 더 잘 키운다. 아버지가 시키는 대로 하는 아들은 아버지를 넘어서기 어렵지만 스스로 하게 하는 아버지는 개천에서 용 난다는 속담이 들어맞게 할 수 있다.

수석(壽石)에 취미가 있는 아버지를 따라 아들이 난생 처음으로 돌밭에 가서 탐석(探石)을 하게 되었다. 흔해빠진 돌 중에서 눈에 드는 돌을 골라 줍기란 매우 어려운 일이었다. 처음 돌밭에 온 아들은 모든 돌이 다 눈에 들었다. 그래서 별스럽지 않은 돌마저 주섬주섬 주워 놓고는 수석이 참 많다며 기뻐했다.

집으로 돌아가야 할 즈음 아버지는 "돌밭에 와서는 돌을 줍는 것이 아니라 얻는 것이다. 그리고 돌밭에서 얻은 돌은 버리지 않고 집으로 가지고 가야 한다. 서로 나누어 가지고 가는 것이 아니라 자기가 얻은 것은 자기가 지니고 가야 하는 법이다."라고 아들에게 말했다. 그제야 아들은 자기가 게걸스럽게 돌을 주웠다는 생각이 들었다. 그래서 아들은 아버지에게 자기가 모아 놓은 돌무더기 중에서 수석으로 쓸 만한 것을 골라 달라고 부탁했다. 그러나 아버지는 고개를 저었다. 자기 눈에 좋고 맞으면 그만이라며 수석들을 꾸려서 집으로 가자고 했다.

아들은 주운 수석을 자기의 륙색에 넣을 만큼 넣고는 짊어졌다. 그러나 아들은 등에 짊어진 짐이란 갈수록 무거워진다는 사실을 미처 몰랐다. 차를 탈 수 있는 곳까지 가려면 시오 리나 되는 강가 길을 걸어야 했다. 한 십 분쯤 걸어갔을 때 아들은 등에 짊어진 수석이 너무 무겁다는 것을 느꼈다. 앞서 가는 아버지를 불렀지만 아버지는 어서 오라는 시늉만 할 뿐 그냥 앞서 가셨다. 할 수 없이 아들은 짐을 내려 몇 개의 돌을 버렸다. 다시 반 시간쯤 갔을 때 아들은 다시 등짐이 무겁다는 것을 느꼈다. 다시 멈추어 절반을 비웠다. 한 시간쯤 더 갔을 때는 등짐이 수석이 아니라 돌짐이란 생각이 들었다. 아버지는 이미 휑하니 앞서 가고 보이지 않았다. 아들은 돌짐을 풀어 또 절반을 버렸다. 이렇게 해서 아들이 버스 정류장에 이르렀을 때는 두 개의 돌밖에 남아 있지 않았다.

천연스럽게 먼저 오셔서 기다리고 있는 아버지가 무정하다는 원망이 든 아들은 시무룩해졌다. 그러나 아버지는 아들의 머리를 쓰다듬어 주면서 돌밭에 와서 많은 것을 배웠을 것이라는 말씀만 하셨다. 그 뒤로 그 아들은 함부로 욕심을 부리지 않아야 하고 욕심껏 등짐을 지면 결국 다 버리게 된다는 진리를 알게 되었다. 말로 무엇을 가르치는 아버지보다 스스로 배우게 하는 아버지가 고맙다는 것을 돌밭에 간 뒤로 깨우치게 된 아들은 스스로 생각하는 길을 제 발로 걸어갈 수 있었다. 공자가 왜 그의 아들 리(鯉)에게 스스로 배우게 하는 길을 걷게 했는지를 돌아가는 차 속에서 들려주었던 아버지의 이야기를 그 아들은 평생 잊지 않았다.

🫖 진항과 백어와의 담론

진항이란 사람이 공자의 아들인 백어에게 아버지로부터 남다른 배움을 받은 적이 있었느냐고 물었다. 이에 백어는 다음처럼 대답했다. "없다. 하루는 아버지께서 홀로 서 계실 때 내가 뜰 앞을 지나치자 너는 시를 배웠느냐고 물으셨다. 나는 아직 배우지 못했다고 말씀드렸다. 그러자 아버지께서는 시를 배우지 못했으니 남들과 더불어 말할 것이 없다고 하셨다. 나는 물러나와 시를 공부했다. 또 어느 날 홀로 서 계실 때 내가 뜰 앞을 지나치게 되었다. 예를 배웠느냐고 물으시기에 아직 못 배웠다고 말씀드렸다. 그랬더니 예를 배우지 못했으면 나설 수 없다고 하셨다. 나는 물러나와 예를 배웠다. 들은 것은 이 두 가지뿐이다."

陳亢問於伯魚曰 子亦有異聞乎 對曰 未也 嘗獨立 鯉趨而過庭 曰 學詩乎
對曰 未也 不學詩 無以言 鯉退而學詩 他日 又獨立 鯉趨而過庭 曰 學禮
乎 對曰 未也 不學禮 無以立 鯉退而學禮

제5장
〈양화(陽貨)〉편

1. 〈양화(陽貨)〉편의 체험

(1) 끊임없이 배우는 일

사람은 여느 짐승과 왜 다른 존재일까? 사람은 무엇인가를 배울 줄 알기 때문이다. 무엇을 배운다는 것은 새로운 것을 알고 익힐 수 있음을 말한다. 배움이 없으면 무엇이 낡았고 무엇이 새로운가를 모른다. 배움이 없으면 왜 어떤 것은 맞고 어떤 것은 왜 틀리는가를 모른다. 그리고 배움이 없으면 무엇이 옳고 그른가를 몰라 선악과 시비를 가늠할 수 없다.

사람은 무언가를 배울 줄 알기 때문에 가치를 따지는 목숨인 셈이다. 삶의 가치를 저울질하는 인간들이므로 역사를 이루고 문화를 형성하면서 날마다 새로운 삶의 길을 만들어 간다. 왜 공자는 인간에게 배움을 좋아하라[好學]고 누누이 당부했을까? 배움의 길을 밟지 않고는 바람직한 사람 구실을 할 수 없기 때문이다.

배움이란 어떤 것을 아는 방법이다. 나아가 아는 것을 실천해야 한다는 생각을 다져야 하는 과정도 배움의 길은 요구한다. 길만 알고 걷지 않으면 그 길에는 잡초가 자라 길을 덮어 버린다. 배운 것이면 실천해야 한다는 것을 호학(好學)은 전제하고 있다. 〈양화〉편을 읽으면 이러한 사실을 확인할 수 있다.

〈양화〉편에는 6언6폐(六言六蔽)라는 말이 나온다. 여섯 가지 말을 알면서도 그 말을 실천으로 옮기는 배움을 게을리하면 오히려 폐단이 된다는 것을 6언6폐라고 한다.

인(仁)은 좋아하는 것〔好仁〕만으로 되지 않는다. 그 인을 배우기를 좋아해야 한다. 배움의 길을 밟아야 인의 길이 넓어지고 깊어지는 까닭이다. 사랑하는 것만을 알아서는 되지 않는다. 사랑할 줄을 알아야 한다. 왜냐하면 왜 어떻게 무엇을 사랑해야 하는가를 밝히려면 인을 배워야 하는 까닭이다. 인의 배움을 멈추면 어리석어진다고 공자는 밝혀 준다.

지식이나 지혜를 좋아하는 것만으로 멈춰서는 안 된다. 꾸준히 그것들을 배워야 한다. 지식을 외우고 지혜를 모방하는 것으로 만족한다면 그러한 지식과 지혜는 고인 물과 같아진다. 지식과 지혜를 새롭게 하려면 배움을 지속해야 한다. 그렇지 못하거나 하지 않으면 방탕해진다고 공자는 밝혀 준다.

믿음을 좋아하면서 배우지 않으면 남을 해롭게 할 수 있다고 공자는 밝혀 준다. 믿음이 맹목적이어서는 안 된다. 맹목적인 믿음을 미신이라고 한다. 미신은 자신만을 위해 주기를 바라는 욕심의 소망이다. 그러므로 올바른 믿음을 새롭게 지니기 위해서는 그침 없이 배워야 하는 것이다.

정직만을 좋아하면서 배움을 지속하지 않으면 강박해진다고 공자는 밝힌다. 피도 눈물도 없는 사람은 정직을 무슨 잣대처럼 여기려고 한다. 공자가 밝히는 정직이란 사람을 위하는 정직이지 무슨 사물이나 이해득실을 따지는 정직을 말하지 않는다. 정직한 사람과 정직한 컴퓨터는 서로 다르다.

용감하기를 좋아하면서 배우기를 싫어하면 만용스러워진다고 공자는 밝혀 준다. 만용은 세상을 어지럽히고 문란하게 하여 어둡게 한다. 대낮에 깡패들이 회칼을 휘두르면서 패싸움을 벌이는 장면을 보라. 용감한 칼부림이 아니라 만용일 뿐이다. 결국 그들은 배우지 않아 그렇게 된 것이다.

굳세기만을 좋아하고 배우지 않으면 미친 것처럼 된다고 공자는 밝혀 준다. 이미 굳어 버린 이념은 사람을 미치게 만든다. 강약을 알아야 굳센 것이 제구실을 한다. 나뭇가지는 폭풍에 부러지지만 거미줄은 태풍에도 끊어지지 않는다. 무엇이 굳고 견고한가는 때에 따라 다르다. 배우지 않으면 이러한 형편을 모르고 굳기만 하면 부러지고 터지는 법을 모르게 되어 미친 것처럼 정신 나간 짓을 범하게 된다.

위와 같은 6언6폐를 잘 헤아린다면 현명한 사람이 되는 배움을 헤아릴 수 있을 것이다. 그리고 공자가 말하는 호학이란 사람이 되는 방법을 배우는 길임을 또한 알 수 있을 것이다. 아는 것과 행하는 것이 날로 새로우면 배움은 항상 이어지는 법이다. 지금 우리는 입만 살아서 펄펄할 뿐 행위로 옮기는 것을 보면 뒤집어 신은 양말처럼 뒤틀릴 때가 너무나 많다.

(2) 시(詩)를 읽어라

〈양화〉편에는 공자가 왜 그대들은 시를 멀리하느냐고 묻는 대목이 나온다. 특히 세상을 다스릴 뜻이 있는 사람이라면 무엇보다 시를 알아야 하고 읽을 줄 알아야 한다고 공자는 주장한다.

시를 읽지 않는 사람은 높은 담벼락을 마주하고 있는 꼴과 같다. 앞을 내다볼 수 없다는 것은 꽉 막힌 상태에 머물러 있음을 말한다. 세상은 넓고 해야 할 일은 천만 갈래의 얼굴을 지니고 용솟음친다. 이러한 틈바구니에서 우물 안의 개구리처럼 치대기만 한다면 통 속에 든 다람쥐와 같은 신세가 되고 만다. 그래서 눈을 뜨고 귀를 트게 하여 마음의 눈을 맑게 하고 마음의 귀를 밝게 하는 시를 배우라고 공자는 당부한다.

왜 시를 배워야 하는가? 시는 사람으로 하여금 홍(興)하게 하는 까닭이다. 이를 공자는 '시가이홍(詩可以興)'이라고 밝힌다. 홍이란 감정의 일어남을 말한다. 슬픔을 보면 슬픔을 느낄 줄 알게 하고 기쁨을 보면 기쁨을 느낄 줄 알게 하는 비밀을 시는 간직하고 있다. 슬픔을 느낄 줄 알면 그 슬픔을 새기는 생각을 얻고 기쁨을 느낄 줄 알면 그 느낌을 값지게 하는 생각을 얻는다. 그러므로 홍이란 흥분시키는 것이 아니라 감동하게 한 다음 지혜롭게 하는 다리 구실을 한다.

왜 시를 배워야 하는가? 시는 사람으로 하여금 관(觀)하게 하는 까닭이다. 이를 공자는 '시가이관(詩可以觀)'이라고 밝힌다. 관이란 사물을 볼 줄 아는 것을 말한다. 사람의 삶에서 사물을 볼 줄 아는 것보다 귀한 것은 없다. 모든 사물은 겉과 속을 지니고 있다. 하루살이는 은하수를 볼 줄 모르고 매미는 겨울의 추위에 떠는 초목을 모른다는 말이 있다. 이는 시간의 한계를 말함이다. 시는 그러한 한계를 두지 않는다. 그래서 시는 꿰뚫어 보는 시야를 제공해 준다. 그러한 시야로 삶을 바라보면 평탄하고 거칠고 험한지를 알아 삶을 소모하거나 타락시키지 않고 살아갈 수 있을 것이다.

시를 왜 배워야 하는가? 시는 사람으로 하여금 원(怨)하게 하는 까닭이다. 이를 공자는 '시가이원(詩可以怨)'이라고 밝힌다. 원이란 비판할 줄 아는 것을 말한다. 시비를 가늠하려면 먼저 무엇을 알아야 하고 이해한 다음 옳고 그름을 판별할 수 있어야 한다. 맹목적으로 옳다고 해도 안 되며 막무가내로 글렀다고 해도 안 된다. 옳으면 옳고 그르면 그른 것임을 밝히는 것이 곧 원이다. 옳은 것에 환호하고 그른 것에 저항하는 마음이 없다면 세상은 나아갈 수 없다.

시를 왜 배워야 하는가? 시는 사람으로 하여금 군(群)하게 하는 까닭이다. 이를 공자는 '시가이군(詩可以群)'이라고 했다. 양은 무리를 지어도 싸우지 않지만 개는 무리를 지으면 싸움을 벌인다. 사람은 양처럼 어울릴 줄도 알고 개처럼 서로 으르렁거리며 패를 갈라 싸울 줄도 안다. 양처럼 어울리는 것을 공자는 화(和)라고 했고 이 패 저 패를 갈라 편을 모아 묶어지는 것을 공자는 동(同)이라고 했다. 그래서 공자는 '군자는 어울리되 패를 가르지 않는다(君子和而不同)'고 밝히고 '소인은 어울릴 줄은 모르고 패를 갈라 무리를 짓는다(小人同而不和)'고 했다. 시의 군(群)은 화(和)이며 이는 싸움 없는 어울림의 삶이다.

시를 왜 배워야 하는가? 시는 사람으로 하여금 사(事)하게 하고 식(識)하게 하는 까닭이다. 사는 모시는 마음의 행위이며 식은 사물을 알아내는 능력이다. 모시는 마음이 없으면 인간은 거칠어지고 앎의 능력을 닦지 않으면 사람은 미련하고 천해진다. 사람과 사람 사이의 질서는 모시는 마음에서 나오고 사람의 삶이 다른 짐승의 것과는 달리 역사와 문화를 누리는 것은 만물을 알 수 있는 능력에서 나온다. 이렇듯 사람이 시를 배우면 살아가는 질서와 살아가는 방법을 널리 구해서 지니게 된다.

이와 같이 시는 느끼게 하고 생각하게 하며 이해하게 하고 판단하게 하는 길을 터 주므로 공자는 사람들에게 시를 배우라고 했다. 시는 새로운 눈을 뜨게 하고 새로운 귀를 트게 하여 사람을 새롭게 하고 삶을 새롭게 한다. 공자가 매일매일 새롭게 하라고 한 것(日新日新 又日新)을 연상하면 시를 떠난 삶이란 미련스럽고 거칠고 천한 것임을 헤아릴 수 있다. 〈양화〉 편을 읽으면 삶을 천하게 하고 더럽게 하는 짓들이 부끄러워진다.

(3) 권력을 훔치는 무리들

〈양화〉편에는 권력을 훔친 자들이 나온다. 양화(陽貨)와 공산불요 (公山弗擾) 그리고 필힐(佛肸)이 그러한 무리이다. 권력의 싸움이 빈 번하면 그 나라는 멍들고 만다. 나라의 멍이 깊어지면 병이 되고 나라 가 병들면 백성들은 굶주리게 마련이다. 백성을 굶주리게 하는 나라 는 언제 어디서나 권력 싸움의 난장판이 되고 만다. 공자는 이러한 난 장판의 나라를 걱정했다.

양화는 양호(陽虎)로도 불렸다. 내놓고 으르렁거리는 호랑이 행세를 하려고 양화는 권력을 훔쳤다. 임금을 허수아비로 만들어 놓고 권세 를 부리던 계씨(季氏) 권문의 신하로 있다가 주인의 권세를 빼앗은 셈 이다. 양화의 우두머리였던 계환자(季桓子)를 잡아 가두고 양화는 주 인의 자리를 훔쳤다. 계환자는 임금으로부터 권력을 훔친 도둑이었으 므로 양화는 도둑의 도둑이었던 셈이다. 도둑의 것을 원래 주인에게 돌려주면 선이지만 도둑의 것을 빼앗아 다시 제가 가지면 악이 두 배 로 늘어나는 도둑질을 하게 되는 셈이다. 그러한 양화는 공자를 만나 고 싶어했지만 공자는 양화를 멀리하려고 했다. 똥이 무서워서 피하 는 것이 아니다. 더러워서 피할 뿐이다. 더럽게 훔친 권력은 더러운 똥과 같다.

공산불요는 노 나라 안에 있었던 비(費)라는 지역의 최고 책임자였 다. 공산불요는 중앙의 권세를 쥐고 있던 계씨 권문에 반기를 들고 반 란을 일으켜 비 고을을 독자적으로 다스리려고 했다. 그 공산불요가 공자를 만나자고 했을 때 공자는 응하려고 했다. 이에 성질이 급했던 자로라는 제자가 무도한 인간을 왜 찾아가려고 하느냐며 선생께 걸고 나왔다. 이에 공자는 나를 써 주는 자가 있다면 나는 나아가 인의로 세상을 다스리는 것을 보여 주고 싶다고 타일러 주었다. 권력에 빌붙어서 수족 노릇을 하는 것이 아니라 정당한 뜻을 펴 보이기 위해 가려 한다는 말을 들려준 것이다. 그러나 공자가 공산불요를 만나러 갔다는 기록은 없다.

필힐은 진(晉) 나라에 속해 있던 중모라는 고을의 책임자였다. 필힐은 혹독한 정치로 고을의 백성을 못살게 하고 있었다. 정치가 세상의 사람들을 편하게 해 주는 것이 아니라 굶주리게 하고 신음하게 한다면 누군가가 나서서 틀려먹은 정치를 바로잡아야 한다. 공자는 이러한 생각을 한평생 버린 적이 없었다. 못돼먹은 필힐이 공자를 만나고 싶어한다는 말을 듣고 공자는 필힐을 만나러 가려고 했다. 다시 성질 급한 자로가 왜 가느냐고 핀잔을 주자 공자는 다음처럼 실토한다. "나는 박 넝쿨에 매달려 있는 박처럼 있을 수 없다. 왜 한 줄기에 매달려 쓸모없는 박 덩어리로 있겠느냐?" 박은 넝쿨에 그대로 매달려만 있으면 쓸모있는 바가지가 될 수 없다. 박을 타서 바가지로 만들어 물을 푸는 그릇 구실을 해야 박은 가치 있는 것이 된다. 필힐이 비록 못된 놈이긴 하지만 그를 찾아가 공자는 백성이 원하는 물을 퍼부어 주고 싶었던 게다.

포악한 필힐 같은 자를 찾아가더라도 포악한 무리의 하수인 노릇만 하지 않으면 된다며 공자는 자로에게 이렇게 타일러 준다. "갈아도 갈아도 닳지 않는 칼날이라면 굳다고 해야 할 것이 아니냐? 아무리 검은 물을 들여도 검어지지 않고 희다면 희다고 해야 할 것이 아니냐?" 이 말을 들으면 권력의 주구에 빌붙어 아부하는 소인배들은 기생충이 되고 만다.

양화가 공자에게 도움을 청했을 때 장차 도와주겠노라고 공자는 말했다. 공산불요가 만나자고 했을 때 공자는 가려고 했고 필힐이 만나

자고 했을 때도 가려고 했다. 이러한 공자의 뜻을 두고 출세에 병든 마음이라고 공자를 힐난할 수는 없다. 사리사욕을 탐하여 벼슬을 탐했던 것이 아니라 백성을 못살게 하는 학정을 물리치고 백성을 편안하고 잘살게 하는 덕치를 펴 보려고 공자는 정치 참여를 바랐을 뿐이다. 말하자면 백성이 목마를 때 마시고 싶어하는 어진 정치의 물을 퍼 낼 수 있는 바가지 구실을 공자는 하고 싶었을 뿐이다.

그러나 이러한 공자의 뜻을 가장 싫어하고 무서워하는 무리들이 언제나 권력의 언저리에 진을 치고 있어서 세상은 항상 어둡고 백성은 항상 신음해야 한다. 이러한 악순환은 지금도 여전하다. 권력을 쥔 자들의 입은 항상 백성을 위해 봉사하겠다고 외치면서도 실은 자기들의 권력을 위해서 거짓말만 한다. 공자는 이를 분노했다.

(4) 왜 공자는 절망하는가

〈양화〉 편에는 공자가 마치 노장(老莊)처럼 말하는 대목이 나온다. 공자는 "내 이제 말이 없고자 한다〔予欲無言〕."고 밝히면서 계절을 바꾸게 하고 만물을 자라게 하면서도 말하지 않는 하늘을 그리워한다. 이를 보면 말 많은 인간의 세상을 공자가 절망했을지도 모른다는 심정을 버릴 수 없다.

세상은 한없이 미쳐만 간다고 공자는 걱정한다. 세상이 미친다는 것은 결국 사람들이 미쳐 감을 말한다. 사람이 사람을 속이고 사람이 사람을 때리고 사람이 사람을 죽인다. 사람은 사랑하기보다는 미워하기를 좋아하고, 돕기보다는 시샘하고 다투는 것에 마음을 쓰고, 서로 믿기보다는 서로 의심하면서 상대를 이용해서 득을 보려고만 덤빈다. 이보다 더 미칠 수는 없을 지경으로 사람들은 미쳐만 간다. 아마도 공자는 그래서 절망했을지도 모른다. 먼저 남을 사랑하는 인의 길을 걸어가라고 공자가 아무리 인간을 향해 타일러도 엇나가기만 하는 세상이 공자를 절망하게 했을 것이다.

세상은 한없이 오만해지기만 한다고 공자는 걱정했다. 건방진 인간에게 건방지다고 하면 주먹질이 일어난다. 건방진 놈에게 건방지다고 하는 것은 참말인데도 건방진 놈이 왜 거짓말을 하느냐면서 싸움을 걸어오는 까닭이다. 뻔뻔스러운 사람에게 부끄럽지 않느냐고 해도 또한 싸움질이 일어난다. 뻔뻔스러운 놈에게 뻔뻔스럽다고 말해 주는 것은 참말이다. 그러나 뻔뻔스러운 놈은 그 참말을 거짓말로 둔갑시켜 명예 훼손이라며 고소를 하고 뻔뻔스럽게 거드름을 피우고 싸움을 건다.

세상이 사기 치는 짓을 일삼는 난장판처럼 돌아가는 것을 공자는 걱정한다. 어리석으면 정직하기라도 하다는 말은 이제 통하지 않는다. 어리석은 척하면서 사람을 속이는 고급 사기 행각이 난무하는 세상을 보라. 사기꾼치고 말 못하는 놈 없고 투기꾼치고 무식한 놈 없으며 못된 범행을 일삼는 놈치고 머리 나쁜 놈이 없다. 사기를 치기 위해 모르면서도 안다고 하고 투기를 하기 위해 싸구려를 비싸게 만들고 비싼 것을 헐값으로 둔갑시키는 짓을 아무런 양심의 가책도 없이 해치운다. 모든 것을 힘으로 믿기에 사랑도 힘으로 사고 충성도 힘으로 사고 명예도 힘으로 산다. 그러한 힘을 세상은 돈이라고 부르면서 돈이라면 사족을 못쓰고 돈을 위해서라면 남의 생명도 헌 신발짝처럼 여긴다. 이처럼 세상은 속임수의 난장판처럼 어수선하고 도둑들의 모임처럼 살벌해져만 가고 있다.

적당히 얼버무리면서 무엇이 참이고 무엇이 거짓인지를 가리려 하지 않고 순간순간 모면하면 그만이라는 생각에 사람들의 마음은 잘라

져 나가고 있다. 또한 욕심뿐인 마음은 토막토막 나서 이익이면 모두 좋은 것이고 손해 나는 것은 모두 나쁜 것이란 탐욕만이 설치고 있다. 그래서 온갖 마음의 토막은 이해(利害)의 파도만 타려고 덤빌 뿐 무엇이 부끄럽고 무엇이 당당한 것인가는 따지려 하지 않는다. 이렇게 세상이 굴러간다면 어디로 가겠는가? 타락하고 방탕한 늪으로 가리란 것은 불을 보듯 분명하다. 공자는 이를 탄식했다.

〈양화〉편에서 탄식하는 공자를 만나면 우리가 지금 살고 있는 이 세상이 공자가 살았던 때보다 나아진 것이 없음을 알 수 있을 것이다. 첨단 과학의 공학 시대를 이루었고 후기 산업사회에 접어들어 인간의 창조력이 대접을 받는 세상이 되었지만 인간은 공자가 밝힌 사랑의 길(仁道)에서 벗어나 궤도에서 풀려나간 위성처럼 공중에서 떠도는 형편이고 옳은 것을 행하고 그른 것을 멀리하라는 의(義)를 잊은 지 이미 오래다. 물질 공학은 첨단을 걷고 있지만 그와는 반대로 인간의 성질은 포악하고 영악해져 잔인한 짓들을 눈 하나 까딱하지 않고 해치울 만큼 냉혈한으로 탈바꿈해 가고 있다. 이제 인간은 마음속의 행복보다는 마음 밖의 것들로 행복을 얻으려고 한다. 그래서 욕망은 불길처럼 타오르고 절제는 이미 그 불길을 끄는 물의 구실을 할 수 없을 만큼 메말라 버렸다. 탐욕스러운 인간의 아우성 속에서 현대판 인생의 연극이 연일 연출되고 상연되는 현대의 현실에 공자가 다시 온다면 뭐라 할까? 공자는 아마 하늘만 바라볼 것이다.

2. 공자의 어록

(1) 소매치기의 눈물

감옥에서 옥살이를 하는 나이 든 죄수들은 두 유형으로 나눌 수 있다고 한다. 즉 가족이 찾아오기를 기다리는 죄수와 가족이 찾아오지 않기를 바라는 죄수로 나뉘어진다. 법을 어겼으므로 옥살이를 하는 것이 당연하지만 죄질에 따라 가족이 알아도 되는 것이 있고 알아서는 안 되는 것이 있는 까닭에 그렇게 나누어 볼 수 있는 것이다.

사형을 기다리는 흉악범은 세상을 체념하고 부끄러움을 잊고 죽을 날만을 기다리지만 형기를 마치고 바깥 세상으로 나갈 파렴치범들은 부끄러움을 차릴 줄 안다고 한다. 특히 자식을 둔 파렴치범들은 아들딸이 감옥으로 면회를 올까 봐 걱정한다고 한다.

도둑질하는 아버지가 제 아들에게 도둑이 되라고 가르치는 법은 없다. 이러한 사실을 보아도 사람은 타고 날 때부터 못되고 나쁜 인간이었던 것은 아니다. 갓난아이의 마음은 선악을 모른다. 자라면서 좋고 싫음을 알게 되고 참과 거짓을 알게 된다. 그래서 삼밭 속의 쑥대는 삼대처럼 곧게 자란다는 옛말이 생긴 것이다.

소매치기를 하다 붙들려 옥살이를 하는 죄수에게 초등학교에 다니는 아들이 감옥으로 아버지를 찾아왔다. 아내만 온 줄 알고 면회실로 들어온 죄수는 창살 너머로 어멈의 손을 잡고 서 있는 아들을 보고는 되돌아 들어가 버렸다. 뒤돌아 나가는 아버지의 모습을 창살 너머로 본 아들은 아버지를 불렀지만 아버지는 그냥 사라져 버렸다.

그날 밤 아들은 옥살이하는 아버지에게 다음과 같은 편지를 올렸다. "어째서 아버지가 감옥에 있는지 다 압니다. 학교 아이들이 소매치기 아들이라고 저를 놀려대지만 이를 악물고 공부를 열심히 합니다. 아버지, 저는 커서 착한 사람이 될 것입니다. 소매치기를 했다는 아버지라고 해서 미워하지 않습니다. 오히려 아버지가 불쌍하고 보고 싶습니다. 다음에 어머니랑 면회를 가면 만나주십시오."

아들의 편지를 받은 아버지는 감방에 누워 하염없이 눈물을 흘렸다고 한다. 왜 소매치기 아비는 눈물을 흘렸을까? 마음속의 선악이 마주쳐 악을 알고 선을 알았기 때문이다. 이처럼 뉘우칠 줄 알고 부끄러워할 줄 아는 인간은 선을 사랑하고 악을 멀리하려는 본성을 지니고 있다. 강도의 아들은 강도가 되고 살인범의 아들은 살인범이 되고 소매치기의 아들은 소매치기가 되라는 법은 없다. 다만 못된 사람들과 어울리면 나쁜 버릇에 물들어 못된 인간이 될 뿐이다. 콩 심은 데 콩 나고 팥 심은 데 팥 난다는 말은 사람은 항상 사람을 낳는다는 말과 같다. 다만 못나고 나쁜 사람이 나는 것은 못된 길을 밟은 탓이다.

그러한 길을 밟지 않으려면 공자의 가르침을 배워야 한다. 사람을 차별해서 좋은 사람 나쁜 사람으로 태어난다고 믿는 것을 공자는 멀리했다.

🌱 공자의 말씀

사람의 본성은 서로 가깝지만 습성에 따라 서로 멀어진다. 이렇게 공자께서 밝혔다.

子曰 性相近也 習相遠也

(2) 총명한 것과 우매한 것

곰은 우매해서 편하게 잡을 수 있고 숭어는 성질이 급해서 쉽게 그물에 걸려든다. 고집스러운 곰은 제 힘만 믿기 때문에 제 몸이 상해 목숨을 잃게 될 줄도 모르고 덤빈다. 싸리 망태에 큼직한 돌을 넣어 매달아 두면 고집스러운 곰을 잡을 수 있고 공중에 그물을 걸어 두면 성질머리가 급한 숭어가 뛰어들어간다는 우스개 이야기를 옛 노인들은 아이들에게 자주 들려주었다.

가을철 곰 사냥은 두 개의 망태를 가지고 시작된다. 하나의 망태에는 낙엽을 넣고 하나의 망태에는 큰 돌을 넣는다. 낙엽을 넣은 망태와 돌을 넣은 망태를 동시에 달아 사냥꾼들은 낙엽을 넣은 망태를 그네처럼 흔들며 되돌아오는 망태에 박치기를 한다. 멀리 도토리 나무 숲에서는 곰들이 사람들의 짓을 보고 있다가 사람들이 가고 나면 흉내를 낸다. 사람들은 곰들의 이러한 미련스러움을 알고 떠날 때는 돌을 넣은 망태만 달아 두고 내려온다. 그러면 곰들이 내려와 사람들처럼 박치기를 한다. 날아오는 큰 돌에 머리를 맞으니 얼마나 아프겠는가. 그러나 곰은 화가 나서 더욱 세게 망태를 흔들어 되돌아오는 돌 망태에 머리를 박는다. 결국 곰은 머리가 터져 쓰러지고 만다. 그러면 숨어 있던 사냥꾼들이 몰려나와 실신한 곰을 덮쳐 잡는다.

가을이 되어 숭어를 잡을 때는 맑은 날 강물 위에 그물을 친다. 그리고 물에 들어가 강바닥에 일렬로 바지랑대를 총총히 세워 둔다. 그러면 가을 햇빛에 바지랑대의 그림자가 맑은 물 위에 어린다. 물속을 헤엄치던 숭어 떼는 흔들거리는 바지랑대의 그림자를 보고 지레 겁이 나 성질을 참지 못하고 피하기 위해 붕 뛰어오른다. 결국 다시는 물속으로 들어가지 못하고 공중에 쳐 놓은 그물 속으로 첨벙 걸려들고 만다. 숭어잡이들은 강둑에 앉아서 그물에 들어가는 숭어들을 구경만 하면 된다.

옛날 노인들은 어린애들에게 이러한 곰사냥 이야기와 숭어잡이 이야기로 아이들을 재미있게 해 주었다. 우매하게 크지 말고 총명하게 크라고 노인들은 이러한 이야기를 했던 셈이다. 아이들이 좋아서 깔깔거리면 쉬쉬하면서 미련하고 우직해서 가르쳐 주어도 배우려 하지 않는 아이는 곰 같은 놈이고 약삭빠르고 영악해서 가르쳐 주어도 꾀만 부리고 배우려 하지 않는 놈은 숭어 같은 놈이라고 타일러 준다. 총명한 사람은 하나를 배우면 둘을 알지만 우매한 사람은 하나를 배워도 그 하나를 모른다. 그러면서도 배우려고 하지 않고 게으름만 피우는 인간은 공자님도 어찌 할 수 없다고 옛날 노인들은 자주 토를 달았다.

어디 옛날만 그러했던가. 지금도 마찬가지다. 하나도 모르면서 열을 안다고 떠벌리는 인간은 곰보다 더 미련해 제 혀로 제 속을 핥으며 스스로를 더럽히는 짓을 하는 천치 바보들이다. 하지만 그런 줄을 모르기에 더욱 딱할 뿐이다.

🌿 **공자의 말씀**

머리가 뛰어난 사람과 머리가 바보 같은 사람은 바꿀 도리가 없다고 공자께서 밝혔다.

子曰 唯上知與 下愚不移

(3) 공자가 호학(好學)을 맨 앞에 두는 이유

노자는 '배울수록 날마다 욕심이 늘어나지만 도를 가까이하면 할수록 날마다 욕심이 줄어든다[爲學日益 爲道日損]'고 했다. 그러나 공자는 배울수록 욕심을 절제할 줄 알고 사람의 길에서 엇나가는 짓을 미리 막을 수 있다고 했다. 노자는 배움[學]을 미심쩍게 생각했으며 의심했다. 그러나 공자는 배움을 무엇보다 맨 앞자리에 두었다. 사람은 사람이 되는 길을 걸을 줄 알아야 하고 그러기 위해서는 그 길의 걸음 걸이를 배워야 한다고 보았다. 왜냐하면 공자는 사람은 내버려두면 거칠어질 뿐이고 다듬어야만 부드러워진다고 믿었기 때문이다. 그래서 공자는 호학을 언제나 앞에 두었다.

무엇을 좋아할 줄은 알면서도 배우는 것을 싫어하면 좋은 것이 싫은 것으로 되어 버림을 공자는 밝힌다. 이것이 공자가 밝히는 학(學)이다. 공자가 유(子路)에게 마치 할아버지가 손자에게 구수한 이야기를 해 주듯 배움에 대한 이야기를 들려준 일이 있다. 공자가 들려준 이야기를 6언6폐라고 한다. 첨단 과학의 시대에 사는 현대인이라고 해서 6폐의 잘못을 범하지 않는 것은 아니다. 오히려 현대인은 공자가 밝힌 6폐에 걸려 사나운 인간으로 돌변해 가고 몹쓸 인간으로 그 모습을 드러내고 있다. 그러기에 우리는 공자가 유에게 들려준 배움에 관한 이야기를 경청할 필요가 있다.

공자의 말씀

공자께서 제자인 유를 불러 여섯 가지 말속에 숨어 있는 것을 들은 일이 있느냐고 물었다. 이에 유가 없었다고 하자 공자께서 다음과 같은 이야기를 들려주었다. "거기 앉거라. 내 말해 주마. 인을 좋아하면서 배움을 싫어하면 그 폐는 어리석다. 앎을 좋아하면서 배움을 싫어하면 그 폐는 방탕이다. 믿음을 좋아하면서 배움을 싫어하면 그 폐는 남을 해칠 것이고 정직함을 좋아하면서 배움을 싫어하면 그 폐는 박절

한 것이다. 용맹을 좋아하면서 배움을 싫어하면 그 폐는 문란이고 군세기를 좋아하면서 배우기를 싫어하면 그 폐는 미친 것이다."

子曰 由也 女聞六言六蔽矣乎 對曰 未也 居 吾語女 好仁不好學 其蔽也愚 好知不好學 其蔽也蕩 好信不好學 其蔽也賊 好直不好學 其蔽也絞 好勇不好學 其蔽也亂 好剛不好學 其蔽也狂

(4) 서귀포 황혼 속의 세 사람

밀감이 익어 가고 늦은 단풍의 빛깔이 산자락을 적실 무렵 제주도 서귀포의 황혼은 세상을 장엄하게 한다. 금빛 바다는 저만치 망망하고 황금알 같은 밀감들은 짙은 암녹색의 잎새 사이에 조랑조랑 달려 있으며 산록의 붉은 잎새들은 해질 무렵의 마지막 햇살을 받아 황혼으로 물들어 더욱 찬란하고 황홀한 천지를 이룬다. 그러한 서귀포의 황혼이 펼쳐지는 끝없는 남쪽 바다를 바라보면서 세 사람이 앉아 있었다.

세 사람 중 두 사람은 줄곧 이야기를 나누고 있었고 한 사람은 멍하니 장승처럼 앉아 있었다. 황혼에 취해 황홀해진 그는 모든 감각과 모든 생각을 떨쳐 버리고 눈앞에 펼쳐지는 산천초목과 하늘에서 내리꽂는 햇살과 멀리 어슴푸레한 바다의 금빛을 보며 천지는 하나의 우리란 생각을 하고 있었다. 알알이 열린 금빛 밀감이 마치 정다운 얼굴처럼 보이기도 하고 뉘엿뉘엿한 황혼이 하늘 밑을 사랑으로 가득 채우는 듯한 즐거움으로 느껴지기도 했다. 그 순간 도란도란 이야기를 나누던 두 사람이 멍하니 있는 사람에게 왜 정신 나간 사람처럼 가만히 있느냐고 물었다. 그러나 그는 그저 가만히 서귀포의 황홀한 황혼과 천지에서 눈을 떼지 않았다.

두 사람은 밀감을 화제의 대상으로 삼고 있었다. 그중 한 사람이 올해는 밀감이 풍년이어서 밀감 값이 좋지 않을 것이라고 했다. 그는 사업을 하는 사람이라서 밀감을 보고 장사를 생각했던 것이다. 그러자 다른 한 사람이 밀감의 품종을 잘못 선택하여 제주 밀감의 당도가 문제라고 말을 받았다. 그는 농생물학을 전문으로 하는 사람이었다. 그러면서 외국에서도 당도가 높은 밀감이 비싸게 팔린다고 토를 단 다음 제주의 밀감도 품종 개량을 서둘러야 한다고 결론을 내렸다. 사업을 하는 친구 역시 상품이 좋아야 소비자의 관심을 끈다고 맞장구를 쳤다.

한 친구는 둘이서 무슨 이야기를 나누든 아무런 관심이 없다는 듯 여전히 빛깔에 취해 만물을 그저 아름답게 보면서 삶의 순간을 감동적으로 맞이하고 있었다. 아름다운 자연이 펼쳐지는 순간을 두고 두 사람은 돈벌이를 생각했고 멍하니 앉아서 황홀해하는 사람은 천지에 가득한 시를 보고 있었던 것이다. 시를 아는 사람은 황홀한 순간에 돈 타령 따위는 하지 않는다. 시를 알면 무엇 하나에 미쳐 다른 것을 볼 줄 모르는 어리석음을 면할 수 있다. 그래서 공자도 삶을 잘살기 위해서는 시를 배우라고 했던 것이다.

온갖 사물을 느낄 줄 알고 볼 줄 알고 가릴 줄 알고 어울릴 줄 알고 귀하게 여길 줄 알면서 갖가지를 두루두루 알아야 편벽한 인간이 되지 않는다. 편벽한 인간은 우리에 갇혀 사는 동물처럼 사람을 널리 보지 못하고 세상을 널리 내다볼 줄도 모른다. 그러면 삶은 옹색해지고 빡빡해지고 각박해지고 만다. 사납고 잔인한 사람들은 사랑하는 방법을 모른다. 그러나 시는 만물을 사랑하고 사람을 사랑하는 방법을 체험하게 한다. 그래서 공자는 치자들이여, 시를 읽느냐고 반문한다.

🌱 공자의 말씀

그대들은 왜 시를 배우지 않는가? 시는 감을 돋구고 모든 사물을 보게 하며 더불어 어울리게 하고 시시비비를 가릴 줄 알게 한다. 그리고 가까이는 부모를 섬기게 하고 멀리는 윗사람을 섬기게 하며 나아가 만물의 이름을 알 수 있게 한다. 이렇게 공자께서 말했다.

子曰 小子何莫學夫詩 詩 可以興 可以觀 可以群 可以怨 邇之事父 遠之事君 多識於鳥獸草木之名

공자께서 아들인 백어를 불러《시경》의 주남과 소남이란 시를 배웠느냐고 물었다. 그러면서 사람으로서 주남과 소남을 모르면 마치 담을 마주하고 서 있는 것과 같아서 나아가지 못하는 것과 같다고 공자께서 타일러 주었다.

子謂伯魚曰 女爲周南 召南矣乎 人而不爲周南 召南 其猶正牆面而立也與

(5) 남의 낯보다 제 속이 무섭다

스스로에게 부끄러움이 없으면 예를 갖춘 것이다. 부끄러움이 없는 마음은 못된 짓을 범하지 않는다. 겉 다르고 속 다른 것보다 더한 비례(非禮)는 없다. 경건하다는 것은 겉과 속이 하나임을 말한다. 참으로 공손한 행동은 위아래를 살펴 위는 모시고 아래는 보살펴 준다. 모실 줄 알고 보살필 줄 아는 마음은 겸손한 행동을 불러오게 마련이다. 그러나 속마음을 숨기고 감추는 것은 예를 짓밟는 행동이다.

옛날에 시어머니가 싫어서 살 수 없다는 마음을 숨기고 살던 한 며느리가 있었다. 그 며느리는 항상 시어머니 앞에서는 미소를 머금고 시어머니의 분부를 고분고분 다 들어주었다. 그러면서도 한편으로는 시어머니가 어서 빨리 죽기만을 바랐다. 시어머니가 살아 있는 한 편히 살 수 없다고 여긴 며느리에게 드디어 기쁜 날이 왔다. 그렇게 밉던 시어머니가 죽은 것이다. 시어머니가 싸늘한 시체로 변한 그날 며느리는 누구보다도 서럽게 곡을 한 다음 뒤란으로 가 하늘을 향해 미소를 지었다. 그러자 날아가던 까마귀가 그 며느리의 얼굴에 똥칠을 해 주었다고 한다.

며느리의 슬픈 곡은 가짜였던 것이다. 가짜는 예가 아니다. 겉모양만 갖춘다고 예가 되는 것은 아니다. 마음이 공손하고 경건하면서 겸손해야 한다. 그러지 못한 며느리에게 날아가던 까마귀가 벌을 준 셈이다.

목소리만 좋다고 노래를 잘 부르는 것이 아니다. 기쁜 노래가 사람을 기쁘게 하는 것은 마음이 통하는 까닭이고 슬픈 노래가 사람을 울리는 것 또한 서로 마음을 통하게 하는 까닭이다. 슬픈 노래를 부르면서 아양을 떠는 사람은 목소리만 가지고 노래를 부르는 사람이고 목청을 팔아 돈을 버는 사람은 끼를 부리는 것일 뿐이다. 마음이 즐거워야 참으로 악(樂)인 것이다. 가수가 노래를 잘 부른다고 그 가수가 악을 누리는 것은 아니다. 환각제를 피우다가 걸려든 가수들을 보면 안다. 참으로 즐거운 마음은 긴장으로부터 멀리 떨어져 있다. 예와 마찬가지로 겉모양만 차려서는 즐거울 수 없다.

겉치레나 체면 따위로 얌전하고 경건해 하고 인자한 척하고 나아가 즐거운 척하는 것은 스스로를 부끄럽게 하고 스스로를 속이는 짓이다. 그래서 공자는 예악(禮樂)을 겉모양으로 보지 말라고 했다.

🌱 공자의 말씀

예라고 하는 것이 어디 구슬이나 비단만을 말하는 것이냐? 악이라고

하는 것이 어디 종이나 북만을 말하는 것이냐? 이렇게 공자께서 말씀
하셨다.

子曰 禮云禮云 玉帛云乎哉 樂云樂云 鐘鼓云乎哉

(6) 알량한 인기 동냥

대중 사회에서는 대중의 눈에 나면 뒷전으로 밀려나게 마련이다. 오
늘날의 명사들이란 대개 대중의 눈치를 살피고 비위를 맞추려고 갖은
아양을 떠는 무리들에 불과하다. 대중의 어디가 간지러운지를 노려서
슬슬 긁어 주면 대중은 벼룩에 시달리던 개처럼 뒷다리를 들고 아랫
도리를 내놓는 시늉을 한다. 이렇게 대중은 알고 보면 순진하고 속임
수를 모른다. 진실로 아껴서 긁어 주는 줄 알고 속을 다 빼서 인기를
노리는 자에게 바친다. 그러면 인기는 대중의 호주머니를 털어 한 밑
천을 잡게 된다.

돈을 벌려거든 장사를 하라는 말은 이제 옛말이다. 이제는 인기 배
우가 되거나 인기 가수가 되거나 아니면 인기 개그맨이 되라고 한다.
심지어 인기 있는 스포츠맨이 되면 단순간에 몇 년을 땀 흘려야 벌 수
있는 돈보다 더 많은 돈을 거머쥔다고 너도나도 수군거린다.

하지만 인기를 얻기까지 숨은 노력과 숨은 꾀를 생각하면 비위에 거
슬리는 일들이 한두 가지가 아닌 것을 대중들은 미처 모른다. 화려하
고 돈을 버는 수단으로 믿는 까닭에 그런 인기 타령을 하는 것이다.
중이 고기 맛을 알면 절간에 파리가 남아나지 않는다는 말처럼 인기
병에 한번 걸려들면 헤어나기가 어렵다. 그래서 앞으로는 착한 척하
면서 뒤로는 방탕한 짓을 일삼고 겉으로는 인자한 척하면서 속으로는
무수한 잔꾀를 부리면서 순진한 대중을 속이고 매사를 편집해서 근사

하게 보이도록 위장을 하고 사기를 치는 행위를 서슴없이 한다. 바로 이것이 인기병의 후유증이다.

더럽고 추한 꾀를 부려서 대중의 관심을 끌어 사랑을 팔고 정의를 팔고 나아가 정치하려는 사람들은 민주마저 팔아서 대중의 지지를 얻어내려고 별 수작을 부리는 일들이 이제는 날마다 일어난다. 그래서 이제는 사람들 사이에서 있는 그대로의 순수함을 만나기가 어렵다.

어질다는 말만 있을 뿐 참으로 어진 것은 없어졌고 의를 위해 목숨을 바친다는 말은 있지만 옳은 것은 없어진 지 이미 오래다. 왜 이처럼 사람을 사랑하고 그 사랑을 위해 온 정성을 기울이는 올바른 행위들이 없어졌을까? 대중들과 영합해서 알량한 재주를 팔아 인기를 얻고 삶의 진실을 갖가지 명사들이 훔친 탓이다. 공자는 삶의 진실을 인의라 했고 덕이라고도 했다. 그러나 그러한 진실들은 인기의 도둑들이 다 훔쳐가 버렸고 이제는 껍질만 남았다. 그래서 이 세상은 속임수의 요지경처럼 변태 같을 뿐이다.

🌱 공자의 말씀

겉은 위엄 있게 꾸몄지만 속은 나약해 비굴한 자는 소인배와 같고 남의 집 담에 구멍을 내고 들어가 훔치는 좀도둑에 불과하다고 공자께서 밝혔다.

子曰 色厲而內荏 譬諸小人 其猶穿窬之盜也與

대중의 틈에서 무리와 파당을 지어 의리를 지킨다고 떠드는 사람은 덕을 훔치는 도적에 불과하다고 공자께서는 질타했다.

子曰 鄉原 德之賊也

(7) 가벼운 입과 얇은 귀

들은 말을 속에 담아 두지 못하는 사람은 촉새 주둥이라는 흉잡히는 별명을 얻게 된다. 하기야 속에 담아 둔 비밀스러운 이야기일수록 뱉어야 속이 시원히 풀리지 그냥 담아 두면 조바심이 나 병이 생긴다고 투덜댄다. 오죽하면 대숲에 나가 임금의 귀는 당나귀 귀라고 외쳤겠는가. 이처럼 많은 사람들은 들은 말을 속에 담아 두면 좀이 쑤셔서 견디지 못한다. 본래 입술이 얇으면 입이 가볍고 입이 가벼우면 세 치 혀 탓에 재앙을 불러오게 마련이다.

입이 가벼우면 덕을 버리고 귀가 얇아도 덕을 버린다고 옛 사람들은 입 조심과 귀 조심을 하라고 아이들에게 타일렀다. 말에는 씨가 있어서 선한 꽃을 피우는 경우보다 악한 가시를 돋게 하는 경우가 더 많다. '말로써 말을 만드는 것이니 말을 하지 마라.' 하지만 없는 것도 지어서 말을 만들고 있는 것도 없는 것처럼 말을 지어서 퍼뜨려 생사람을 잡는 경우 또한 허다하다. 이러한 연유로 얇은 귀에 속삭이지 말고 가벼운 입은 멀리하고 밤말은 쥐가 듣고 낮말은 새가 듣는다면서 입 조심 귀 조심을 다지게 한 것이다.

말조심하라는 것은 허튼 말이나 싫은 말이나 역겨운 말만을 조심하라는 뜻이 아니다. 좋은 말이라도 가려서 삼가야 하고 칭찬이나 예찬도 넘치면 흉과 허물이 된다는 뜻이다. 면전에서 입에 침이 마르도록 좋은 말을 퍼붓는 입은 뒤돌아서는 딴전을 피우기 쉽다. 앞에서는 웃던 입술이 뒤돌아서면 씰룩거리며 삐쭉거리는 입들이 되는 일이 세상에는 많다. 이러한 입들은 항상 얇은 귀를 찾아 소문을 만들어 눈사람을 만들고 헛소리를 만들어 말발의 돌개바람이 일어나게 한다. 그러니 좋은 말이라도 함부로 귀양보내지 마라. 좋은 말이든 궂은 말이든 귀에 담은 말을 입으로 새어나오지 않게 하면 말로 짓는 덕은 저절로 이루어진다. 그래서 공자는 입술이 얇아 가벼운 입은 덕을 버리기 쉽다고 밝혀 두었다.

(8) 김형욱의 증발

독재자의 충복은 포수의 사냥개와 같은 습성을 갖고 있다. 포수는 사냥감에 불질을 할 수 있도록 산짐승을 열심히 몰아 온 사냥개들을 골고루 대접해 주어야 한다. 일제 시대만 하더라도 몰이꾼 없이 사냥을 다니는 전문 포수들은 두 마리의 사냥개를 데리고 다녔다. 포수들은 사냥을 떠나기 전 개들에게 먹이를 배불리 주지 않고 배가 고프지 않을 만큼만 먹여 사냥할 산으로 갔다. 그러면 사냥개들은 허기진 배를 채우기 위해서라도 열심히 사냥감을 몰았다. 열심히 몰이를 해서 사냥감을 잡으면 산짐승의 내장을 푸짐하게 대접받는다는 것을 사냥개들은 알았던 것이다.

왜정 때 지리산 근처에 명포수 소리를 듣던 박 포수란 자가 있었다. 박 포수는 산짐승을 잡으면 먼저 피를 뽑아 배를 가른 다음 내장을 끄집어내 사냥개들에게 나누어주곤 했다. 개를 풀어놓고 먹이를 주면 서로 싸움질을 한다는 것을 알았으므로 서로 떨어지게 묶어 놓고 먹이를 주었다. 똑같은 양의 내장을 주어야지 차별을 두고 주게 되면 다음 번 사냥에서 덜 먹은 놈이 심술을 부린다고 박 포수는 말하곤 했다. 개들이 그럴 리가 있느냐고 마을 사람들이 말을 하면 사냥개는 그냥 집에서 기르는 개와는 달라 눈치가 있다고 대답했다. 사냥개는 주인을 무조건 모시는 것이 아니라 먹이를 탐해서 사냥몰이를 열심히 하는 것이며 영리한 사냥개일수록 그러하다고 했다. 박 포수는 이처럼 잡은 산짐승의 내장을 공정하게 나누어준 대가로 배반하지 않는 충견을 사냥개로 끝까지 데리고 다니면서 다른 포수들보다 이름을 얻을 수 있었던 것이다.

독재자도 충복들에게 먹이를 골고루 주어야 한다. 물론 독재자가 주는 먹이는 권력이라는 먹이다. 독재의 권좌는 앉는 자리에 따라서 권력의 색깔과 힘이 달라지게 마련이다. 독재자는 독점 권력을 안배해서 몇몇의 충복들에게 나누어주고 원격 조종을 하면서 충성도를 항상 점검한다. 그러면 충복들은 충성 경쟁을 벌이게 된다. 본래 독재자는 권력을 나누어 준 다음 그것이 힘으로 잘 발휘되도록 연출하는 재주를 지니고 있다. 수전노는 돈을 굴려 이자를 불리고 독재자는 권력을 굴려 권좌의 성을 쌓는 법이다.

4공의 박정희 대통령이 몇몇의 충복에게 권력을 나누어주고 그것을 연출했던 솜씨는 일품이었다. 그러나 그는 박 포수처럼 공평하게 나누어주는 지혜를 만족스럽게 지니지는 못했던 모양이다. 비서실장, 경호실장, 정보부장이 충복들에게 줄 수 있는 제일급의 자리였다. 박대통령은 이 세 자리의 충복에게 권력을 분산시킨 다음 교향악단의 지휘자처럼 4공의 권력을 독점 지휘했다. 그러나 정보부장의 자리에 앉은 충복들은 자주 중도 하차를 당했다. 그 다음이 비서실장의 자리였고 가장 수명이 긴 자리는 경호실장 자리였다. 아무래도 박 대통령은 경호실장에게 더 많은 권력의 내장을 끄집어내 주었던 모양이다.

결국 피스톨 박은 육 여사 피살 사건으로 물러났고 '고릴라 차'는 대통령과 명을 같이 하면서 끝을 맺었다.

그러나 정보부장을 하다가 대통령의 눈에 나면 억지 외유를 하게 되어 있다. 김형욱도 그러한 예에 속한다. 김형욱은 외유를 한 뒤 충복으로 모셨던 상전의 구린 곳을 파헤치는 글을 써 놓았다는 엄포를 놓았다. 그 일이 있은 뒤 김형욱은 어디론지 증발되었고 별의별 소문이 꼬리를 물고 한때 서울 장안을 돌아다녔지만 끝끝내 그의 흔적은 찾을 수 없었다.

용인술(用人術)이 뛰어났던 박 대통령도 김형욱이 충복으로서는 소인배였던 것을 몰랐던 모양이다. 권력을 노리고 충복 노릇을 하는 인간은 푸대접을 받게 되면 안달을 하고 심하면 상전의 아픈 곳을 붙들고 늘어지면서 물귀신 작전을 써서 앙갚음을 하려고 덤비는 법이다. 온갖 약점들이 독재의 울 안에는 있게 마련이고 충복들은 그 사정을 손금처럼 읽을 수 있다. 충복이 표변하면 미친 사냥개가 되어 주인을 물고늘어지면서 폭로하겠다는 으름장을 놓는다. 김형욱도 그러다가 제 명대로 못살고 박 대통령의 충복 서열에서 배반자란 낙인을 받게 된 것이다. 소인배를 충복으로 두면 사냥개를 키우는 것이 아니라 호랑이를 키우는 꼴이 된다. 김형욱은 사냥개 노릇을 하다가 먹이가 끊기자 호랑이 노릇을 하겠다고 덤볐고 결국 담비에게 물린 신세가 되어 증발해 버린 것이다.

🌿 공자의 말씀

소인배는 남들과 함께 어울려 임금을 섬길 수 없다. 소인배는 명리나 권력 따위를 얻지 못하면 안달하고 얻게 되면 잃을까 걱정하며 놓칠까 안절부절못하다가 놓치면 무슨 짓이든 저지르고 만다. 이렇게 공자께서 밝혀 두었다.

子曰 鄙夫可與事君也與哉 其未得之也 患得之 旣得之 患失之 苟患失之
無所不至矣

(9) 망가지고 뭉개진 현대인

현대인은 영악하고 약삭빠르며 눈치가 빨라 손해 볼 짓은 하지 않는
다고 떵떵거린다. 극히 이성적이고 합리적이어서 잘못을 범할 확률이
그만큼 적고 지식의 폭이 넓어 치졸하지 않고 앞뒤를 가려 셈을 잘한
다고 뻐긴다. 그럼에도 현대인은 얼마나 제 꾀에 제가 넘어지는 꼴을
당하고 있는가? 인간의 광기(狂氣), 인간의 폭력(暴力), 인간의 과오
(過誤)는 현대인에 이르러 절정을 달리고 있지 않는가 말이다.

미친놈은 인간이 있는 한 항상 있게 마련이다. 그러나 옛날의 미치
광이는 미친 병에 걸려 길거리를 떠돌면서 노래는 불렀어도 정신 착
란의 발작을 일부러 만들어 생사람의 목숨을 빼앗지는 않았다. 그러
나 현대의 미치광이들은 세상이 원망스럽다면서 돈을 주고 환각제를
사 먹고는 광란의 춤을 추다가 호주머니의 돈이 바닥나면 칼을 들고
남의 집에 들어가 도둑질을 한 다음 입을 막는다면서 강간을 범하고
살인을 범하기도 한다. 이처럼 현대인의 광기는 끝까지 가고 말았다.

조선 시대 때 한양에도 깡패는 있었다. 그러나 왕십리 배추밭 주변
의 깡패는 막걸리 값 몇 푼을 주면 허리를 굽실거렸고 마포 나루터의
깡패도 몇 되의 소금만 주면 고맙다고 굽실거렸다. 싸워도 깡패들끼
리 싸웠지 얌전한 사람들을 붙들고 시비를 걸면서 행패를 부리지는
않았다. 설령 싸운다 한들 주먹 하나로 싸웠지 몽둥이나 칼을 들고 사
람을 해할 생각은 하지 않았다. 그러나 지금 서울의 깡패들은 무리를

지어 조직을 만들고 영역을 만들어 놓고 날마다 돌아가면서 돈을 걷고 수틀리면 회칼을 들이대고 협박을 한다. 깡패들끼리 영역 다툼이 일어나면 패싸움을 백주에 벌여 놓고도 모자라 쇠파이프와 회칼, 권총 등으로 무장하고 생선회 치듯 사람의 살을 도려내고 화가 나면 목이나 등에 칼을 꽂아 죽이기도 한다. 이처럼 현대의 깡패는 싸움질도 극에 다다르고 말았다.

옛날에는 악의에 찬 사기꾼이 없었고 남의 등을 치는 야바위꾼이나 소매치기 따위도 없었다. 어리석은 인간은 사기를 치거나 야바위 털이를 할 수 없는 법이다. 머리가 좋고 영악해야 남을 속이고 등칠 수 있는 까닭이다. 사기꾼과 야바위꾼은 가장 정직한 척하면서 남을 속이는 짓을 하는 놈들이고 어리석은 척하면서 사람을 속아넘어가게 하는 파렴치들이다. 도와주는 척하면서 눙치고 훔치는 야바위와 소매치기들은 옷차림을 신사처럼 꾸미고 말투가 의젓하고 덕망이 있는 것처럼 탈을 쓴다. 옛날 사람들은 탈을 쓸 줄 몰랐지만 현대인들은 갖가지 탈을 쓰고 나름대로 시세나 이해(利害)에 따라 연극을 한다. 그들의 수작이란 꾀가 많았던 조조도 따를 수 없는 지경이 되었다.

인간이 못되고 타락하고 망나니처럼 방탕한 습성을 지니고 있음을 공자는 이미 알았던 모양이다. 지금 사람들은 미쳐도 끝까지 미쳐 버렸고 싸움도 목숨을 걸고 하면서 정직을 팔아서 도둑질을 한다고 공자는 미리 일침을 놓아두었으니 말이다. 공자가 당대의 사람들을 보고 한탄했던 말씀이 지금도 여전히 딱 맞아떨어지니 놀라울 뿐이다. 그러니 공자가 다시 태어나 이 세상을 본다면 사람은 없고 사람의 탈을 쓴 짐승들만 너무나 많다고 등을 돌리고 눈을 감을 것이다.

🌿 **공자의 말씀**

옛 사람들에게는 세 가지의 결점이 있었지만 요새 사람들에게는 그러한 결점마저 없는 것 같다. 옛날에는 미쳐도 격이 있었으나 지금은 미쳤다 하면 어처구니없이 미쳐 버린다. 옛날에는 으스대는 일이 있기는 해도 염치가 있었지만 지금은 분노와 싸움으로 으스댄다. 옛날에는 어리석어도 정직했으나 지금은 어리석은 척하면서 남을 속인다. 이렇게 공자께서 질타했다.

子曰 古者民有三疾 今也 或是之亡也 古之狂也肆 今之狂也蕩 古之矜也廉 今之矜也忿戾 古之愚也直 今之愚也詐而已矣

(10) 아카시아꽃 향기

바람에 실려 오는 아카시아꽃 향기는 더할 나위 없는 냄새의 아름다움이다. 국화와 장미의 꽃향기도 짙기는 하지만 그 톡 쏘는 냄새는 맛으로 따지면 쌉쌀하다는 느낌을 준다. 이에 비해 아카시아꽃 향기는 맛으로 따져도 달콤하다는 느낌을 준다. 그래서 봄바람을 타고 오는 아카시아꽃 향기는 마음을 설레게 하면서 꽃바람을 일으킨다.

아카시아꽃 떨기는 다른 꽃송이들과는 달리 눈에 드러나게 달리지 않는다. 아카시아 잎새들 틈에 다소곳이 숨어서 보일 듯 말 듯 타래를 늘어뜨리고 새하얀 빛깔을 수줍게 감추고 있다. 마치 소복한 여인이 몸을 사리는 모습으로 아카시아꽃은 그 교태를 숨긴다. 이러한 아카시아꽃의 모습을 보면 어느 누구도 사랑하고 예뻐할 것이란 생각이 든다. 그러나 아카시아 뿌리가 하는 짓을 안다면 그 자태 고운 아카시아꽃이 수다를 떠는 사기꾼의 입속에 숨겨져 있는 치열(齒列)처럼 느껴지기도 할 것이다.

뻐꾸기가 울면 뱁새 알이 깨지고 아카시아가 터를 잡으면 옆 나무들이 몸서리를 친다. 뻐꾸기는 뱁새의 둥지에 몰래 들어가 뱁새의 알을 뭉개고 알을 낳아 놓고 날아가 버리며 아카시아 뿌리는 다른 나무의 뿌리를 파고 들어가 거친 흙 속에서 힘들여 빨아올리는 다른 나무들의 영양분을 가로챈다. 그런 까닭에 아카시아 옆에는 다른 나무가 살 수 없다. 영양실조에 걸려 시들시들하다가 죽고 아카시아만 무성하게 줄기를 뻗어 숲을 이룬다. 분명 아카시아는 남의 등을 쳐서 먹고사는 사람과 같다.

사기꾼과 간신의 입은 마치 아카시아꽃처럼 향기를 뿜어내지만 마음속에는 아카시아 뿌리처럼 명리나 이익을 위해서 피를 빠는 기생충들이 득실거린다. 비단결 같은 말은 사람을 홀리기 쉽고 속마음이 정직한 입은 말이 무서워 함부로 입을 열지 못하는 법이다. 말이 앞서고 재주를 부리는 입의 마음속은 험하고 사나워 어질지 못한 경우가 허다하다. 이러한 연유로 공자는 교언영색(巧言令色)을 피하라고 했다.

공자의 말씀

듣기 좋게 꾸미는 말과 남의 눈을 끌기 위해 꾸미는 사람은 참다운 어짊을 지니기 어렵다. 이렇게 공자께서 밝혔다.

子曰 巧言令色 鮮矣仁

혼합된 색깔인 자주색이 원색인 붉은색을 가려 없애는 것을 미워하고 정 나라의 음란한 음악이 아름다운 음악을 문란하게 하는 것을 미워하며 욕심 사나운 입질이 나라를 뒤엎는 것을 미워한다. 이렇게 공자께서 단언했다.

子曰 惡紫之奪朱也 惡鄭聲之亂雅樂也 惡利口之覆邦家者

(11) 헬스클럽의 비곗덩어리들

　마음의 건강은 제쳐 두고 몸만 건강하면 잘산다고 착각하는 사람들이 많다. 그러한 탓에 돈푼깨나 있다는 사람들 중에는 꿩 먹고 알 먹는다는 심보로 헬스클럽의 회원권을 사 두고 매일 헬스장에 가서 사는 사람들이 있다. 이들의 직업은 자유업이고 전화 통화만으로 남모르게 사업을 해치우는 작자들이라고 한다. 이들은 헬스클럽으로 출근을 해서 온종일 그 안에서 빈둥거린다. 그들은 사업을 하면서 운동도 하고 건강도 유지할 수 있으니 돌 하나 던져 새 두 마리를 잡는 셈이라고 우쭐댄다. 이들은 운 좋게 한탕 해서 거금을 거머쥐고 돈놀이를 하는 사채 업자들이거나 남의 등이나 쳐서 돈을 후려내는 숨은 실세들이라고 한다.

　헬스클럽 안에는 고급 식당도 있고 간이 영화관도 있다. 배고프면 식사를 시켜 먹고 자고 싶으면 자고 더우면 수영장에 들어가 수영을 하고 실내의 트랙을 돌면서 억지로 땀을 빼기도 하면서 육체의 건강을 단련한다. 그리고 은밀하게 꾼들과 통화를 해서 돈놀이의 이자를 흥정하고 앞잡이나 해결사를 시켜 골치 아픈 일들을 처리하면서 손 하나 까딱하지 않고 돈이 돈을 버는 재주만 부린다. 이러한 자들은 몸이 약하면 탈이라는 생각만 있을 뿐 자신들의 마음이 이미 썩을 대로 썩은 못난 인간이라는 사실은 꿈에도 모른다. 그리고 돈만 있으면 안 되는 일이 없고 돈이 없으면 곧 죽음이라고 칭얼대면서 덕지덕지 찌는 군살의 비곗덩어리를 줄이기 위해 헬스클럽에서 사업을 하는 것이다. 마음이 천치처럼 되면 먹은 것이 살로만 가게 마련이다. 빼빼 마른 천치는 없고 놀면서 험한 짓을 범하는 사람치고 마른 놈은 없다. 운동을 해서 살을 뺀다고 하지만 오래 사는 방법으로 말하자면 산천을 걸어 땀을 흘리는 것보다 더 좋은 운동은 없다. 하지만 헬스클럽에서 돈놀이나 하는 자들은 아무리 실내에서 운동을 한들 마음을 단련하는 일을 거두었기 때문에 치워 살아 있는 비곗덩어리에 불과할 뿐이다.

🍃 공자의 말씀

온종일 배불리 먹기만 하고 마음 쓰는 데가 없다면 참으로 딱하다. 주사위 던지는 놀이나 바둑을 두는 놀이가 있지 않느냐? 차라리 그런 짓이라도 하고 노는 편이 하지 않는 것보다 현명하다. 이렇게 공자께서는 딱하다는 듯이 말했다.

子曰 飽食終日 無所用心 難矣哉 不有博奕者乎 爲之 猶賢乎已

(12) 인천의 백 장군

외톨박이는 제 탓인 줄은 모르고 한사코 자기를 따돌리는 세상을 원망한다. 모난 돌은 정을 맞게 마련이다. 따돌림을 당하는 사람은 어딘지 미운 살을 지닌 까닭이다. 누가 선한 사람을 싫어할 것이며 악한 사람을 좋아하겠는가. 사람이 살아가면서 터득하는 지혜 중에서 그나마 기특한 것은 싸움은 말리고 흥정은 붙인다는 사실이다. 그러나 미친개 같은 인간은 창살이 옆에 있는 줄도 모르고 아무 것이나 물면 된다고 길길거린다. 그런 인간은 결국 막힌 골목에서 험한 마지막 꼴을 당하게 마련이다.

인천에 학교를 만들어 놓고 기고만장해 하는 백 장군이란 사람이 있었다. 돼지 눈에는 돼지만 보인다고 군복을 벗은 예비역 장성이었지만 여전히 온 세상을 군대의 병영처럼 생각한 그 장군은 학교를 마치 군부대처럼, 학생들은 졸병으로, 교사들은 소대장쯤으로 취급했다고 한다. 그리고 학교 주변에 있는 민간인들은 작전 지역 내에 불법으로 들어와 무허가 집을 짓고 사는 사람들로 착각했다고 한다.

백 장군은 시세의 반값도 안 되는 값을 던져 집을 팔라고 압력을 넣었는데 그 수법이 하도 기가 차서 할 말이 없을 지경이었다. 현역 시절 나라를 위해 공을 세웠기로서니 그렇게 행패를 부릴 수 있는 일이냐고 학교 주변 주민들이 입방아를 찧었지만 막무가내로 폭군 노릇을 했던 모양이다. 놀부보다 더한 심술로 주변 사람들을 귀찮게 해서 아예 더러워 집을 팔고 떠나는 사람들도 있었지만 형편상 그렇게 할 수 없는 사람들은 갖은 수모와 고통을 당하면서 행패를 볼 수밖에 없었다. 그저 학교 주변의 주민들은 백 장군이 천벌을 받기만을 바랐고 날벼락을 맞아 죽기만을 바랐다.

학교 선생과 학생들은 지나가는 백 장군에게 거수경례를 하지 않으면 장소를 가릴 것 없이 호된 기합을 받았고 그가 학교를 드나들 때는 책임 있는 몇 선생은 교문에 미리 나와 기다렸다가 거수경례로 마중하거나 환송을 해야 할 정도였다. 또한 법을 무시한 채 마음대로 건축물을 날림으로 짓게 하고 뒷돈을 받고 부정 입학을 마구잡이로 해치웠다. 이런 일들이 계속되자 백 장군은 결국 학교 안의 부하들로부터 하늘에 닿을 만큼 큰 원망을 받게 되었다. 아무리 별을 여러 개 달던 장군이지만 백 장군 같은 위인은 사람도 아니라고 극언을 하는 사람들도 생겨나게 되었다.

모가 심하면 깎이게 되고 겁 없이 망나니처럼 못된 짓을 하면 세상의 미운 살이 박혀 결국 외톨이가 되고 만다. 결국 참다 못한 주변의 주민들이 들고일어났고 보다 못한 학생들과 선생들이 궐기를 하자 백 장군의 학교 병영은 삽시간에 성토장으로 변해 버렸다. 기가 펄펄하던 백 장군은 길길이 뛰었지만 세상은 그를 미친개처럼 바라볼 뿐이었다. 제 왕국처럼 여겼던 학교는 하루아침에 관선 이사의 손으로 넘어갔고 백 장군은 닭 쫓던 개꼴이 되어 학교에서 밀려나고 말았다. 예순이 넘어서 이러한 꼴을 당한 백 장군은 구제할 길이 없는 인간 쓰레기에 불과할 뿐이다. 공자가 밝힌 대로 마흔이 넘어서까지 남의 눈총을 사는 인간은 구제할 길이 없다.

🌿 공자의 말씀

나이 마흔이 넘어서까지 남으로부터 미움을 사면 그 인간은 마지막이다. 이렇게 공자께서 잘라 말했다.

子曰 年四十而見惡焉 其終也已

3. 문답의 담론

(1) 남명 선생의 거절

사람이란 열이면 열 모두 벼슬을 탐한다. 벼슬에 뜻이 있는 사람은 벼슬자리를 내릴 수 있는 자에게 별의별 수를 다 써서 한자리 차지하려고 버둥거리게 마련이다. 앉을 자리는 하나인데 앉으려는 사람들이 많으면 한 사람을 제외한 나머지는 둘레에 서 있어야 한다. 벼슬자리란 항상 이러한 형편이다. 그래서 벼슬자리는 언제나 가시 방석과 같다. 이미 차지하고 앉아 있는 자는 쫓겨나거나 빼앗길까 봐 불안해하고 앉으려는 사람은 이미 앉아 있는 사람을 밀어내고 자신이 앉으려고 안절부절못한다. 이러한 벼슬자리 때문에 패거리가 생기게 되고 패거리가 생기면 싸움이 붙게 된다.

선조 때 동인과 서인이 싸우던 꼴을 보면 선조의 궁궐에는 소인배들이 들끓고 있었음을 알 수 있다. 동인은 서인을 헐뜯었고 서인은 동인을 헐뜯었다. 한쪽에서 옳다 하면 다른 쪽에서는 글렀다고 하면서 하나의 고깃덩어리를 놓고 으르렁거리는 개처럼 동인과 서인은 파당을 지어 싸움을 일삼았다. 권력 다툼은 나라의 기둥을 넘기는 톱날과 같다. 권력을 놓고 다툼질을 하면 톱날이 등걸을 잘라 버리듯 백성의 허리를 잘라 버린다. 그러한 사이에 백성들은 굶주리게 되고 나라는 황폐해져 살길이 막막하게 된다. 결국 선조 때 임진왜란이 일어났던 것은 우연이 아니었던 것이다.

지리산 밑에 살았던 남명 선생은 선조 임금이 아무리 불러도 응하지 않았다. 패거리를 지어 싸움질만 하는 선조의 궁궐을 남명 선생은 거들떠보지도 않았다. 이러한 남명 선생을 생각하면 '군자는 어울리지만 패를 갈라 무리를 짓지 않는다〔君子和而不同〕'던 공자의 말씀이 떠오른다.

남명 선생은 후학들에게 학문을 가르치면서 군사 훈련을 하도록 했다. 나라꼴이 엉망이어서 외침이 있으리란 것을 남명 선생은 미리 알았기 때문이다. 임진왜란이 터졌을 때 남명 선생의 가르침을 받았던 제자들은 모두 의병에 참여하여 왜적을 물리쳐 꺼져 가는 나라를 위해 피를 흘렸다. 나라의 녹을 받은 일이 없었던 남명 선생이 이렇게 했던 것은 백성이 살아야 할 터를 남의 백성에게 내주게 되면 땅만 빼앗기는 것이 아니라 혼마저 잃고 만다는 것을 알았던 까닭이다. 임진왜란이 끝난 뒤 선조가 남명 선생을 하도 부르자 마지못해 궁궐로 들어가 독대를 한 적이 딱 한 번 있었다. 그 자리에서 남명 선생은 임금에게 직언을 했다. "임금은 하나의 쪽배와 같고 백성은 강물이다. 만일 강물이 노하면 쪽배는 산산조각이 나고 만다." 이 말을 들은 선조는 분노가 치밀어 사약을 내려 남명 선생을 죽이려 했지만 선조의 권력이 남명의 덕을 이겨내지는 못했다.

사약을 받을 각오를 하면서까지 남명 선생은 왜 임금에게 직언을 했을까? 소인배들이 득실거려 날마다 파당이나 지어 권력의 싸움질만 하면 백성이 노한 강물과 같이 되리란 말을 올려야겠다는 심정이었을 뿐 소인배들과 패를 지어 벼슬할 생각이 없었던 까닭이었을 것이다. 그러나 남명 선생은 공자가 양화를 따돌렸던 것처럼 부드럽게 벼슬을 거절하지 못했다. 아마도 공자께서 그러한 남명 선생을 만났더라면 양화를 만났을 때의 이야기를 들려주었을지도 모른다. 싸움터에서 맞장구를 칠 것이 뭐 있느냐며 공자는 남명 선생께 타일렀을 게다.

🫖 양화와의 담론

정권을 빼앗아 권력의 횡포를 부렸던 양화가 공자를 만나고 싶어했다. 그러나 공자께서는 만나 주지 않았다. 그러자 양화는 공자께 돼지를 선물로 보냈다. 그러자 공자께서 양화가 없는 틈을 타서 사례를 하려고 가던 중 그만 양화를 만나게 되었다. 양화가 말을 걸었다. "어서 오시오. 내 그대와 더불어 이야기를 나누고 싶었소. 당신같이 나라를 잘 다스릴 보배로운 도덕을 지니고 있으면서 나라를 구하지 않고 혼란한 대로 내버려두고 있다면 그러한 짓을 인이라고 할 수 있겠소?" "할 수 없습니다." "일을 하고자 하면서 번번이 때를 놓치는 것은 지혜롭다 할 수 있는 것이오?" "할 수 없습니다." "세월은 흘러가 버리니 서둘러 나를 도와 일해 주시오." 이에 공자께서는 다음처럼 말해 주었다. "알겠습니다. 장차 내 나아가 일을 하겠습니다."

陽貨欲見孔子 孔子不見 歸孔子豚 孔子時其亡也 而往拜之 遇諸塗 謂孔子曰 來 予與爾言 曰 懷其寶而迷其邦 可謂仁乎 曰 不可 好從事而亟失時 可謂知乎 曰 不可 日月逝矣 歲不我與 孔子曰 諾 吾將仕矣

(2) 어느 노교사의 답변

유치원과 초등학교 교실 뒤편에는 아이들의 그림이나 일기를 붙여 놓는 게시판이 있게 마련이다. 어른이 되어 겸손한 사람이 되려면 어릴 적에 자랑하는 기쁨을 누리게 해 주어야 한다. 나이가 들어 제 자랑을 하기 좋아하면 칠푼이에 불과하지만 어린애가 얌전을 떨면 애늙은이가 되어 볼품이 없게 되고 만다. 새싹은 햇빛을 많이 받아야 싱싱하게 자란다. 어린이에게 있어 햇빛은 어른들의 아낌 없는 칭찬이다.

사람의 재주는 차이가 나게 마련이다. 운동을 잘하는 아이도 있고 산수를 잘하는 아이도 있고 그림을 잘 그리는 아이도 있다. 무엇이든 다 잘하기는 어려운 법이다. 한 가지를 놀랄 만큼 잘하면 우리는 천재라 하고 아무것도 할 줄 모르면 천치 바보라고 한다. 그러나 사람들 절대 다수는 보통의 능력을 간직하고 있다. 보통의 머리일수록 어릴 적에 많은 격려와 칭찬을 받아야 무럭무럭 자라게 된다. 꼬마들에게 할아버지 선생으로 통했던 한 노교사는 그러한 생각을 지니고 아이들을 가르쳐 왔다.

아이들이 서로 다투어 그림을 열심히 그리면 노교사는 항상 제일 못 그린 그림과 제일 잘 그린 그림을 빼고 중간치의 그림만을 골라 뒤 게시판에 붙이곤 했다. 매번 그렇게 하자 그림을 잘 그리는 한 아이가 집에 돌아가 불평을 할아버지께 늘어놓았던 모양이다. 손자의 불평을 들은 할아버지는 며느리를 시켜 손자의 선생님을 뵙게 했다. 어쩔 수 없이 그 어머니가 하루는 노교사를 찾아와 잘 그린 그림을 제쳐 두고 왜 못 그린 그림을 걸어 주느냐고 조심스럽게 묻는 일이 일어나게 되었다.

"아주 잘 그린 그림만을 골라 걸어 주면 대부분의 아이들은 기가 죽고 맙니다. 반대로 아주 못 그린 그림을 걸어 주면 걸린 아이들은 창피를 당해 또 기가 죽고 맙니다. 그러나 중간쯤의 그림을 걸어 놓으면 잘 그리는 아이는 걸린 그림들보다 나는 더 잘 그릴 수 있다는 자신감을 스스로 갖게 될 수 있고 그림을 아주 못 그리는 아이들은 저 정도라면 나도 따라갈 수 있다는 생각을 품게 됩니다. 그리고 걸린 아이들은 다음 번에는 더 잘 그려야지 이렇게 스스로 다짐하게 됩니다."

노교사는 이렇게 말하면서 인자한 미소를 띠었다. 아이의 어머니는 "고맙습니다."는 인사를 남기고 돌아갔다. 학교에 다녀온 며느리의 말을 전해들은 시아버지는 며느리에게 노교사를 자유(自游)와 같은 분이라고 말해 주었다. 이에 며느리가 자유란 사람이 누구냐고 묻자 공자의 제자라고 일러준 다음 자유는 서툴수록 더 열심히 닦도록 힘을 주어야 한다고 생각했던 분이라고 며느리에게 자상하게 말했다. 그러면서 오늘밤에는 손자에게도 자유의 이야기를 해 줘야겠다고 하시며 시아버지는 허허 웃었다.

🫖 자유와의 담론

공자께서 무성이란 곳에서 음악을 연주하는 소리를 듣게 되었다. 음악 소리를 듣고 빙그레 웃으면서 공자께서 다음처럼 말을 했다. "닭을 잡는 데 어찌 소 잡는 큰칼을 쓰느냐?" 이에 무성의 원님으로 있었던 자유가 이렇게 대답해 올렸다. "전에 제가 선생님께 이렇게 들었습니다. 군자가 도를 배우면 백성을 사랑하고 소인이 도를 배우면 부리기 쉽다." 제자의 이 말을 들은 공자께서는 다른 제자들을 향하여 조금 전에 했던 말은 농담이었다고 밝혔다.

子之武城 聞弦歌之聲 夫子莞爾而笑 曰 割鷄焉用牛刀 子游對曰 昔者偃 也聞諸夫子曰 君子學道則愛人 小人學道 則易使也 子曰 二三子 偃之言 是也 前言戱之耳

(3) 구구한 이야기들

공자의 나이가 쉰이 되었을 때 공산불요(公山弗擾)란 자가 공자를 불렀다. 공산불요는 양화와 같은 무도한 인물이었다. 역모를 꾸며서 권력을 훔친 자였다. 그러한 자가 공자를 불렀을 때 공자는 가려고 했다. 그러나 성질 급한 자로가 왜 가느냐고 물어 말리려고 했다.

물이 무서운 사람은 물가에 가기를 싫어하지만 홍수가 나면 둑이 안

전한가를 살피기 위해 나가 살펴보아야 한다. 불을 무서워하는 사람은 불길 옆을 피하려 하지만 사는 집에 불이 나면 헤치고 불길을 잡아야 타는 집을 건져낼 수 있다. 무도(無道)를 무서워해야지 무도를 범한 자를 무서워해서는 안 된다. 아마도 공자는 이러한 생각에서 무도한 자들을 피하지 않고 정공법(正攻法)을 써서 잃어버리고 짓밟힌 도를 복원하고자 했을 것이다.

그러나 올바른 길을 막고 허튼 길을 뚫는 사람일수록 그럴 듯한 변명을 잘하는 법이다. 음모를 써서 힘으로 나라를 훔친 다음 백성을 팔아먹는 경우를 지금도 볼 수 있다. 반역한 사람에게 반역을 거두라고 하면 목을 베이거나 눈에 나 추방을 당하게 된다. 아니면 반역자와 한패가 되어 권력의 아성을 쌓아야 하는 것이 혼란스러운 세상의 습성이다. 이러한 습성을 고치기 위해 공자는 무수한 군왕들을 찾아가 바른 길로 안내하려고 했지만 공자의 말을 귀담아 듣고 실천에 옮긴 군왕은 없었다. 다만 공자를 이용하려고 했던 무리들만 많았을 뿐이다.

공산불요도 그러한 무리에 속했다. 왜 이용을 당해야 하느냐고 자로가 말렸을 때 상처투성이의 조국을 살려내어 옛날 주 나라와 같은 이상국을 만들고 싶어서라고 대답하는 공자의 심정은 분명 착잡했을 것이다. 비록 무도한 공산불요를 만나러 가겠다는 공자의 뜻을 놓고 구구한 뒷이야기들이 많았지만 분명한 것은 살기 좋은 세상을 만들기 위해 세상을 어지럽히는 자를 만나야겠다는 공자의 심사는 분명하지 않은가. 이러쿵저러쿵 설왕설래할 것은 없다. 호랑이를 잡으려면 호랑이 굴로 들어가야 하는 법이다.

🫖 자로와의 담론

공산불요가 비라는 고을에서 반란을 일으킨 다음 공자를 부르자 공자께서는 가려고 했다. 이에 성질 급한 자로가 언짢아하며 말을 걸고 나왔다. "가지 마시기 바랍니다. 하필이면 무도한 공산에게 가시려고 합니까?" 이 말을 들은 공자께서는 다음처럼 답해 주었다. "나를 부르는 것을 어찌 헛되게 하겠느냐? 만일 나를 써 주는 사람이 있다면 내가 밝힌 다스림의 길을 실천에 옮겨 노 나라로 하여금 주 나라와 같은 살기 좋은 나라로 만들고자 할 뿐이다.

公山弗擾以費畔 召 子欲往 子路不說 曰 未之也已 何必公山氏之之也 子曰 夫召我者 而豈徒哉 如有用我者 吾其爲東周乎

(4) 인을 어떻게 실천할까

오만 불손한 사람을 보면 구역질이 난다. 볼썽 사나운 뱀을 본 것처럼 진절머리가 나기도 한다. 건방을 떨어서 사람들의 눈에 나고 마는 사람은 제 얼굴을 제 손으로 할퀴는 바보에 불과하다. 그러나 공손한 사람을 만나면 기댈 언덕과 같다는 생각이 들어서 함께 어울려 살고 싶다. 공손한 사람은 마음이 맑고 밝아 허튼짓으로 얌전한 척하는 것이 아니라 참으로 상대를 마음 편하게 해 주는 사람이다. 공손한 마음은 사랑의 샘물과 같다.

괴팍하고 깐깐하면서 용서할 줄 모르는 사람을 만나면 무서움이 앞선다. 그런 사람들은 남의 잘못과 흠은 잘 보면서도 등잔 밑이 어두운 것처럼 제 잘못은 모른다. 이처럼 뱀 눈처럼 마음속의 눈을 뜨고 물곳을 찾는 자는 건드리기만 하면 무는 독사처럼 마음의 독을 지닌 셈이다. 그러나 남의 잘못을 이해하면서 쓰다듬고 잘못을 두 번 범하지 않게 헤아려 주는 사람을 만나면 어머니를 만나는 기분이 들어서 기대고 싶어진다. 용서하는 마음은 앉아 주기를 바라는 빈 의자와 같다.

또한 용서하는 마음은 사랑의 의자와 같다.

속이고 훔치는 사람을 만나게 되면 누구나 절망하게 된다. 믿었던 도끼에 발등을 찍혔다고 한탄하는 사람들은 사는 맛을 잃기 쉽다. 믿음을 저버리는 자는 도마뱀의 꼬리와 같은 존재이다. 도마뱀은 제 목숨을 부지하기 위해 제 꼬리를 자르고 도망친다. 그러나 믿음을 주는 사람은 외로운 길을 함께 갈 수 있는 벗과 같이 느껴진다. 백지장도 둘이서 맞들면 가볍다는 말을 실감나게 한다. 남을 믿는 사람은 마음의 문을 항상 열어 놓고 자물쇠를 걸지 않는다. 믿음을 주는 마음은 사랑의 열쇠와 같다.

미련하면서 고집만 부리고 앞뒤가 꽉 막힌 사람을 보면 억장이 무너져 내린다. 제 고집만 앞세울 뿐 남의 사정은 팽개치고 억지를 부리는 사람은 생사람을 잡을 수도 있다. 미련한 곰은 저만 믿기 때문에 사냥꾼이 불질을 하면 제 몸을 드러내 놓고 덤비라는 듯이 오기를 부린다. 곰 같이 미련한 고집통을 만나면 답답하고 막막해지는 것은 마음의 통로가 꽉 막힌 탓이다.

그러나 마음이 민첩한 사람은 우리를 상쾌하게 한다. 오해를 사서 끙끙거리게 하지도 않고 싹싹하게 잘못했으면 잘못했다 하고 잘한 일이면 잘되었다고 숨김없이 시인하는 마음은 확 트인 한길이다. 민첩한 마음, 그것은 사랑의 산들바람처럼 시원하다.

은혜를 갚지는 못할지언정 잊어서는 안 된다. 은혜를 주었다고 공치사를 늘어놓으면 은혜는 사라지고 만다. 은혜를 베풀었다고 자랑하는 사람을 만나면 메스꺼워진다. 왼손이 하는 것을 오른손이 모르게 하라고 하지 않는가. 은혜는 은밀하게 이루어져야 할 뿐 드러나지 않아야 한다. 은혜로운 사람은 깊은 바다와 같아 무슨 그림자도 어리지 않는다. 은혜는 오랜 세월이 흐른 뒤 우연하게 알려지는 법이다. 그래서 은혜는 항상 삶을 빛나게 한다. 은혜로운 마음은 사랑의 햇빛처럼 따뜻하다.

"공손해라. 그러면 그것이 인의 실천이다. 관대해라. 그러면 그것이 곧 인의 실천이다. 신의를 지니고 민첩해라. 그러면 그것이 곧 인의 실천이다. 그리고 은혜를 베풀어라. 그러면 그 또한 인의 실천이다." 라고 공자가 자장에게 해 준 말씀은 우리를 기쁘게 하면서도 슬프게 한다.

🫖 자장과의 담론

자장이 공자께 인에 대하여 물었다. 이 세상 어디서든 다섯 가지를 실천에 옮기면 인이라 할 수 있다고 공자께서 대답해 주었다. 그러자 자장이 공손하게 그 다섯이 무엇이냐고 되물었다. 이에 공자께서 다음처럼 밝혀 주었다. "공손해라. 관대해라. 신의를 지켜라. 민첩할 것이며 은혜를 베풀어라. 공손하면 욕보지 않을 것이고 관대하면 무리를 얻을 것이며 신용이 있으면 남들이 일을 맡길 것이고 민첩하면 일을 성사시킬 수 있고 은혜를 베풀면 남을 쓸 수 있을 것이다."

子張問仁於孔子 孔子曰 能行五者於天下爲仁矣 請問之 曰 恭 寬 信 敏 惠 恭則不侮 寬則得衆 信則人任焉 敏則有功 惠則足以使人

(5) 치자(治者)는 누구인가

5·16 군사 쿠테다로 인해 청와대를 억지로 나와야 했던 윤보선 대통령은 내가 정신적인 대통령이라고 고함을 질렀다. 그러나 청와대의 안방을 차지한 박정희 대통령은 검은 안경을 쓰고 입을 꼭 다문 사진을 도하 각 신문에 실었다. 시선을 감춘 검은 안경이 백성을 무섭게

했다. 힘으로 권좌에 올랐으니 백성은 그 힘으로 다스려야 한다는 빛살이 그 검은 안경 속에서 빛났다.

썩어빠진 정객들이 나라를 멍들게 했고 백성들의 굶주림이 계속되자 군인들이 참다 못해 나오게 되었다고 선언한 박 대통령은 가장 불행한 군인이 바로 자기라고 말한 적이 있다. 참으로 말이란 묘하다. 이 세상에 누가 불행을 자초해서 택하겠는가? 하지만 권좌를 차지한 자의 입에서 나온 말이라 그런지 그 말이 그럴 듯하게 들리기도 했다.

그러나 시간이 가면서 서서히 박 대통령의 진의가 나타났다. 그는 배고픔을 없애 줄 터이니 백성들은 잠자코 나를 종신 대통령에 앉아 있게만 해 달라는 신호를 여러 갈래로 뿌렸다. 민주 시대에 종신 대통령은 없는 법이다. 시대를 거스르기 위해서는 험한 짓을 하지 않으면 안 된다. 그래서 박 대통령은 정보부의 담을 높여야 했고 보안사의 검문소를 늘려야 했다. 그리고 경제를 한손아귀에 쥐고 차관을 들여 재벌을 만들어 주었다. 재벌들은 박 대통령을 신처럼 모셨고 백성들은 싸구려 몸값을 받아 가며 산업 전선에서 땀을 흘렸다. 그러나 빈익빈 부익부(貧益貧 富益富)라는 말이 백성의 마음을 아프게 할 뿐이었다.

가난한 사람은 더욱 가난해지고 부유한 사람은 더욱 부유해지게 하는 정치는 사람을 무는 독사보다 무섭고 사람의 고기 맛을 아는 호랑이보다 더 공포스러운 법이다. 백성은 무거운 세금을 내고 권력은 목돈을 만들어 재벌에게 장사를 시키고 고관들은 특혜의 떡고물을 뇌물로 받게 되면 나라는 구조적인 부정과 부패가 물레방아 바퀴처럼 돌게 되고 백성은 결국 방앗공이 노릇만 해야 한다. 이렇게 되면 설령 먹을 밥이 있다 한들 남의 밥에 있는 콩이 커 보이고 사촌이 논을 사면 배가 아프다는 심기가 없어질 수 없다. 이러한 세상을 우리는 잘못된 세상이라고 말한다.

공자는 이를 가장 싫어해 천하를 돌면서 무지막지한 권력을 깨우치게 하려고 무진 애를 썼다. 정치가 장사꾼처럼 된다면 백성은 비싼 값을 내고 싸구려 물건을 억지로 사야 한다. 우리는 지금 그러한 굴레를 벗어나야 한다. 누가 고양이의 목에 방울을 달 것인가? 이미 수천 년 전에 공자가 방울을 만들어 폭군들의 목에 걸어 주었지만 폭군들은 백성의 귀를 틀어막는 장치를 만들었다. 유신 헌법 밑의 치자들은 모두 백성의 귀를 막는 솜뭉치 노릇을 하면서 백성의 세금인 녹을 받아먹으며 나라를 위해 봉사한다고 버젓이 말했고 정신적인 대통령은 자신이라고 외쳤던 윤보선 대통령은 제 꾀에 넘어진 바보가 되었다.

🫖 자로와의 담론

필힐이 공자를 부르자 공자가 부름에 응하려고 했다. 이에 자로는 다음처럼 말씀을 올려 막으려고 했다. "예전에 선생께서 이렇게 말씀한 적이 있었습니다. 자기 스스로 군자는 옳지 못한 무리의 틈에 들어가지 않는다. 지금 필힐은 중모에서 반역을 해 무도한 사람인데 그 자에게 가시려 하니 어이된 노릇입니까?" 자로의 말을 들은 공자께서는 다음처럼 밝혀 주었다. "그렇다. 전에 내 그렇게 말한 적이 있다. 갈아도 갈아도 닳지 않는다면 굳다고 말하지 않을 것이냐? 물을 들여도 들여도 검지 않고 희다면 희다 하지 않을 것이냐? 나는 박이 아니거늘 어찌 박 넝쿨에 매달려 한곳에 가만히 있는 채로 쓸모 없게 될 것이냐?"

佛肸召 子欲往 子路曰 昔者由也聞諸夫子曰 親於其身爲不善者 君子不入也 佛 以中牟畔 子之往也 如之何 子曰 然 有是言也 不曰堅乎 磨而不
不曰白乎 涅而不緇 吾豈匏瓜也哉 焉能繫而不食

285

(6) 노장(老莊)을 생각나게 하는 공자

해도 해도 안 되면 사람은 지치게 마련이다. 공자도 폭군의 사나운 야욕을 씻어 내고 백성을 참으로 사랑하는 다스림의 길로 인도하려고 평생을 땀을 흘렸지만 별 소용이 없었다. 임금들마다 인의의 길을 파헤쳐 불인과 불의의 방패만 쌓았던 까닭이다. 차라리 소의 귀에 경을 읽어 주는 편이 낫겠다는 심정을 공자가 토로한 대목을 만나면 더러운 정치에 연연할 것 없다던 노자를 연상하게 된다.

노자가 인간을 멀리하고 자연을 가까이 하는 성인이었다면 공자는 인간을 떠나서는 생각할 수 없는 성인이다. 그러한 공자를 지치게 한 자들은 누구일까? 그들은 폭군이요, 독재자요, 패륜아들이다. 인간은 왜 선을 좋다고 하면서도 선을 멀리 두고, 악을 싫다 하면서도 악을 가까이 하려고 덤비는가? 이것을 보면 인간은 욕망의 동물임에 틀림없어 보인다. 어미를 잃고 나서야 그 서러움을 알아 냇가에서 비만 오면 운다는 청개구리 같은 인간들에게 공자께서도 지친 적이 있었다. 그래서 "이제부터는 말을 하지 않으리라."며 한탄했다. 노자는 마음을 쓰지 않기 위해 마음을 텅 비웠고 공자는 아무리 말을 해 주어도 귀를 틀 줄 모르는 인간에게 입을 다물어야겠다고 한숨을 쉬었던 것이다. 그러면서 공자는 한마디 말도 하지 않으면서 어김없는 하늘을 부러워했다.

하늘을 부러워하는 공자를 만나면 '낙출허(樂出虛)'라는 구절이 떠오른다. 또한 나뭇가지 하나로 집을 지으면서도 만족하는 뱁새가 생각나고 한 모금의 물에도 만족해하는 목마른 두더지의 모습도 떠오른다. 자기를 위한 권력에 대한 탐욕만 차서 백성의 아픔은 모르고 군림하는 폭군들을 보며 공자는 지치고 말았다. 남들이 몰라준다고 서러

위하지 말라고 했던 공자이니 남들이 자기를 몰라주어서 한스러워했던 것은 아니다. 사람으로서 가야 할 길을 한사코 마다하는 인간들이 공자를 지치게 했던 것이다.

나보다 먼저 남을 사랑하라. 그러면 남들이 나를 저절로 사랑하게 된다. 하지만 공자가 아무리 인을 말해도 인간들은 불인의 늪을 스스로 택해 발버둥을 친다. 그러한 인을 옳게 실천하면 천하가 따뜻한 집안처럼 된다고 아무리 공자가 인간들에게 타일러 주어도 듣지 않고 허다한 악법을 만들어 백성의 주리만 틀려고 덤비는 치자들이 결국 공자를 지치게 하고 말았다. 이렇게 지친 공자가 하늘을 부러워하면서 한숨을 쉬는 대목을 만나면 우리는 참으로 부끄러워진다. 우리 모두가 공자를 배반했다는 부끄러운 마음을 가눌 길이 없는 까닭이다.

🫖 자공과의 담론

공자께서 이제부터는 말하지 않겠다고 했다. 이에 자공이 이렇게 사뢰었다. "선생께서 말씀을 아니 하시면 저희들은 무엇에 따라 도를 말하고 또 그것을 전하겠습니까?" 이에 공자께서 토로하였다. "하늘이 무슨 말을 하더냐? 계절이 바뀌고 만물이 자라지만 하늘이 무슨 말을 하더냐?"

子曰 予欲無言 子貢曰 子如不言 則小子何述焉 子曰 天何言哉 四時行焉 百物生焉 天何言哉

유비가 공자를 만나기를 원했다. 그러나 공자께서는 몸이 아프다고 거절했다. 말을 전해 준 심부름꾼이 문을 나가자 공자께서는 거문고를 타며 노래하는 소리를 심부름꾼이 듣도록 했다.

孺悲欲見孔子 孔子辭以疾 將命者出戶 取瑟而歌 使之聞之

(7) 없어진 삼년상(三年喪)

나이 쉰이 넘어 예순을 바라보는 사람들 중에는 공원 묘지를 찾아가 터 값을 묻는 사람들이 많아졌다. 죽어서 제 주검을 묻을 자리를 손수 마련해 두어야 한다는 생각에 죽어 묻힐 곳을 찾아 나서는 것이다. 슬프다면 슬프고 서글프다면 서글픈 일이다. 죽음이 있어서 그렇다는 것이 아니라 그렇게 죽어야 한다는 현실이 그렇다는 것이다.

물론 낳아 준 부모가 세상을 뜨면 어느 자식인들 슬픈 마음을 버릴 수 있겠는가. 그러나 그 슬픔을 당장에 잊어버리고 세상을 떠난 자를 잊어버리는 꼴들이 사람을 야박하게 몰고 간다. 죽은 자의 명복을 비는 것은 살아 있는 자들이 돈독해지기 위함이다. 생명을 낳아 길러 준 부모의 은혜를 되새기는 것보다 더 좋은 인간의 교육은 없는 법이다. 그러나 그러한 교육엔 성심이 먼저 있어야 한다. 겉치레로 아무리 예를 갖춘들 그것은 거짓일 뿐이요, 눈가림하는 연극에 불과하다. 공자 께서도 성대한 장례식을 하지 말고 정성을 들여 묻어 달라고만 말한 적이 있었다.

부모가 돌아가면 으레 삼년상을 치르던 시대는 이제 사라졌다. 죽어 간 사람 때문에 산 사람들의 고초가 이만저만이 아니라고 입방아를 찧으면서 산 사람 위주로 하려는 속셈이 그렇게 만들고 말았다. 공자 의 제자 중에서도 이러한 속셈을 지녔던 자가 있었다. 그 자는 바로 재아였다. 하루는 재아가 삼년상은 너무 길므로 일년상으로도 족하지 않느냐고 공자께 물었다. 그러자 네 마음이 편하다면 그렇게 하라고 공자는 간단히 응해 주었다. 그러면서 공자는 삼 년 동안 부모의 품안 에서 사람이 자랐으면 그 은혜를 삼 년으로 되갚는 것이 사람의 도리 가 아니냐고 토를 달았다.

세상 사람들은 은혜를 입기 좋아하면서도 입은 은혜를 잊어버리는 것 또한 좋아한다. 부모 자식 사이에도 은혜가 있는 법이다. 부모는 어린 핏덩이를 사람이 되게 키워 주는 은혜를 베풀어야 하고 자식은 그 은혜를 잊지 말고 부모의 죽음을 입은 은혜로 갚아야 한다는 공자의 마음을 우리는 새겨들어야 한다. 돌아간 다음에도 잘해야 한다고 여기는 자식이라면 살아 생전에 부모를 함부로 모시지 않을 것이 아닌가. 하지만 부모의 죽음과 주검을 하나의 사건으로 처리하고 간단하게 하려는 지금의 풍조가 늙은이들로 하여금 슬프고 서글프게 한다. 그만큼 세상이 삭막하고 품위를 잃어 막되어 가고 있다는 증상만 뒤룩뒤룩 부어오르고 있다.

🫖 재아와의 담론

삼년상은 너무 길다고 재아가 말문을 열고는 다음처럼 말을 이었다. "군자가 삼 년이나 세상을 다스리는 예악(禮樂)을 닦지 않으면 예는 망가질 것이고 악(樂)은 무너질 것입니다. 묵은 곡식은 없어지고 햇곡식이 나며 불씨를 일으키는 수나무가 낡아서 새 수나무에 구멍을 뚫어 새 불씨를 일으켜야 할 바에는 일년상으로도 좋을 것입니다." 이 말을 들은 공자는 다음처럼 물었다. "일 년 만에 쌀밥을 먹고 비단옷을 입게 된다면 네 마음이 편하겠느냐?" 재아가 편할 것이라고 응했다. 그러자 공자께서 다음처럼 밝혀 주었다. "네 마음이 편하다면 그렇게 해라. 그러나 군자는 상중(喪中)에는 맛있는 것을 먹어도 달지 않고 음악을 들어도 즐겁지 않고 자리가 편해도 편치 않기 때문에 그렇게 하지 않는 것이다. 이제 네 마음이 편할 것이라 하니 일년상으로 해라." 재아가 나가자 공자께서는 다음처럼 토를 달았다. "재아의 짓은 정말 인애롭지 못하구나. 자식이 나서 삼 년이 되어야 부모의 품에서 벗어나듯 부모의 상을 삼 년 모시는 것은 천하의 공통된 장례법이다. 재아도 삼 년 동안 부모의 품안 사랑을 받았을 터인데……"

宰我問 三年之喪 期已久矣 君子三年不爲禮 禮必壞 三年不爲樂 樂必崩 舊穀旣沒 新穀旣升 鑽燧改火 期可已矣 子曰 食夫稻 衣夫錦 於女安乎 曰 安 女安 則爲之 夫君子之居喪 食旨不甘 聞樂不樂 居處不安 故不爲也 今 女安 則爲之 宰我出 子曰 予之不仁也 子生三年 然後免於父母之懷 夫三 年之喪 天下之通喪也 予也有三年之愛於其父母乎